Mit Engeln und Naturgeistern leben

Rudolf Steiner

MIT ENGELN UND NATURGEISTERN LEBEN

Ein Grundkurs in Engellehre, Bd. 2

Archiati Verlag

Diesen Vorträgen liegt die erste Veröffentlichung von 1912 zugrunde. Berücksichtigt wurden auch alle anderen bisher erfolgten Veröffentlichungen einschließlich GA 136. (Siehe S. 314, «Zu dieser Ausgabe»)

2. Auflage 2008
(3. bis 4. Tausend)

Herausgeber: Archiati Verlag e. K., Bad Liebenzell
Redaktion: Pietro Archiati, Bad Liebenzell
Korrektorat: Eva Koglin, Ganderkesee
Zeichnungen: Pietro Archiati, Bad Liebenzell
Umschlag: Archiati Verlag, Bad Liebenzell
Foto: Rietmann, © Verlag am Goetheanum
Druck: Memminger MedienCentrum, Memmingen

ISBN-13: 978-3-938650-12-7

Archiati Verlag e. K.
Burghaldenweg 37 · D-75378 Bad Liebenzell
Telefon: (07052) 935284 · Telefax: (07052) 934809
anfrage@archiati-verlag.de · www.archiati-verlag.de

Inhaltsverzeichnis

- Die luziferischen Geister der Form machen die Planeten sichtbar. Materie ist zerbrochene Form, sichtbares Licht ist zurückgeworfenes geistiges Licht *S. 155*
- Wie ein Planetensystem entsteht – durch Wechselwirkung zwischen normalen und luziferischen Geistern – hatte schon Zarathustra gelehrt *S. 163*

7. Vortrag: **Natur und Geist im Kosmos: Monde, Planeten, Sterne, Kometen** *S. 169*

- Ein Planetensystem besteht aus Planeten, Fixstern, Monden und Kometen. Bis herunter zu den Geistern der Weisheit wirken die Hierarchien für alle Planeten gleich; die Geister der Bewegung und der Form wirken unterschiedlich bei den einzelnen Planeten *S. 169*
- Das Leben des Fixsterns wird geführt von den Geistern der Weisheit bis hinauf zu den Seraphim; das Leben eines Mondes von den Erzengeln bis zu den Seraphim *S. 176*
- Die Monde sind gleichsam der «Leichnam» eines Planetensystems, die Gesamtheit aller Planeten wie ein physischer Leib, der Fixstern wie ein Ätherleib *S. 183*
- Die Kometen reinigen das Planetensystem von seiner schädlichen Astralität *S. 193*

8. Vortrag: **Die Sonne um Mitternacht: der Geist der Planeten und der Naturreiche** *S. 203*

- Ein Engel und ein Hellseher sehen keine physischen Himmelskörper. Der Mond ist für sie wie eine Erinnerung an die Vergangenheit der Erde *S. 203*
- Mehrere Planeten zusammen ergeben hellseherisch untersucht eine Erinnerung an den «Sonnenzustand» der

Vorwort

Ein Buch über die Engel im Zeitalter des Materialismus? Gerade weil in dieser Zeit der Mensch nur noch das sinnlich Greifbare erlebt, ist sein Interesse an Engeln größer denn je. In der letzten Zeit ist eine unüberschaubare Literatur über Engel entstanden, aber eine wissenschaftlich fundierte Erkenntnis der Engelwelt, wie sie der Leser in diesen Vorträgen findet, ist einmalig.

Warum enthält die Bibel, warum enthalten die Evangelien nicht eine systematische, nach allen Seiten ausgebaute Engellehre? Warum sind dort nur spärliche Hinweise auf Sein und Wirken der Engel zu finden?

Polytheismus und Monotheismus konnten bis in unsere Zeit hinein nur als unversöhnliche Gegensätze erlebt werden: *Entweder* eine Vielfalt von göttlichen Wesen – wie bei den Griechen mit ihrem herrlichen Pantheon – *oder* der alleinige, einzige Gott – wie beim Jahve des Judentums, wie beim Allah des Islams. Auch die christliche Trinität, die Dreiheit von «Vater», «Sohn» und «Heiligem Geist», stand immer unter dem Verdacht eines Rückfalls in den Polytheismus. Erst in unserer Zeit bekommt der Mensch ganz allmählich die Einsicht und die Kraft, seine von Natur aus polytheistische Seele, die eine unendliche Vielfalt von göttlichen Kräften in sich erlebt, und seinen von Natur aus monotheistischen Geist, der als Ich alle Seelenkräfte unter einen Hut zu bringen hat, miteinander zu versöhnen.

Das muss Goethe tief geahnt haben, als er am 6. Januar 1813 an den überzeugten Christen Jakobi schrieb: *«Ich für mich kann bei den mannigfaltigen Richtungen meines Wesens, nicht an einer Denkweise genug haben; als Dichter und Künstler bin ich Polytheist, als Naturforscher Pantheist, und eins so entschieden als das andere. Bedarf ich eines Gottes für meine Persönlichkeit als sittlicher Mensch, so ist dafür auch schon gesorgt. Die himmlischen und irdischen Dinge sind ein so weites Reich, dass die Organe aller Wesen zusammen es nur erfassen mögen.»* (S. Faksimile S. 313).

Die zweitausendjährige Scheu des Christentums vor der Gefahr des Polytheismus durch die Welt der Engel hat tiefere Ursachen. Wenn die Kluft zwischen Gott und Mensch auf einmal mit einer Engelleiter überbrückt wird, kann der Mensch eine unwiderstehliche Lust bekommen, mit eigenen Händen und Füßen die Rangstufen dieser Leiter hinaufzuklettern. Das Wort des Johannes-Evangeliums (1,51) mag ihn dazu ermuntern: «Ihr werdet den Himmel offen sehen und die Engel Gottes hinauf- und herabfahren über dem Menschensohn.»

Diesen Menschen als Himmelsstürmer hat die Kirche eine Zeit lang zu bändigen versucht. Dies geschah zum Teil zu Recht, denn der Mensch kann sich nur allzu leicht einbilden, schon auf den höheren Stufen jener Leiter zu *sein,* ohne auch nur eine Ahnung zu haben, wie man an sich arbeiten muss, um erst auf die niedrigsten Stufen zu *gelangen.* Zum Teil aber geschah diese Zähmung des Menschen zu Unrecht: Keine Macht, die den Menschen für ihre Zwecke gefügig machen will, sieht es gerne, dass er seine geistige Entwicklung zur inneren Selbstständigkeit hin ernsthaft und erfolgreich betreibt.

Je mehr man sich einen Überblick über die Inhalte dieser Vorträge verschafft, umso mehr mag etwas in den Mittelpunkt rücken, wovon niemals ausdrücklich die Rede ist: der Mensch, der diese Vorträge hält. Nicht ein Engel, sondern ein Mensch kommt in diesen Vorträgen zu Wort. Es werden Inhalte des *menschlichen* Bewusstseins zur Sprache gebracht, dieses unbegrenzt entwicklungsfähigen Bewusstseins, das jeder Mensch dem Vermögen nach in sich trägt und nach dessen Erweiterung und Vertiefung er unermüdlich strebt. Wichtig ist hier nicht die Person Rudolf Steiner als besonderer Mensch: Was der Leser erlebt, sind Inhalte einer Geisteswissenschaft, die als Entwicklungsperspektive des Bewusstseins allen Menschen in ihrer Gleichheit als Menschen angeboten wird.

Man kann sich vorstellen, dass während der Mensch solche Worte erklingen lässt, alle Engel, von denen hier die Rede ist, höchst gespannt aufhorchen. Es mag sie erstaunen, dass es in der Menschenwelt um sie geht, dass der Mensch ernsthaft an ihnen interessiert ist, nachdem er sie so lange ignoriert hat. Sie dürften neugierig sein, zu erfahren, was er über sie sagt: ob es stimmt oder nicht, ob es ehrfürchtig oder oberflächlich ist.

Indem die Engel beim Menschen, der diese Vorträge liest, die sie betreffenden Gedanken aufleuchten sehen, werden sie immer besser den Sinn der *Mensch*werdung des von ihnen über alles verehrten, über alles geliebten Geistes der Sonne verstehen können. Sie müssen damals, zur Wende aller Zeiten, betroffen zugesehen haben, als er die Sonne und sie verließ, um zum Geist der Erde, zum Geist der

Menschheit zu werden. Wie oft muss er ihnen gesagt haben, dass der tiefere Sinn aller Weisheit der großen Welt die Liebe zur kleinen Welt, die Liebe zum Menschen ist. Wie oft muss er in ihren Herzen die unausgesprochene, sie bedrückende Frage gelesen haben: «Wie kann der Mensch für den Sonnengeist wichtiger sein als wir Engel, der Mensch, dessen Geist auf der Erde immer dunkler, immer ohnmächtiger wird?»

Und seine Antwort kann nur gewesen sein: «Für eine Mutter sind alle ihre Kinder gleich unendlich wichtig; aber ihre fürsorgliche Liebe gilt ganz besonders dem einen Kind, das in Not, das krank ist oder gar in Lebensgefahr schwebt.» Es muss für die Engel alles andere als leicht gewesen sein, seine Worte zu verstehen – für die Engel als reine Geister, die nicht wissen, was es heißt, als Geist in einem Körper zu leben, am eigenen Leib die Allmacht der Natur zu erleben, im täglichen Kampf um Sein oder Nichtsein des eigenen Geistes. Nun erfahren sie mit den Worten der Menschen, dass es nicht nur einen ersten, sondern auch einen zweiten «Fall der Engel» gibt.

Am Anfang der Erdentwicklung hatten sich manche Engel dagegen gewehrt, mit dem Geist der Sonne nach oben zu steigen, die Erde zu verlassen, um dem Menschen seine Freiheit zu lassen. Sie fielen sozusagen ab vom Sonnengeist und wirkten geistig weiterhin unten auf der Erde, in der Seele des Menschen. Sie wollten ihm eine Weisheit beibringen, für die er noch nicht reif war. Jetzt, wo es darum geht, dem Menschen die Liebe zu bringen, wehren sich die Engel, die den zweiten Sündenfall begehen, dagegen, geistig tiefer nach unten zu steigen – in das moralische Gewicht der Liebe zum Menschen. Sie «fallen» stattdessen mit dem Leichtsinn der Selbstliebe nach oben, sie verweigern dem Menschen jene Fußwaschung, die das Wesen voller Liebe an jedem Menschen vollzieht. Und doch ist für eine höhere Weisheit der «Sündenfall» der Engel ein notwendiges Opfer, dem Menschen zuliebe vollbracht. Auch Mephisto, wie jeder Teufel, ist ein gefallener Engel, auch er wird von Gott höchstpersönlich gebeten, dem Menschen in seiner Entwicklung als notwendige Gegenkraft zu dienen. Wird je ein Engel seine gottgegebene Aufgabe besser erfüllen können als Mephisto in Goethes *Faust?*

Der Maler Beato Angelico hat neben den Engel der Verkündigung (s. Titelblatt) die Mutter des Erlösers gestellt: Ihr wird die Ankunft des Geistes der Sonne auf der Erde verkündigt. Diese Vorträge setzen gleichsam die Mutter aller Menschen, die Erde, an die Stelle der einen Mutter. Der Erde als Ort der Entwicklung aller Menschen wird die frohe Engelbotschaft verkündigt, dass sie in jedem Menschen den Christusträger gebären darf. So schaut der Engel aus der kosmischen Perspektive dieser Vorträge, aus der Welt der Engel, auf die kleine Erde herunter und staunt, dass dieses «Staubkorn» im Weltall ein solches Gewicht bekommen soll, das es zum Mittelpunkt des ganzen Universums macht. Der Engel staunt, dass der Mensch sich erst durch eine lange Entwicklung, erst in der Erfahrung der individuellen Freiheit, sein Engelbewusstsein erringen muss, erringen darf.

Menschwerdung ist Engelwerdung: Der Mensch ist als Kind aller Engelhierarchien gedacht. Was die Engel als seine Eltern und Erzieher schon immer sind, das *wird* das Menschenkind über die Jahrtausende seiner Entwicklung auf der Erde. Im Streben nach dem vollkommenen Menschen steigt der Mensch zusehends zur Bewusstseinsstufe der Engel empor. Im Umgang mit diesen Vorträgen, in der Dankbarkeit für die Gegenwart und das Wirken der Engel spürt der Mensch den Engelflügelschlag seiner eigenen Seele. In seinem Geist leuchtet mehr und mehr ein «Engelbewusstsein» im zweifachen Sinne des Wortes auf: ein Bewusstsein «von den Engeln», indem er sich die Wirklichkeit und die Wirksamkeit der Engel immer bewusster macht, sie sich immer mehr zu Herzen nimmt; und ein Bewusstsein «der Engel», indem er die Art des Bewussteins, das die Engel beseelt, sich zu eigen macht.

Der Mensch steht mittendrin zwischen Engeln und Naturgeistern. Die Geister, die in der Natur am Werk sind, entfalten mit Notwendigkeit die Naturkräfte, die höhere Geister in ihnen angelegt haben. Geisteswissenschaftlich gesagt: Naturgeister bestehen aus Körper und Seele, sie sind keine individuellen, selbstständigen Geister. Die Engel bestehen aus Geist und Seele, sind in dem Sinne «reine Geister», dass sie in der Welt der Materie nicht unmittelbar, sondern nur mittels der Naturgeister wirken.

Der Mensch ist das einzige Wesen in der Welt, das aus Körper *und* Seele *und* Geist besteht. So wie alles Naturwirken notwendig erfolgt, so ist das Grundgesetz der Wirksamkeit des Geistes *die Freiheit*. Das ist der Grund, weshalb der Mensch ein ganzes Leben verbringen kann, ohne von den Engeln etwas zu wissen. Als geistige Wesen ist ihnen die Freiheit des Menschen der höchste Wert der sichtbaren Schöpfung. Sie tun Unendliches für den Menschen, um ihm alle notwendigen Bedingungen für das Schaffen in der Freiheit zur Verfügung zu stellen. Die Gesamtheit dieser Bedingungen nennen wir mir nichts dir nichts «Welt», ohne uns bewusst zu machen, dass eine unendliche Vielfalt von Engel- und Naturgeistern mit innigster Liebe zum Menschen jeden Augenblick an der Instandhaltung dieser Welt tätig ist. Und doch kennt das Schaffen der Engel nur Angebote für die Freiheit des Menschen, sie drängen sich niemals auf.

Weil die Welt der Engel die Welt des Geistes und der Freiheit ist, kann der Mensch umso erfüllter, umso glücklicher leben, wenn er in der Freiheit seines Geistes das Wesen und das Wirken der Engel immer umfassender erkennt. So kann er sein Herz mit immer größerer Dankbarkeit füllen – diese Vorträge geben ihm unendliche Anregungen dazu. So kann er im Leben und im Handeln in Gemeinschaft mit den Engeln immer tiefer das Wahre erkennen, immer inniger das Schöne lieben, immer mutiger das Gute tun.

Das kopernikanische Weltsystem hat in den letzten Jahrhunderten alle Engel aus dem Weltall weggefegt. Geblieben sind nur physisch-materielle Himmelskörper, die sich nach rein mechanischen Gesetzen beinahe gespenstisch ihren Bahnen entlang bewegen. Gleichzeitig ist die Erde ihrer Mittelpunktstellung beraubt worden. Mit seinem abstrakten Denken hat der Mensch sie verlassen, er hat sich auf die Sonne versetzt. Von dort «sieht» er alles um die Sonne als Mittelpunkt kreisen.

Die Sonne als Mittelpunkt: Die kopernikanische, naturwissenschaftliche Wende des menschlichen Bewusstseins wartet heute darauf, durch eine geisteswissenschaftliche Wende ihre Vollendung zu finden. Die Sonne wird zum geistigen Mittelpunkt aller Entwicklung, wenn die Erde, wenn der Mensch auf ihr immerfort bestrebt ist, selbst zur Sonne zu werden – zum Urquell des Lichtes der Weisheit und der Wärme der Liebe. Seine Morgenröte feiert das Sonnenbewusstsein des Menschen in der Wiederentdeckung der Engelwesen, die alle Welten beleben, beseelen und begeistern.

Der Mensch bleibt nicht ewig Mensch: Ihm sagt der Apokalyptiker, der Fachmann der Endzeit, dass er am Ende seiner Entwicklung entweder auf der Stufe des Engels oder auf der des Tieres «enden» wird. Das Tier ist ohne Vermögen der Freiheit: Der Widersinn der menschlichen Entwicklung ist der Verlust des Freiheitsvermögens als Ergebnis aller Unterlassungssünden der Freiheit. Der Sinn der Entwicklung zum Menschen ist der Gewinn der Freiheit der Engel, einer Freiheit, die nicht mehr zwischen gut und böse wählen muss, die vielmehr zwischen gut und gut wählen darf. Menschwerdung ist Engelwerdung!

Pietro Archiati
im Frühjahr 2007

Erster Vortrag

Die Welt moralisch empfinden:
hinter allem Physischen Naturgeister erleben

Helsinki, 3. April 1912

Meine lieben° Freunde![1]

Von unseren Freunden ist, als sie mich hierher riefen, von mir gefordert worden, dass ich über das sprechen soll, was wir als *geistige Wesenheiten in den Naturreichen und in den Himmelskörpern* finden.

---

1 Der erste Vortrag beginnt mit folgenden Begrüßungsworten: «Der General-Sekretär der Theosophischen Gesellschaft in Finnland hat soeben liebe° Worte hier vor Ihnen an mich gerichtet und dasjenige, was ich zuallererst auf diese lieben Worte erwidern möchte, ist ein aller-, allerherzlichster Gruß in dem Sinne, wie wir, meine lieben° Freunde, uns als Geisteswissenschaftler° in aller Welt begrüßen. Indem ich mit einer Anzahl unserer engeren deutschen Freunde zu Ihnen hier heraufgekommen bin in dieses wunderbare, von alten Erinnerungen, von alten Sagen zu uns sprechende Land, möchte ich vor allen Dingen dessen gedenken, um gewissermaßen Universelles mit recht Speziellem zu verbinden, dass innerhalb eines großen Gebietes derjenigen Gegenden Mitteleuropas, in denen zunächst geisteswissenschaftlich° zu wirken meine Aufgabe und Pflicht ist, dass man da, um auch dem fremdesten Menschen gleich mit Liebe entgegenzukommen, den Gruß gebraucht: ‹Grüß Gott!› oder ‹Gott zum Gruß!› Es ist das ein in gewissen Gegenden Mitteleuropas allgemein angewendeter deutscher Gruß. An ihn möchte ich denken, wenn ich von dem mir liebsten Gruß spreche, den ich Ihnen bringen möchte, und der eigentlich schon darin liegt, dass wir uns alle, meine lieben

Wir werden damit, meine lieben Freunde, ein Gebiet berühren, das zunächst weit, weit von all dem abliegt, was heute das Wissen, was gegenwärtig das Wissen draußen in der übrigen° Welt dem Menschen gibt.

Wir werden gleich von Anfang an ein Gebiet zu berühren haben, dessen Realität gegenwärtig von der äußeren Welt abgeleugnet wird. Voraussetzen möchte ich nur das eine: dass Sie aus Ihren bisherigen geisteswissenschaftlichen° Studien mir ein Gefühls- und Empfindungsverständnis für die geistige Welt entgegenbringen.

In Bezug auf die Art und Weise, wie wir die Dinge benennen werden, werden wir uns im Laufe der Vorträge schon verständigen. Alles Übrige ergibt sich ja in gewisser

---

Freunde, wie wir mit unserer Gesinnung, mit unserem Streben nach einer gewissen Art des Wissens über die Welt hin verbreitet sind, dass wir uns alle ‹Theosophen› nennen. Und indem wir uns so nennen, liegt ein Allumfassendes in dem von jeder geisteswissenschaftlich strebenden° Seele zu der anderen gehenden Gruß schon durch die Benennung, die wir uns erlauben uns selber zu geben. Wir appellieren, meine lieben Freunde, indem wir uns Theosophen nennen, an das Tiefste, an das Innigste in einem jeden Menschen. Und wir sprechen zu diesem Innigsten, zu diesem Tiefsten eines jeden Menschen, indem wir uns mit ihm zugleich Theosophen nennen, wiederum selbst aus unserem Tiefsten, Innigsten heraus oder wollen wenigstens so sprechen. So vereint dasjenige, was wir zum Ausdruck bringen, indem wir uns Theosophen nennen, das Göttliche in unserer Seele, und indem wir uns so nennen, begrüßen wir uns auch, weil wir das Göttliche in uns selber sprechen lassen. Dass immer mehr und mehr die Menschen zusammenführe in der Welt dasjenige, was in dem Theosophennamen liegt, das ist ja unser aller Ziel, unser aller Streben. Und wenn wir so zusammenkommen, meine lieben Freunde, an einem solchen Ort wie hier und uns vielleicht in Bezug auf das Äußere un-

Beziehung von selbst, wenn wir uns im Laufe der Zeit ein Gefühls- und Empfindungsverständnis dafür angeeignet haben, dass hinter unserer sinnlichen Welt, hinter der Welt, die wir als Menschen zunächst erleben, eine geistige Welt steht – und dass man ebenso, wie man in die physische Welt eindringt, indem man sie nicht nur als eine große Einheit betrachtet, sondern indem man sie in einzelne Pflanzen, einzelne Tiere, einzelne Mineralien, einzelne Völker, einzelne Menschen spezifiziert betrachtet, dass man ebenso *die spirituelle Welt spezifizieren* kann in einzelne Klassen und Individuen von geistigen Wesenheiten.

Sodass wir auf dem Boden der Geisteswissenschaft° nicht nur von einer geistigen Welt im Allgemeinen spre-

---

serer Sprache schwerer verstehen, so verstehen wir uns gleich als Geisteswissenschaftler° sozusagen über die ganze Welt hin, wenn wir dies zu sein wirklich anstreben, wenn wir das Innerste unseres Wesens in uns sprechen lassen. Deshalb erscheint es so sehr wie die Auffrischung uralt heiliger Erinnerungen, die allen Menschen gemeinsam sind, wenn wir uns als Geisteswissenschaftler° zusammenfinden. Wir sagen uns, meine lieben Freunde, dass alle, alle Menschen von einem gemeinsamen geistig-göttlichen Ursprung herkommen und dass, wie sie auch auseinandergegangen sind nach Territorien, nach Sprachidiomen, es möglich ist, in der Seele die Saite anzuschlagen, die da tönt von den uraltesten, heiligsten menschlichen Erinnerungen, die in sich schließen das Geistig-Göttliche, von dem wir ausgegangen sind. Und so kommen wir uns wie Brüder der allumfassenden Menschheitsfamilie vor, die ausgegangen sind von gemeinsamem Heim, die ihre Entwicklung, ihre Evolution in den verschiedensten Gebieten durchgemacht haben und dasjenige nicht vergessen haben, was sie erinnert an ihren uralt heiligen Ursprung. Was ist denn Geisteswissenschaft° in unserer Gegenwart? Etwas wie ein mächtiger Sehnsuchtsschrei der Menschen, die heute schon dasjenige verstehen, was alle

chen, sondern von ganz bestimmten Wesenheiten und Kräften, die hinter unserer physischen Welt stehen. Was rechnen wir denn alles zur physischen Welt?

Seien wir uns zunächst darüber klar: Zur physischen Welt rechnen wir alles das, was wir mit unseren Sinnen wahrnehmen können, was unsere Augen sehen, unsere Ohren hören, unsere Hände greifen können. Zur physischen Welt rechnen wir ferner alles dasjenige, was wir mit unseren Gedanken umspannen können, insofern diese Gedanken sich auf die äußere Wahrnehmung beziehen, auf das, was uns die physische Welt sagen kann.

Zur physischen Welt müssen wir auch alles das rechnen, was wir selbst als Menschen innerhalb dieser physischen

---

Menschen immer mehr und mehr in der Zukunft binden soll, was aufleben lassen soll in allen Herzen das Verbindende immer mehr und mehr in die Zukunft hinein, wie es immer mehr und mehr war, je weiter wir in unsere Vergangenheit zurückschauen. Deshalb ist es selbstverständlich, dass wir uns zusammenfinden, meine lieben Freunde, in dem besten Gruß, den wir uns bieten können, wenn wir uns als Geisteswissenschaftler° zusammenfinden. Die Menschen, sie begegnen einander über das weite Erdenrund hin. Die einen kennen einander mehr, die anderen weniger, Einzelne sind befreundet, Einzelne lieben einander. So geht es im Alltag. Und diejenigen Menschen, die gemeinsame Ziele, gemeinsame Interessen haben, sie schließen sich insbesondere in unserer Zeit unter gemeinsamen Idealen zusammen, denn solche wissen, dass sie in diesen gemeinsamen Idealen einander begegnen. Aber noch etwas anderes heißt es, wenn wir uns als Geisteswissenschaftler° zusammenfinden. Da finden wir uns so zusammen, dass im Grunde genommen ein jeder einen jeden sogleich kennt. Denn wodurch kennen sich Menschen? Dadurch, dass sie voneinander etwas wissen. Wir gehen gleichgültig an demjenigen in der Welt vorbei, von dem wir nichts wissen. Wir reichen liebevoll die Hand demjenigen,

Welt tun. Es könnte freilich leicht Bedenken erregen, wenn man sagt, dass alles das, was wir als Menschen in der physischen Welt tun, zur physischen Welt gehöre. Denn man muss sich ja sagen, dass die Menschen, indem sie in der physischen Welt handeln, Geistiges in diese physische Welt hinuntertragen.

Die Menschen handeln ja nicht nur so, wie ihnen die physischen Triebe und Leidenschaften das eingeben, sondern sie handeln zum Beispiel nach moralischen Prinzipien. Moral durchzieht unser Handeln, unser Tun. Gewiss, wenn wir moralisch handeln, spielen spirituelle Impulse in unser Handeln hinein, aber der Schauplatz, auf dem wir moralisch handeln, ist doch die physische Welt.

---

der unser alter Bekannter ist, wir lächeln denjenigen an, dem wir lange nicht begegnet sind und der uns mit inniger Freude durch seine Begegnung erfüllt. Kurz, meine lieben Freunde, es knüpft sich ein Band von Mensch zu Mensch dadurch, dass der eine von dem anderen etwas weiß. Wenn wir als Geisteswissenschaftler° zusammenkommen, dann wissen wir alle etwas voneinander und keiner ist uns fremd. Wir wissen von dem anderen, dass in seinem tiefsten Inneren, in seinem eigentlichen menschlichen Kern, das gleiche geistige Ideal wie in uns selbst lebt. Und so erscheint er uns wie ein alter Bekannter, wie ein selbstverständlicher Bekannter. Neben allem Übrigen, das Geisteswissenschaft° den Menschen bringen kann, wird es, meine lieben Freunde, dieses sein, dass die Menschen, die sich noch nie auf dem äußeren physischen Plan gesehen haben, einander werden über das ganze Erdenrund hin so begegnen können, dass sie das Wichtigste voneinander wissen werden, einfach dadurch, dass sie sich auf dem gemeinsamen Boden der Geisteswissenschaft° finden. Das gibt allem, was wir tun und sprechen, meine lieben Freunde, jenen Ton von Herzlichkeit, der da nicht fehlen soll, wenn wir uns zusammenfinden, jenen Ton von Herzlichkeit, für den ich so innig danke, der da zum Ausdruck

Und ebenso, wie in unser moralisches Handeln spirituelle Impulse hereinspielen, ebenso dringen durch die Farben, durch die Töne, durch Wärme und Kälte, durch alle sinnlichen Wahrnehmungen geistige Impulse zu uns.

Das Geistige ist zunächst für die äußere Wahrnehmung, für das, was der Mensch äußerlich erkennen und tun kann, gewissermaßen überall verborgen, verhüllt. Das ist das Charakteristische des Geistigen, dass der Mensch es erst erkennen kann, wenn er sich bemüht, wenigstens in geringem Maße anders zu werden, als er von vornherein ist.

Wir arbeiten in unseren geisteswissenschaftlichen° Zweigen und Vereinigungen miteinander. Ja, wir hören da nicht nur diese oder jene Wahrheiten, die uns etwa sagen: Es gibt

---

gekommen ist durch den lieben, verehrten General-Sekretär der Theosophischen Gesellschaft in Finnland. Wenn Sie, meine lieben Freunde, in den Vorträgen, die von mir verlangt worden sind, trotz alles scheinbar bloß Geistigen, in das uns namentlich die ersten Vorträge führen werden, etwas erkennen werden von dem herzlichen Ton, dann werden Sie mich richtig verstanden haben. Das müssen wir ja so vielfach als Geisteswissenschaftler°: durchwandern zunächst die Gefilde des Geistigen, um uns zuletzt, wenn wir das Mannigfaltigste des Geisteslebens auf uns haben wirken lassen, doch in den Ergebnissen dieser geistigen Erkenntnisse wieder zusammenzufinden wie in einem harmonischen Herzenston. Und so möchte ich, dass Sie mich von diesem Gesichtspunkt aus ein wenig verstehen. Werden es zunächst scheinbar rein geistige, rein spirituelle Tatsachen sein, die wir zu durchwandern haben nach der Aufgabe, die mir von unseren Freunden gesetzt worden ist, so wird doch nichts gesagt werden im Laufe dieser Tage, das nicht innig mit dem eben hier gekennzeichneten Ziel zusammenhängen soll. Und nach Voraussendung dieser Worte lassen Sie mich sogleich auf den Gegenstand, der unsere Aufgabe bezeichnet, eingehen.»

verschiedene Welten, der Mensch besteht aus verschiedenen Gliedern oder Leibern oder wie man es nennen will, sondern: Indem wir das alles auf uns wirken lassen, wird nach und nach, auch wenn wir es nicht immer bemerken, auch ohne dass wir eine esoterische Entwicklung durchmachen, unsere Seele zu etwas anderem. Das, was wir auf dem Boden der Geisteswissenschaft° lernen, macht unsere Seele zu etwas anderem, als sie vorher war.

Vergleichen Sie einmal, meine lieben Freunde, die Art, wie Sie fühlen, nachdem Sie einige Jahre das geisteswissenschaftliche° Leben in einem Zweig mitgemacht haben, vergleichen Sie die Art und Weise, wie Sie fühlen, wie Sie denken, mit der Art und Weise, wie Sie vorher gefühlt und gedacht haben oder wie die übrigen° Menschen fühlen und denken. *Geisteswissenschaft°* bedeutet nicht bloß die Aneignung eines Wissens, Geisteswissenschaft° bedeutet im eminentesten Maße eine Erziehung, *eine Selbsterziehung* unserer Seele.

Wir machen uns zu etwas anderem, die Interessen werden andere, die Aufmerksamkeit, die der Mensch nach einigen Jahren für das oder jenes entwickelt, wenn er Geisteswissenschaftler° geworden ist, wird anders. Was ihn früher interessiert hat, interessiert ihn nicht mehr, was ihn früher nicht interessiert hat, beginnt, ihn im höchsten Maße zu interessieren.

Man darf nicht sagen: Derjenige erst erhält ein Verhältnis zur geistigen Welt, welcher eine esoterische Entwicklung durchgemacht hat. Die Esoterik beginnt nicht erst mit der okkulten Entwicklung. In dem Augenblick, wo wir uns mit irgendeiner geisteswissenschaftlichen° Vereinigung verbinden und mit unserem ganzen Herzen dabei sind und fühlen, was in den geisteswissenschaftlichen° Lehren liegt, da beginnt schon die Esoterik, da beginnt schon unsere Seele sich umzuwandeln, da beginnt schon mit uns etwas Ähnliches, wie etwa mit einem Wesen vorgehen würde, das vorher nur Hell und Dunkel gesehen hätte und das dann durch eine andere Organisation der Augen anfangen würde, Farben zu sehen. Die ganze Welt würde anders aussehen für ein solches Wesen.

Wir brauchen es nur zu bemerken, wir brauchen es uns nur zu gestehen, dann werden wir finden: Die ganze Welt beginnt anders auszusehen, wenn wir die geisteswissenschaftliche° Selbsterziehung eine Weile durchmachen, die wir in einer geisteswissenschaftlichen° Vereinigung haben können. Dieses Sicherziehen zu einer ganz bestimmten Empfindung gegenüber der geistigen Welt, dieses Sicherziehen zu einem Hinblicken auf etwas, was hinter den physischen Tatsachen steht, das ist eine Frucht der geisteswissenschaftlichen° Bewegung in der Welt und das ist das Wichtigste am geisteswissenschaftlichen° Verständnis.

Wir sollen nicht glauben, dass wir uns geisteswissenschaftliches° Verständnis durch bloße Sentimentalität aneignen können, dadurch, das wir immer nur sagen, wir wollen unsere Gefühle mit Liebe durchdringen. Das wollen andere Menschen auch, wenn sie gute Menschen sind. Damit würden wir uns nur einen gewissen geisteswissenschaftlichen° Hochmut heranerziehen.

Wir müssen uns vielmehr darüber klar sein, wie wir unsere Gefühle dadurch erziehen, dass wir die Erkenntnis der Tatsachen einer höheren Welt auf uns wirken lassen und durch diese Erkenntnis unsere Seele umgestalten. Diese besondere Art und Weise, unsere Seele zu einer Empfindung gegenüber einer höheren Welt zu erziehen, diese Art und Weise macht den Geisteswissenschaftler° aus. Dieses Verständnis brauchen wir zunächst, wenn wir über die Dinge reden wollen, von denen in diesen Vorträgen° gesprochen werden soll.

Derjenige, der mit einem okkult geschulten Blick hinter die physischen Tatsachen zu schauen vermag, der findet hinter all dem, was sich als Farben, als Töne, als Wärme, als Kälte, was sich an Naturkräften ausbreitet, hinter alldem findet er sogleich Wesenheiten, die sich nicht für die äußeren Sinne und für den äußeren Verstand offenbaren, die hinter der physischen Welt liegen.

Dann dringt er immer tiefer und tiefer und er entdeckt sozusagen Welten mit Wesenheiten von immer höherer Gattung. Wenn wir uns ein Verständnis für all das aneignen wollen, was da hinter unserer Sinnenwelt liegt, dann müssen wir gemäß dieser besonderen Aufgabe, die mir hier gestellt worden ist, von dem Allernächsten ausgehen, was wir hinter unserer sinnlichen Welt antreffen, von dem, was wir antreffen, wenn wir nur den allerersten Schleier heben, den die sinnliche Wahrnehmung über das geistige Geschehen ausbreitet.

Im Grunde genommen überrascht eigentlich die Welt, die sich dem okkult geschulten Blick als die nächste darstellt, den heutigen Verstand, die gegenwärtige Auffassungsgabe am allermeisten.

Nun, ich spreche ja, meine lieben° Freunde, zu solchen, welche schon Geisteswissenschaftliches° in sich aufgenommen haben. Ich darf daher voraussetzen, dass Sie wissen, dass wir hinter dem, was uns zunächst äußerlich am Menschen entgegentritt, was wir am Menschen mit unseren Augen sehen, mit unseren Händen greifen, mit unserem Verstand in der gewöhnlichen Anatomie oder Physiologie begreifen können, dass hinter dem, was wir den physischen Menschenleib nennen, im geisteswissenschaftlichen° Sinne gleich ein nächstes übersinnliches Glied erkennen. Wir nennen dieses nächste übersinnliche Glied des Menschen den Äther- oder Lebensleib, den *ätherischen Leib*.

Wir wollen heute nicht von noch höheren Gliedern der Menschennatur sprechen, sondern wollen uns nur klarmachen, dass der okkulte Blick, der da imstande ist, hinter den physischen Körper zu schauen, zunächst den Äther- oder Lebenskörper findet.

Ein Ähnliches kann der okkulte Blick auch gegenüber der Natur draußen tun. Wie wir den Menschen okkult daraufhin anschauen können, ob er hinter seinem physischen Leib noch etwas anderes hat, und wie wir dann den Lebenskörper finden, so können wir auch die Natur draußen in ihren Farben, in ihren Formen, in ihren Tönen, in ihren Reichen, im mineralischen, pflanzlichen, tierischen, menschlichen Reich, sofern sie uns physisch entgegentreten, mit dem okkulten Blick anschauen.

Und wir finden dann: So wie wir hinter dem physischen Leib des Menschen den Äther- oder Lebenskörper haben, so finden wir auch eine Art von Äther- oder Lebenskörper hinter der ganzen physischen Natur. Nur ist ein gewaltiger Unterschied zwischen diesem Äther- oder Lebenskörper der ganzen physischen Natur und dem des Menschen.

Wenn der okkulte Blick sich auf den Äther- oder Lebenskörper des Menschen richtet, dann sieht er ihn als eine Einheit, als ein zusammenhängendes Gebilde, als eine zusammenhängende Form oder Gestalt. Wenn der okkulte Blick dasjenige durchdringt, was sich in der Natur draußen als Farbe, als Form, als mineralische, pflanzliche, tierische Gebilde darstellt, wenn der okkulte Blick das alles durchdringt, dann findet er den Äther- oder Lebenskörper der physischen Natur als eine Vielheit, als eine unendliche Mannigfaltigkeit.

Das ist der große Unterschied:

- ein einziges, *einheitliches Wesen* als Äther- oder Lebenskörper beim Menschen,
- viele verschiedene, *differenzierte Wesen* hinter der physischen Natur.

Nun muss ich Ihnen den Weg zeigen, meine lieben° Freunde, durch den man zu einer solchen Behauptung, wie sie eben getan worden ist, kommen kann, zu der Behauptung, dass sich ein Äther- oder Lebensleib – eigentlich eine *Äther- oder Lebenswelt* –, eine Vielheit, eine Mannigfaltigkeit differenzierter Wesen hinter unserer physischen Natur findet.

Wenn ich sagen will, wie man dazu kommen kann, dann kann ich das in die einfachen Worte kleiden: Man gelangt dadurch immer mehr zu der Anerkennung dieser Äther- oder Lebenswelt hinter der physischen Natur, dass man beginnt, die ganze Welt, die um einen herum ist, *moralisch* zu empfinden.

Was heißt das: *die Welt moralisch empfinden?* Wir richten, meine lieben° Freunde, zunächst einmal unseren Blick, von der Erde aufschauend, in die Weiten des Weltraums, aus denen uns *das Blaue des Himmels* entgegenkommt.

Wir nehmen an, wir tun das an einem Tag, an dem kein Wölkchen, nicht das leiseste weiße Silberwölkchen die Himmelsbläue unterbricht. Wir nehmen an, wir blicken überall hin in das sich über uns ausspannende Blau des Himmels – ob wir das im physischen Sinne als etwas Reales anerkennen oder nicht, darauf kommt es nicht an, auf den Eindruck kommt es zunächst an, den dieses sich ausspannende Blau des Himmels auf uns macht.

Nehmen wir an, wir können dieses Sichhingeben an das Blaue des Himmels intensiv, lange, lange machen. Wir können es so machen, dass wir alles dasjenige vergessen, was uns sonst aus dem Leben bekannt ist oder was sonst im Leben um uns herum ist. Nehmen wir an, wir könnten alle äußeren Eindrücke, alle Erinnerungen, alle Sorgen, alle Bekümmernisse des Lebens für einen Augenblick vergessen und dem einzigen Eindruck des blauen Himmels ganz hingegeben sein.

Ja, sehen Sie, meine lieben° Freunde, das, was ich Ihnen jetzt sage, kann jede menschliche Seele erfahren, wenn sie nur die entsprechenden Veranstaltungen unternimmt. Eine allgemein menschliche Erfahrung kann das werden, was ich Ihnen jetzt sage.

Nehmen Sie an, eine menschliche Seele blickt so auf nichts als auf das Blau des Himmels schauend. Dann tritt ein gewisser Moment ein, ein Moment, wo das Blau des Himmels aufhört, wo wir nicht mehr blau sehen, nicht mehr etwas sehen, was wir in irgendeiner menschlichen Sprache mit blau bezeichnen. Wenn wir uns aber in dem Moment auf unsere eigene Seele besinnen, wo das Blau aufhört, für uns blau zu sein, dann werden wir in unserer Seele eine ganz bestimmte Stimmung bemerken.

Das Blau verschwindet, eine Unendlichkeit tut sich vor uns auf, und in diese Unendlichkeit hinein will sich eine ganz bestimmte Stimmung unserer Seele ergießen, ein ganz bestimmtes Gefühl, eine ganz bestimmte Empfindung unserer Seele – in die Leerheit hinein, die da entsteht, wo vorher Blau war.

Und wollen wir diese Seelenempfindung, wollen wir das, was da in alle unendlichen Fernen hinauswill, wollen wir das benennen, dann haben wir dafür nur ein Wort: «Fromm» fühlt unsere Seele, fromm gegenüber einer Unendlichkeit, hingegeben fromm. Alle religiösen Gefühle der Menschheitsentwicklung haben im Grunde genommen eine Nuance, welche das in sich schließt, was ich hier jetzt fromm nenne: fromm hingegeben, religiös gestimmt.

Moralisch ist der Eindruck des blauen Himmelsgewölbes geworden. Eine moralische Empfindung hat das Blau, das weithin sich dehnt, in unserer Seele hervorgerufen. Indem es als Blau verschwunden ist, lebt in unserer Seele eine moralische Empfindung gegenüber der äußeren Welt auf.

Und jetzt wollen wir uns auf eine andere Empfindung besinnen, wo wir uns wieder in anderer Weise moralisch stimmen können gegenüber der äußeren Natur. Wir wollen hinblicken, wenn die Bäume ausschlagen und die Wiesen sich mit Grün füllen, wir wollen unseren Blick auf das Grün richten, das in der mannigfaltigsten Weise die Erde bedecken oder aus den Bäumen uns entgegentreten kann. Und wir wollen es wieder so machen, dass wir alles vergessen, was an äußeren Eindrücken auf unsere Seele wirken kann, und uns lediglich dem hingeben, was da als *das Grün in der äußeren Natur* vor uns hintritt.

Wenn wir wieder imstande sind, uns dem, was real als das Grüne aufschießt, hinzugeben, so können wir dies wieder so weit treiben, dass das Grüne als Grünes für uns verschwindet, wie früher das Blaue als Blaues verschwunden ist. Wir können also wieder nicht sagen: «Eine Farbe breitet sich vor unserem Blick aus», dafür aber – ich bemerke ausdrücklich, ich erzähle Dinge, die jeder an sich erfahren kann, der die betreffenden Veranstaltungen macht –, dafür fühlt die Seele eigenartig, sie fühlt:

> «Jetzt verstehe ich das, was ich erlebe, wenn ich in mir vorstelle, wenn ich in mir denke, wenn ein Gedanke in mir aufschießt, wenn eine Vorstellung in mir erklingt. Das verstehe ich jetzt erst, das lehrt mich erst das Hervorsprießen des Grünen überall um mich herum. Ich fange an, an der äußeren Natur

das Innerste meiner Seele zu verstehen, wenn sie als äußerer Natureindruck verschwunden ist und mir dafür ein moralischer Eindruck geblieben ist. Das Grün der Pflanzen sagt mir, wie ich in mir selbst fühlen sollte, wenn meine Seele begnadet ist, Gedanken zu denken, Vorstellungen zu hegen.»

Wiederum ist ein äußerer Natureindruck in eine moralische Empfindung verwandelt.

Oder wir blicken hin auf eine *weiße Schneefläche.* Sie kann in uns in derselben Art, wie das hier jetzt für das Blau des Himmels und das Grün der Pflanzendecke geschildert worden ist, eine moralische Empfindung auslösen. Sie wird die moralische Empfindung für alles das auslösen, was wir die Erscheinungen des Stoffes in der Welt nennen. Wenn man erst über die weiße Schneedecke hinschauend alles Übrige vergessen hat und das Weiße empfindet und dann verschwinden lässt, bekommt man ein Verständnis für das, was die Welt als Stoff erfüllt. Dann fühlt man den Stoff webend und wesend in der Welt.

Und so kann man alle äußeren Gesichtseindrücke in moralische verwandeln, so kann man auch Gehöreindrücke in moralische Empfindungen verwandeln.

Nehmen wir an, wir hören einen *Ton und* hören daraufhin *seine Oktave.* Wenn wir gegenüber diesem Zweiklang eines Grundtons und seiner Oktave wiederum unsere Seele so stimmen, dass sie alles Übrige vergisst, alles Sonstige aus sich ausschaltet und dann, diesem Zweiklang des Grundtones, der Prim, und der Oktave ganz hingegeben es endlich dahin bringt, obwohl diese zwei Töne tönen, sie nicht mehr zu hören, die Aufmerksamkeit von diesem Zweiklang abzuwenden, dann finden wir, dass in unserer Seele wiederum eine moralische Empfindung losgelöst wird.

Wir fangen dann an, ein geistiges Verständnis für dasjenige zu empfangen, was wir erleben, wenn in uns ein Wunsch lebt, der uns zu irgendetwas hinführen will, und dann unsere Vernunft auf diesen Wunsch wirkt. Das Zusammenklingen von Wunsch und Vernunft, von Begierde und Gedanke, wie sie in der menschlichen Seele leben, dies empfindet sie an einem Ton und seiner Oktave. Und so könnten wir die mannigfaltigsten Sinnesempfindungen auf uns wirken lassen.

Wir könnten auf diese Weise, meine lieben° Freunde, das, was wir ringsherum in der Natur durch unsere Sinne wahrnehmen, gleichsam verschwinden lassen, sodass diese sinnliche Decke hinweggehoben wird. Dann würden überall moralische Empfindungen der Sympathie und Antipathie auftreten.

Und wenn wir auf diese Weise uns angewöhnen, alles das auszuschalten, was unsere Augen sehen, was unsere Ohren hören, was unsere Hände greifen, was unser Verstand, der an das Gehirn gebunden ist, versteht, wenn wir uns angewöhnen, dennoch der Welt gegenüberzustehen, dann wirkt ein Tieferes in uns als die Sehkraft unserer Augen, als die Hörkraft unserer Ohren, als die Kraft unseres Verstandes. Dann stehen wir mit einem tieferen Wesen der Außenwelt gegenüber:

- Dann wirkt die Weite der Unendlichkeit auf uns so, dass wir *religiös gestimmt* werden;
- dann wirkt die grüne Pflanzendecke auf uns so, dass wir uns selbst *in unserem Inneren* geistig erblühen fühlen;
- dann wirkt die weiße Schneedecke so, dass wir an ihr Verständnis dafür gewinnen, was *Materie,* was Stoff in der Welt ist.

Dann erfasst etwas Tieferes in uns die Welt als das, was sonst die Welt erfasst. Daher kommen wir auf diese Weise auch zu etwas Tieferem in der Welt als sonst. Da ist der äußere Schleier der Natur hinweggezogen und wir kommen in eine Welt, die hinter diesem äußeren Schleier liegt.

Geradeso wie wir, wenn wir hinter den physischen Leib des Menschen blicken, in den Äther- oder Lebensleib gelangen, so kommen wir auf diese Weise in ein Gebiet, in dem sich uns nach und nach mannigfaltige Wesenheiten enthüllen, jene Wesenheiten, welche hinter dem mineralischen Reich, hinter dem pflanzlichen und tierischen Reich wesen und kraften. *Die ätherische Welt* geht uns nach und nach differenziert, in ihren Einzelheiten auf.

Man hat in der okkulten Wissenschaft immer das, was auf die geschilderte Weise dem Menschen nach und nach aufgeht, *die elementarische Welt* genannt. Und diejenigen geistigen Wesenheiten, zu denen wir kommen, wenn der Weg beschritten wird, von dem wir gesprochen haben, diese geistigen Wesenheiten sind die elementarischen Geister, die hinter allem Physisch-Sinnlichen verborgen liegen.

Ich sagte schon: Während der ätherische Leib des Menschen ein Einheitliches ist, ist das, was wir als die ätherische Welt der ganzen Natur wahrnehmen, eine Vielheit, eine Mannigfaltigkeit. Wie können wir, da das etwas ganz Neues ist, was wir da wahrnehmen, uns in die Möglichkeit versetzen, etwas von dem zu beschreiben, was da hinter der äußeren Natur allmählich auf uns eindringt?

Nun, wir können es, meine lieben° Freunde, wenn wir vergleichsweise an das anknüpfen, was uns bekannt ist. Wir finden in der ganzen Mannigfaltigkeit, die da hinter der physischen Welt liegt, zunächst Wesenheiten, welche für den okkulten Blick abgeschlossene Bilder geben. Ja, ich muss schon an Bekanntes anknüpfen, um das zu charakterisieren, was wir da zunächst finden.

Abgeschlossene Bilder, Wesenheiten von bestimmter Begrenzung nehmen wir wahr, von denen wir sagen können, dass sie sich ihrer *Form* oder Gestalt nach beschreiben lassen. Diese Wesenheiten sind die eine Klasse dessen, was wir zunächst hinter der physisch-sinnlichen Welt finden.

Eine zweite Klasse von Wesenheiten, die wir da finden, können wir nur beschreiben, wenn wir von dem absehen, was sich in festen Formen zeigt, was feste Gestalten hat, wenn wir das Wort *Metamorphose* aussprechen. Gestaltwandlung: Das ist das Zweite, was sich dem okkulten Blick darbietet.

- Wesen, die *bestimmte Formen* haben, gehören zur einen Klasse;

- Wesen, die in jedem Augenblick ihre *Gestalt wandeln,* die, indem sie uns entgegentreten und wir glauben, sie zu fassen, schon wieder anders sind, sodass wir ihnen nur folgen können, wenn wir selber unsere Seele beweglich machen, gehören zu dieser zweiten Klasse.

Der okkulte Blick findet die erste Klasse von Wesenheiten, die eine ganz bestimmte Form haben, eigentlich nur dann, wenn er von solchen Voraussetzungen aus, meine lieben Freunde, wie sie Ihnen geschildert worden sind, in die *Tiefen der Erde* hineindringt.

Ich habe Ihnen gesagt, man soll alles das, was in der Außenwelt auf uns wirkt, zu moralischer Wirkung erheben, wie es geschildert worden ist. Wir haben als Beispiel angeführt, wie man das Blau des Himmels, das Grün der Pflanzen, das Weiß des Schnees zu moralischen Eindrücken erheben kann.

Nehmen wir nun an, wir dringen in das Innere der Erde ein. Wenn wir uns zu Genossen von Bergarbeitern machen, dann kommen wir, in das Innere der Erde dringend, allerdings in Gebiete, in denen wir unser Auge nicht so schulen können, dass es seinen Blick in einen moralischen Eindruck verwandelt. Aber wir merken da in unserem Gefühl Wärme, differenzierte Wärmeunterschiede. Diese müssen wir erst empfinden, das muss der physische Eindruck, der physische Natureindruck sein, wenn wir in das Reich des Irdischen eintauchen.

Wenn wir diese Wärmedifferenzen, diese Wärmeverschiebungen und das, was sonst auf unsere Sinne wirkt, indem wir da hinuntergehen, ins Auge fassen, wenn wir das auf uns wirken lassen, meine lieben° Freunde, dann bekommen wir gerade durch dieses Eindringen in das Innere der Erde, durch dieses Uns-verbunden-Fühlen mit dem Wirksamen des Inneren der Erde, ein bestimmtes Erlebnis.

Wenn wir nämlich alles außer Acht lassen, was da Eindrücke macht, wenn wir uns bemühen, da unten nichts zu empfinden, auch nicht die Wärmedifferenzen, durch die wir uns nur vorbereitet haben, wenn wir uns bemühen, nichts zu hören und zu sehen, sondern den Eindruck so nachwirken zu lassen, dass das als ein Moralisches aus unserer Seele auftaucht, dann ersteht vor unserem okkulten Blick diejenige *Klasse von schaffenden Naturwesenheiten,* die in allem Irdischen, namentlich *in allem Metallischen* für den Okkultisten real wirksam ist und die sich seiner Imagination, seiner imaginativen Erkenntnis in scharf umrissenen Gestalten der verschiedensten Art zum Ausdruck bringt.

Derjenige, der mit einer okkulten Erziehung und zu gleicher Zeit mit einer gewissen Liebe zur Sache – die gehört auf diesem Gebiet ganz besonders dazu – sich zum Genossen von Bergleuten macht, der in Bergwerke eindringt und da unten alle äußeren Eindrücke vergessen kann, der fühlt vor seiner Imagination die nächste Klasse von Wesenheiten aufgehen, die hinter allem Irdischen, namentlich hinter allem Metallischen, schaffend und webend sind.

Ich spreche heute nicht davon, wie Volksmärchen und Volkssagen sich dessen, was in solcher Weise real ist, bemächtigt haben. Ich möchte Ihnen zuerst einmal trocken die Tatsachen erzählen, die sich dem okkulten Blick darbieten.

Denn nach der Aufgabe, die mir gestellt ist, muss ich empirisch vorgehen, muss ich zunächst erzählen, was man da in den verschiedenen Naturreichen findet. So habe ich das Thema verstanden, das mir gestellt worden ist.

Ebenso, wie man mit dem okkulten Blick in seiner Imagination fest begrenzte Naturwesenheiten wahrnimmt, wie man auf diese Weise fest geformte Wesenheiten vor sich haben kann, für die man Grenzen sieht, die man aufzeichnen könnte, so ergibt sich für den okkulten Blick die Möglichkeit, einen anderen Eindruck von Wesenheiten zu haben, die unmittelbar hinter dem Schleier der Natur stehen.

Wenn man an einem Tag, an dem sich die *Witterungsverhältnisse* jeden Augenblick ändern, wo beispielsweise Wolken sich bilden, aus den Wolken der Regen herunterfällt, wo vielleicht auch wiederum von der Erdoberfläche ausgehend Nebel sich aufwärtsheben – wenn man an einem solchen Tag sich diesen Erscheinungen in derselben Weise hingibt, wie vorhin geschildert, sodass man einen moralischen Eindruck an die Stelle des physischen treten lässt, dann kann man wieder ein bestimmtes Erlebnis haben.

Besonders geeignet ist es, wenn man sich dem eigentümlichen Spiel einer in einem Wasserfall zerstäubenden, sich überschlagenden Wassermasse hingibt, wenn man sich den sich bildenden, sich auflösenden Nebeln und dem *Wasserdunst* hingibt, der die Luft erfüllt und rauchförmig nach oben geht, oder wenn man einen feinen Regen nach unten strömen sieht oder auch ein leises Rieseln durch die Luft gehen fühlt.

Wenn man alldem gegenüber moralisch empfindet, so ergibt das die *zweite Klasse von Wesenheiten,* denen gegenüber wir das Wort Metamorphose, Verwandlung anwenden möchten. Diese zweite Gruppe von Wesenheiten könnten wir nicht zeichnen, so wenig wie man den Blitz malen kann. Man kann eine bestimmte Gestalt, die nur einen Augenblick vorhanden ist, festhalten – im nächsten Augenblick ist das alles schon verwandelt. Also, solche sich immer verwandelnden Wesenheiten, deren Symbol wir für die Imagination höchstens in den sich verwandelnden Wolkengebilden finden können, erscheinen uns als die zweite Klasse von Wesenheiten.

Aber wir machen als Okkultisten noch auf eine andere Weise Bekanntschaft gerade mit diesen Wesenheiten. Wenn wir Pflanzen betrachten, wie sie zur Frühlingszeit aus der Erde herauskommen, wenn sie die ersten grünen Sprossen heraustreiben – nicht später, wenn sie sich schon anschicken, Früchte zu tragen –, dann fühlt der okkulte Blick, dass dieselben Wesenheiten, die er in den sich pulverisierenden und sich wiederum überschlagenden und sich sammelnden Nebeln entdeckt hat, die knospenden Wesen der Pflanzen umspülen.

Sodass wir sagen können: Wenn wir hier aus der Erde die Pflanze heraussprossen sehen, sehen wir sie überall von solchen sich metamorphosierenden Wesenheiten umspült. Und der okkulte Blick fühlt, als wenn das, was da oben unsichtbar über der *Pflanzenknospe* webt und west, etwas mit dem zu tun hätte, was die Pflanze aus dem Boden herausstreben macht, was sie aus dem Boden herausholt.

Ja, sehen Sie, meine lieben° Freunde, die gewöhnliche physische Wissenschaft kennt nur das Wachstum der Pflanzen, weiß nur, dass die Pflanze eine Triebkraft hat, die von unten nach oben sprießt. Der Okkultist aber erkennt: Bei der Blüte ist das anders.

Nehmen wir an, da wäre ein junger Pflanzenspross. Der Okkultist erkennt um den jungen Pflanzenspross herum sich metamorphosierende Wesenheiten, die gleichsam aus der Umgebung entlassen sind und herunterdringen, die nicht bloß wie es das physische Wachstumsprinzip tut, von unten nach oben gehen, sondern die von oben nach unten wirkend die Pflanzen aus dem Boden herausholen.

Sodass der okkulte Blick im Frühling, wenn die Erde sich mit Grün überdeckt, etwas fühlt wie aus dem Weltall herniedersteigende Naturkräfte, die das herausholen, was in dem Erdboden ist, damit das Erdinnere ansichtig werden kann des Himmels, der äußeren Umwelt. Ein immer Bewegliches ist über der Pflanze, und das ist das Charakteristische, dass der okkulte Blick sich eben eine Empfindung dafür aneignet, dass das, was da die Pflanze umwebt, dasselbe ist, was in dem verdunstenden und sich zu Regen ballenden Wasser auch vorhanden ist. Das ist die zweite Klasse von Naturkräften und Naturwesenheiten.

Wenn wir morgen zur Schilderung der dritten und vierten Klasse übergehen, was noch viel interessanter ist, so wird sich uns das noch genauer zeigen. Das müssen wir festhalten, wenn wir solche Betrachtungen anstellen, die so weit von dem gegenwärtigen Bewusstsein der Menschheit abliegen: Alles, was uns physisch entgegentritt, ist von einem Geistigen durchzogen.

Wie wir uns den einzelnen Menschen von dem durchdrungen zu denken haben, was der okkulte Blick als Ätherleib sieht, so haben wir uns alles, was da draußen in der Welt webt und west, von einer Vielheit durchdrungen zu denken, von einer Mannigfaltigkeit von geistig lebendigen Wesenheiten und Kräften.

Das soll der Gang unserer Betrachtungen sein, dass wir zunächst einfach die Tatsachen schildern, die der okkult geschulte Blick an der Außenwelt erleben kann, die Tatsachen, die sich ergeben, wenn wir die Tiefen der Erde, den Luftkreis anschauen, das, was in den einzelnen Naturreichen geschieht, was in den Himmelsweiten bei den sich bewegenden Planeten, bei den die Himmelsräume erfüllenden Fixsternen geschieht – und dass wir das Ganze erst zuletzt zu einer Art theoretischer Erkenntnis verbinden, die uns über das aufklären kann, was geistig unserem physischen Weltall und seinen verschiedenen Reichen und Gebieten zugrunde liegt.

Zweiter Vortrag

Naturkräfte, Naturgesetze, Natursinn:
Körper, Seele und Geist der Erde

Helsinki, 4. April 1912

Meine lieben° Freunde!

Gestern Abend versuchte ich, den Weg zu zeigen, der die menschliche Seele zur Beobachtung jener geistigen Welt hinführt, die unmittelbar hinter unserer sinnlich-physischen Welt verborgen ist. Und ich versuchte, auf zwei Klassen, auf zwei Kategorien von geistigen Wesenheiten aufmerksam zu machen, welche der okkulte Blick findet, wenn er in der gestern geschilderten Art den Schleier von der Sinnenwelt hinweghebt.

Es sollen heute noch zwei andere Arten von Naturgeistern besprochen werden.

Die eine Art, also eine besondere Kategorie, ergibt sich für den okkult geschulten Blick, wenn man im Spätsommer oder im Herbst das allmähliche Hinwelken und Absterben der Pflanzenwelt, überhaupt *das Absterben* der natürlichen Wesen beobachtet.

Schon wenn die Pflanzen beginnen, in ihren Blüten Früchte zu entwickeln, kann man dieses Entwickeln der Früchte auf die Seele so wirken lassen, wie wir es gestern geschildert haben. Und auf dieselbe Weise, wie das gestern geschildert worden ist, erhält man dann für seine Imagination den Eindruck von geistigen Wesenheiten, die mit dem Absterben, mit dem Hinwelken der natürlichen Wesen etwas zu tun haben.

So wie wir gestern schildern konnten, dass die Pflanzen im Frühling von gewissen Wesenheiten, die einer fortwährenden Metamorphose unterliegen, gleichsam aus der Erde herausgezogen werden, so können wir sagen: Wenn die Pflanzen sich allmählich heranentwickelt haben und wiederum die Notwendigkeit beginnt, dass sie welken, dann greifen andere Wesenheiten ein, Wesenheiten, von denen wir nicht einmal sagen können, dass sie ihre Gestalt fortwährend verwandeln. Denn wir können eigentlich von ihnen nur sagen, dass sie keine rechte Gestalt haben.

Blitzartig aufleuchtend, wie kleine Meteore aufleuchtend und wieder verschwindend – wieder aufblitzend und wieder verschwindend –, so erscheinen sie uns, sodass sie eigentlich gar keine bestimmte Gestalt haben, sondern wie über unsere Erde hinhuschend, meteor- oder irrlichtartig *aufleuchtend und verglimmend* sind. Diese Wesenheiten hängen mit dem Heranreifen alles dessen zusammen, was in den Reichen der Natur vorhanden ist. Damit Wesen in den Naturreichen reif werden können, sind diese Kräfte oder Wesenheiten vorhanden.

Für den okkulten Blick sind diese Wesenheiten eigentlich nur dann wahrnehmbar, wenn er sich einzig und allein auf die Luft selber richtet, und zwar auf eine möglichst *reine Luft.*

Wir haben die zweite Art von Naturwesenheiten gestern so schildern müssen, dass wir das versprühende oder sich wieder sammelnde Wasser auf uns wirken lassen, das sich in den Wolkengebilden oder sonstwie unserer Betrachtung darbietet. Möglichst wasserreine Luft, die vom Sonnenlicht und von der Sonnenwärme durchspielt wird, muss auf die Seele wirken, wenn man die Imagination von diesen meteorisch aufleuchtenden und wieder verglimmenden Wesenheiten erhalten will, welche unsichtbar in der wasserreinen Luft leben und gierig das *Licht* einsaugen, von dem die Luft durchdrungen ist und das sie aufglänzen und aufleuchten lässt. Diese Wesenheiten sind es, die sich dann auf die Pflanzenwelt oder auch auf die tierische Welt niedersenken und *das Reifen* besorgen.

Wir sehen schon aus der Art, wie wir zu diesen Wesenheiten kommen, dass sie in einer gewissen Beziehung zu dem stehen, was man im Okkultismus von alters her *die Elemente* nennt:

Was wir gestern als die erste Art solcher Wesenheiten 1.
geschildert haben, findet man, wenn man in die Tiefen der *Erde* hinuntersteigt, wenn man in das Feste unseres Planeten eindringt. Da ergeben sich für unsere Imagination Wesenheiten von einer bestimmten Form, sodass wir diese Wesenheiten auch die Naturgeister des Festen oder die Naturgeister der Erde nennen können.

Die zweite Kategorie, die wir gestern schilderten, fanden 2.
wir im sich zusammenziehenden und auseinanderstiebenden *Wasser*. Daher können wir diese geistigen Wesenheiten mit dem in Zusammenhang bringen, was der Okkultismus von alters her das flüssige oder Wasserelement nennt. Darin metamorphosieren sie sich, übernehmen gleichzeitig die Rolle,

aus dem Erdboden alles das herauszuziehen, was wächst, was hervorsprießt.

Mit dem Element der möglichst wasserfreien *Luft* stehen 3.
diejenigen Wesenheiten in Zusammenhang, von denen wir heute sprechen konnten – sodass wir von Naturgeistern der Erde, des Wassers und der Luft reden können.

Noch eine *vierte Kategorie* von solchen geistigen We- 4.
senheiten können wir ins Auge fassen. Der okkulte Blick kann sich mit dieser vierten Kategorie bekannt machen, wenn er wartet, bis eine Blüte es zur Frucht und zum Keim gebracht hat, und dann beobachtet, wie der Keim allmählich zu einer neuen Pflanze heranwächst. Nur bei dieser Gelegenheit kann man leicht – sonst ist es schwierig – die vierte Art dieser Wesenheiten beobachten.

Denn diese vierte Art, das sind die Bewahrer aller *Keime,* aller *Samen* innerhalb unserer Naturreiche. Sie tragen als die Hüter den Samen von einer Generation von Pflanzen oder auch von anderen Naturwesen hinüber zu der nächsten Generation.

Und beobachten können wir, dass diese Wesenheiten, welche die Bewahrer der Samen oder der Keime sind und es dadurch möglich machen, dass immer wieder dieselben Wesen auf unserer Erde auftauchen, dass diese Wesenheiten mit der Wärme unseres Planeten zusammenleben, mit dem, was man von alters her das Element des *Feuers* oder das Element der *Wärme* genannt hat. Deshalb sind auch die Samenkräfte mit einem bestimmten Wärmegrad, mit einer bestimmten Temperatur verbunden.

Und wenn der okkulte Blick ganz genau beobachtet,

dann findet er eben, dass die nötige Umwandlung der Wärme der Umgebung in eine solche Wärme, wie sie der Same oder der Keim braucht, um heranzureifen, dass diese Umwandlung der leblosen Wärme in die lebendige Wärme von solchen Wesenheiten besorgt wird. Daher kann man diese Wesenheiten auch als die Naturgeister der Wärme oder des Feuers bezeichnen.

Sodass wir zunächst – das Genauere werden wir in den nächsten Vorträgen hören – *vier Kategorien von Naturgeistern* kennengelernt haben, welche eine gewisse Beziehung zu dem haben, was man die Elemente Erde, Wasser, Luft und Feuer nennt, gleichsam als ob diese geistigen Wesenheiten ihr Territorium, ihren Bezirk in diesen Elementen hätten, wie der Mensch selber seinen Bezirk, sein Territorium auf dem ganzen Planeten hat. Wie er da heimisch ist gegenüber dem Weltall, so haben diese Wesenheiten ihr Territorium je in einem der genannten Elemente.

Wir haben schon gestern darauf aufmerksam gemacht, dass diese verschiedenen Wesenheiten für unsere gesamte Erde mit ihren Naturreichen, also für unsere irdisch-physische Welt, dasjenige bedeuten, was für den einzelnen Menschen der Lebenskörper bedeutet. Nur ist dieser Lebensleib eine Einheit, während der Ätherkörper der Erde aus vielen, vielen solchen Naturgeistern besteht, die noch dazu in vier Kategorien zerfallen.

Aus dem lebendigen Zusammenwirken dieser Naturgeister besteht der ätherische oder *Lebensleib der Erde*. Der ist also keine Einheit, sondern der ist eine Vielheit, eine Mannigfaltigkeit.

Wenn man diesen ätherischen Körper der Erde mit dem okkulten Blick erkennen will, dann muss man – wie es gestern geschildert worden ist – die physische Welt moralisch auf sich wirken lassen und dadurch den Schleier der physischen Welt hinwegziehen. Dann wird das, was unmittelbar unter diesem Schleier liegt, dieser ätherische Leib der Erde, sichtbar.

Wie ist es nun, wenn man auch das hinwegzieht, was als ätherischer Leib der Erde zu bezeichnen ist?

Wir wissen ja, meine lieben° Freunde, dass hinter dem ätherischen Körper als drittes Glied der menschlichen Wesenheit der astralische Leib, *der astralische Körper* ist, der Körper, welcher der Träger unserer Begierden, unserer Wünsche, unserer Leidenschaften ist. Sodass, wenn wir von den höheren Gliedern der Menschennatur absehen, wir sagen können: Wir haben zuerst am Menschen den physischen Leib, dann hinter dem physischen Leib den ätherischen Leib und hinter dem ätherischen den astralischen Leib.

Geradeso ist es bei der äußeren Natur. Wenn wir das Physische hinwegziehen, kommen wir allerdings auf eine Vielheit, aber diese stellt uns den ätherischen Leib unserer gesamten Erde mit allen ihren Naturreichen dar. Wir können nun auch von einer Art *astralischem Leib der Erde* sprechen, von etwas, was in Bezug auf die ganze Erde, in Bezug auf alle Reiche unserer Erde dem astralischen Leib des Menschen entspricht.

Man kann nicht so leicht zu diesem astralischen Leib der Erde vorrücken wie zu dem ätherischen Körper. Wir haben gesehen, dass man zu dem ätherischen Leib vorrückt, wenn man einfach die Erscheinungen der Welt nicht bloß durch die Sinneseindrücke, sondern moralisch auf sich wirken lässt.

Will man aber weiterdringen, dann sind für den Menschen tiefere okkulte Übungen notwendig, wie Sie sie zum Teil – soweit sie in einer äußeren Veröffentlichung° mitgeteilt werden können – in meiner Schrift *Wie erlangt man Erkenntnisse der höheren Welten?* beschrieben finden. Bei einem bestimmten Punkt der esoterischen oder okkulten Entwicklung beginnt der Mensch auch in der Zeit, in welcher er sonst bewusstlos ist, nämlich vom Einschlafen bis zum Aufwachen, bewusst zu werden.

Wir wissen ja, dass der gewöhnliche bewusstlose Zustand, der gewöhnliche Schlafzustand des Menschen, darauf beruht, dass der Mensch seinen physischen Leib und Ätherleib im Bett liegen lässt und den astralischen Leib und das andere, was zu ihm gehört, herauszieht. Aber dann ist der Mensch auch für den normalen Zustand bewusstlos.

Wenn er immer mehr und mehr sich jenen Übungen hingibt, die in *Meditation,* Konzentration und so weiter liegen, wenn er die schlummernden, verborgenen Kräfte seiner Seele immer kräftiger macht, dann kann er einen *bewussten Schlafzustand* herstellen. Sodass der Mensch nicht bewusstlos ist, wenn er seinen astralischen Leib aus dem physischen und Ätherleib herausgeholt hat, sondern um sich herum allerdings nicht die physische Welt hat, auch nicht die Welt, die bisher geschildert worden ist, die Welt der Naturgeister, sondern eine andere, eine noch geistigere Welt als die bisher geschilderte.

Wenn für den Menschen der Augenblick eintritt, dass er sein Bewusstsein aufleuchten fühlt, nachdem er sich von seinem physischen und ätherischen Leib frei gemacht hat, dann nimmt er eine ganz neue Art von geistigen Wesenheiten wahr. Das nächste, was dem okkulten Blick, der so weit geschult ist, auffällt, das ist, dass diese neue Art von Geistern, die er jetzt wahrnimmt, die *Befehlshaber der Naturgeister* sind. Machen wir uns klar, inwieweit sie die Befehlshaber sind.

Sehen Sie, ich habe Ihnen gesagt, dass diejenigen Wesenheiten, die wir die Naturgeister des Wassers nennen, besonders bei der heraussprießenden, aus dem Boden hervorquellenden Pflanzenwelt wirken. Diejenigen Naturgeister, die wir die Naturgeister der Luft nennen, spielen mehr eine Rolle, wenn die Pflanzen im Spätsommer und im Herbst verwelken, hinsterben sollen. Da senken sich die meteorartigen Luftgeister über die Pflanzenwelt herunter und ersättigen sich an der Pflanzenwelt, indem sie diese in ihren Frühlings- und Sommergestaltungen hinwelken lassen.

Diese Anordnung, dass das eine Mal die Geister des Wassers, das andere Mal die Geister der Luft auf diesem oder jenem Erdgebiet in der Hauptsache wirken – diese Dinge ändern sich ja nach den verschiedenen Erdgebieten; auf der nördlichen Erdhälfte ist es selbstverständlich ganz anders als auf der südlichen –, diese Anordnung, zu dem richtigen Zeitpunkt die entsprechenden Naturgeister zu ihrer Beschäftigung hin zu dirigieren, diese Anordnung treffen diejenigen geistigen Wesenheiten, die man erst erkennen lernt, wenn der okkulte Blick so weit geschult ist, dass der Mensch in seiner Umgebung noch etwas wahrnehmen kann, auch wenn er sich von seinem physischen Leib und seinem Ätherleib befreit hat.

Sodass wir zum Beispiel sagen können: Es wirken mit unserer Erde, im Zusammenhang mit unserem Erdplaneten, geistige Wesenheiten, welche die Arbeiten der Naturgeister auf die Jahreszeiten verteilen, welche also den Wechsel der Jahreszeiten für die verschiedenen Gegenden der Erde dadurch herbeiführen, dass sie die Arbeiten der Naturgeister verteilen.

Diese geistigen Wesenheiten stellen dasjenige dar, was wir den *Astralleib der Erde* nennen können. Sie sind auch dieselben, in welche der Mensch des Abends, wenn er einschläft, mit seinem eigenen astralischen Leib untertaucht. Mit der Erde verbunden ist dieser astralische Leib, der aus höheren Geistern besteht, und in das Gebiet dieser höheren Geister, die da den Erdplaneten umspielen und ihn wie eine geistige Atmosphäre durchdringen, taucht der eigene Astralleib des Menschen während der Nachtzeit unter.

Nun besteht für die okkulte Beobachtung ein großer Unterschied zwischen den zuerst beschriebenen Kategorien von Naturgeistern – den Geistern der Erde, des Wassers und so weiter – und diesen Geistern, welche die Naturgeister wiederum dirigieren. Die Naturgeister beschäftigen sich damit, die Naturwesen reifen zu lassen, verwelken zu lassen, Leben in das gesamte planetarische Erdgebiet hineinzubringen.

Anders ist das bei diesen geistigen Wesenheiten, die wir in ihrer Gesamtheit als den astralischen Leib der Erde bezeichnen können. Diese geistigen Wesenheiten sind so, dass der Mensch, wenn er sich mit seinem okkulten Blick mit ihnen bekannt macht, sie als Wesenheiten empfindet, welche mit seiner eigenen Seele, mit seinem eigenen Astralleib etwas zu tun haben. Es sind Wesenheiten, die auf den Astralleib des Menschen und auch auf den Astralleib der Tiere so wirken, dass wir nicht bloß von einer belebenden Wirkung sprechen können, sondern von einer solchen Wirkung, wie die Wirkung von Gefühlen, von Gedanken auf unsere eigene Seele ist.

Die Naturgeister des Wassers, der Luft, die beobachtet man und man kann von ihnen sagen, sie seien in der Umgebung. Die geistigen Wesenheiten, von denen wir jetzt sprechen, von denen kann man nicht sagen, sie seien in unserer Umgebung, sondern man ist eigentlich immer mit ihnen vereint, wie in sie ergossen, wenn man sie wahrnimmt. Man geht in ihnen auf und sie sprechen zu einem im Geist.

Es ist so, wie wenn man aus der Umgebung Gedanken und Gefühle wahrnehmen würde. Auch Willensimpulse, Sympathien und Antipathien kommen in demjenigen zum Ausdruck, was diese Wesenheiten uns an Gedanken, an Gefühlen, an Willensimpulsen zufließen lassen. Sodass wir, man möchte sagen, den menschlichen Seelen ähnliche Wesen in dieser Art, in dieser Kategorie von Geistern zu sehen haben.

Wenn wir noch einmal auf das zurückblicken, was wir angeführt haben, so können wir sagen, meine lieben Freunde, dass auch alle Arten von Anordnungen in der Zeit, von Verteilung in den Zeit- und Raumverhältnissen mit diesen Wesenheiten zusammenhängen. Daher ist uns im Okkultismus ein altes Wort zur Bezeichnung von diesen Wesenheiten erhalten, die wir in der Gesamtheit als den astralischen Leib der Erde erkennen – und dieses Wort würde, im Deutschen ausgedrückt, heißen: «Geister der Umlaufzeiten».

Sodass also nicht nur der regelmäßige Jahreslauf im Wachsen und Verwelken der Pflanzen, sondern auch der regelmäßige Umlauf, der sich in Bezug auf den Erdplaneten in Tag und Nacht ausdrückt, von solchen Geistern bewirkt wird, welche zum astralischen Leib der Erde zu rechnen sind.

Mit anderen Worten: Alles, was mit rhythmischer Wiederkehr, rhythmischer Abwechslung, was mit dem Wechsel der Zeitverhältnisse und der Wiederholung der Zeitgeschehnisse zusammenhängt, das wird von geistigen Wesenheiten angeordnet, die alle zusammen zum astralischen Leib der Erde gehören und auf welche der Name *Geister der Umlaufzeiten* unseres Planeten anwendbar ist. Und dasjenige, was der Astronom durch seine Berechnungen von der Umdrehung der Erde um ihre Achse herausfindet, das ist dem okkulten Blick dadurch wahrnehmbar, dass er um die ganze Erde herum diese Geister der Umlaufzeiten verteilt weiß, welche wirklich die Träger der Kräfte sind, die die Erde um ihre Achse herumdrehen.

Es ist außerordentlich wichtig, dass man in dem astralischen Leib der Erde alles dasjenige sieht, was mit dem gewöhnlichen Wechsel zusammenhängt, mit dem Aufblühen und Verblühen der Pflanzen, aber auch das, was mit allem Wechsel zusammenhängt – mit den Jahreszeiten, mit den Tageszeiten bis zu Tag und Nacht hin und so weiter. Alles das, was so geschieht, ruft in dem Beobachter, der so weit gekommen ist, dass er mit seinem astralischen Leib aus seinem physischen und ätherischen Leib herausgehen und doch bewusst bleiben kann, den Eindruck von geistigen Wesenheiten hervor, die zu den Geistern der Umlaufzeiten gehören.

Damit haben wir den zweiten Schleier hinweggezogen, den Schleier, der aus den Naturgeistern gewoben wird. Wir können sagen:

- Den *ersten Schleier,* der aus den sinnlich-physischen Eindrücken gewoben ist, den ziehen wir hinweg und kommen zum Ätherleib der Erde, zu den *Naturgeistern;*
- dann können wir einen *zweiten Schleier* hinwegziehen und kommen zu den *Geistern der Umlaufzeiten,* die alles das regeln und anordnen, was in periodischer Weise wiederkehrt, was einem rhythmischen Wechsel unterworfen ist.

Nun wissen wir, dass in unseren eigenen Astralleibern wiederum das eingebettet ist, was wir die höheren Glieder der Menschennatur nennen können und was wir zunächst als das in unseren astralischen Leib eingebettete Ich zusammenfassen. Von unserem astralischen Leib haben wir schon gesagt, dass er in das Gebiet der Geister der Umlaufzeiten, gleichsam in das wogende Meer der Geister der Umlaufzeiten, untertaucht.

Unser *Ich* schläft für das normale Bewusstsein noch mehr als der astralische Leib.

Dass dieses Ich noch mehr schläft, das wird derjenige Mensch, der sich in einer okkulten Entwicklung befindet, der sich esoterisch weiterbringt, dadurch gewahr, dass er zuerst in die Wahrnehmung des astralischen Leibes eindringen lernt, in die geistige Welt, die aus den Geistern der Umlaufzeiten besteht. Dieses Wahrnehmen ist in gewisser Beziehung eine gefährliche Klippe der esoterischen Entwicklung. Denn der astralische Leib des Menschen ist wiederum eine Einheit; alles das aber, was im Gebiet der Geister der Umlaufzeiten ist, das ist eine Vielheit, eine Mannigfaltigkeit.

Und da der Mensch mit dieser Mannigfaltigkeit vereinigt ist, in diese Mannigfaltigkeit untergetaucht ist, so fühlt er sich, wenn er mit seinem *astralischen Leib* aufgewacht ist und mit seinem Ich noch schläft, innerhalb der Welt der Geister der Umlaufzeiten *wie zerstückelt.* Das muss bei einer regelrechten esoterischen Entwicklung vermieden werden.

Daher werden von denjenigen, die Anweisung zu einer solchen regelrechten Entwicklung geben können, Maßregeln getroffen, dass der Mensch sein Ich nicht zum Einschlafen bringt, wenn sein astralischer Leib schon aufgewacht ist. Der Mensch würde nämlich, wenn sein Ich schlafend bliebe, während sein astralischer Leib schon aufgewacht ist, seinen inneren Zusammenhalt verlieren. Er würde sich wie Dionysos zerspalten vorkommen in der ganzen astralischen Welt der Erde, welche aus den Geistern der Umlaufzeiten besteht.

Bei einer richtigen esoterischen Entwicklung werden also Maßregeln getroffen, dass dies nicht geschieht. Diese Maßregeln bestehen darin, dass man Sorge trägt, dass derjenige, der durch Meditation, Konzentration oder durch andere esoterische Übungen bis zur Hellsichtigkeit getrieben werden soll, dass der in das ganze Gebiet der hellsichtigen, der okkulten Beobachtung hinein zwei Dinge behält, zwei Dinge nicht verliert.

Das ist außerordentlich wichtig, dass in jeder esoterischen Entwicklung alles so eingerichtet wird, dass zwei Dinge nicht verloren gehen, die der Mensch im gewöhnlichen Leben hat, die er aber in der esoterischen Entwicklung, wenn sie nicht richtig dirigiert wird, leicht verlieren kann. Wird sie aber richtig dirigiert, dann wird er sie nicht verlieren.

Das Erste ist, dass der Mensch nicht die *Erinnerung* an alle Erlebnisse der gegenwärtigen Inkarnation verliert, wie er sie sonst in seinem Gedächtnis hat. Der Zusammenhalt des Gedächtnisses darf nicht zerstört werden.

Mit diesem Zusammenhalt des Gedächtnisses meint man, meine lieben° Freunde, auf dem Gebiet des Okkultismus noch viel mehr als im gewöhnlichen Leben. Im gewöhnlichen Leben versteht man unter diesem Gedächtnis eigentlich nur, dass man zurückblicken kann und wichtige Ereignisse seines Lebens nicht aus dem Bewusstsein verloren hat. Im Okkultismus meint man unter «richtigem Gedächtnis» auch noch, dass der Mensch mit seiner Empfindung, mit seinem Gefühl nur auf das etwas gibt, was er in der Vergangenheit schon geleistet hat, sodass sich der

Mensch keinen anderen Wert beimisst als den Wert, den ihm die Taten seiner Vergangenheit geben.

Verstehen wir uns da nur ganz richtig, meine lieben Freunde! Es ist damit etwas außerordentlich Wichtiges gesagt. Wenn ein Mensch durch seine okkulte Entwicklung plötzlich dahin getrieben würde, sich zu sagen: «Ich bin die Verkörperung dieses oder jenes Geistes», ohne dass irgendwie eine Berechtigung dazu durch alles das vorliegen würde, was er bisher geleistet hat, was in dieser physischen Welt von ihm schon da ist, dann würde im okkulten Sinn sein Gedächtnis unterbrochen sein.

Ein wichtiger Grundsatz in der okkulten Entwicklung ist der, sich keinen anderen Wert beizumessen als denjenigen, der da kommt aus den Leistungen in der physischen Welt innerhalb der gegenwärtigen Inkarnation. Das ist außerordentlich wichtig.

Jeder andere Wert muss erst auf Grundlage einer höheren Entwicklung kommen, die sich erst dann ergeben kann, wenn man zunächst auf dem Boden feststeht, dass man sich für nichts anderes hält, als was man in dieser Inkarnation hat leisten können. Es ist das auch natürlich, wenn man die Sache objektiv betrachtet. Denn das, was man in der gegenwärtigen Inkarnation geleistet hat, ist auch das Ergebnis der früheren Inkarnationen, es ist das, was Karma bisher aus uns gemacht hat. Was Karma aus uns noch macht, müssen wir es erst machen lassen, das dürfen wir nicht in unseren Wert hineinrechnen.

Kurz, wir werden, wenn wir uns selbst bewerten sollen, dies bei der beginnenden esoterischen Entwicklung nur in der richtigen Weise tun, wenn wir uns nur von dem unseren Wert beilegen lassen, was sich in der Erinnerung als unser Vergangenes darbietet. Das ist das eine Element, das uns erhalten bleiben muss, damit unser Ich nicht einschläft, während unser astralischer Leib aufwacht.

Das Zweite, was uns als gegenwärtigen Menschen auch nicht verloren gehen darf, ist der Grad unseres *Gewissens,* den wir in der äußeren physischen Welt besitzen. Hier ist wiederum etwas, was außerordentlich wichtig zu beachten ist.

Sie werden schon öfter, meine lieben° Freunde, erfahren haben, dass da oder dort irgendjemand eine okkulte Entwicklung durchmacht. Wenn sie nicht in der richtigen Weise gelenkt und geleitet ist, dann kann man oftmals die Erfahrung machen, dass der Mensch die Dinge in Bezug auf Gewissensfragen leichter nimmt als vor seiner okkulten Entwicklung.

Vorher haben ihn Erziehung und sozialer Zusammenhang geleitet, dass er dies oder jenes tun oder nicht tun durfte. Nach Beginn einer okkulten Entwicklung fängt mancher, der früher nicht gelogen hätte, sogar zu lügen an. Er nimmt die Dinge in Bezug auf Gewissensfragen leichter, als er sie früher genommen hat. Keinen Grad des uns angeeigneten Gewissens dürfen wir verlieren – Gedächtnis so, dass wir uns unseren Wert nur aus der Betrachtung dessen geben lassen, was wir schon geworden sind, nicht durch irgendeine Anleihe auf die Zukunft, auf das, was wir noch tun werden; Gewissen in dem Grad, wie wir es uns bisher erworben haben in der ganz gewöhnlichen physischen Welt. Das müssen wir uns erhalten. Wenn wir diese zwei Elemente in unserem Bewusstsein behalten:

- unser gesundes *Gedächtnis,* das uns nicht vorgaukelt, etwas anderes zu sein als das, was sich als in unseren Leistungen gelegen ergeben hat, und
- unser *Gewissen,* das uns moralisch die Dinge nicht leichter nehmen lässt, als wir sie bisher genommen haben, womöglich noch schwerer,

wenn wir uns diese behalten haben, dann kann niemals unser Ich einschlafen, wenn unser astralischer Leib aufgewacht ist.

Dann tragen wir den Zusammenhalt unseres Ich in die Welt hinein, in der wir mit unserem astralischen Leib aufwachen, wenn wir gleichsam wachend schlafen, wenn wir unser Bewusstsein in den Zustand hinüberretten, in dem wir mit unserem astralischen Leib von dem physischen und dem ätherischen Leib befreit sind.

Und dann, wenn wir mit unserem *Ich* aufwachen, fühlen wir nicht nur unseren astralischen Leib mit all den geistigen Wesenheiten verbunden, die wir heute als die Geister der Umlaufzeiten unseres Planeten geschildert haben, sondern dann fühlen wir in einer ganz eigenartigen Weise, dass wir nicht mehr eine unmittelbare Beziehung zu dem einzelnen Menschen haben, der Träger dieses physischen Leibes, dieses ätherischen Leibes ist, in dem wir uns gewöhnlich befinden. Wir fühlen sozusagen alles dasjenige, was als Eigenschaften unseres physischen Leibes und unseres ätherischen Leibes sich ergibt, wie von uns genommen.

Wir fühlen dann auch alles das von uns genommen, was nur äußerlich auf irgendeinem Territorium unseres Planeten leben kann. Denn was auf einem Territorium unseres Planeten lebt, hängt eben mit den Geistern der Umlaufzeiten zusammen.

Jetzt aber, wenn wir mit unserem Ich aufwachen, fühlen wir uns nicht nur in die ganze Welt der Geister der Umlaufzeiten ergossen, sondern wir fühlen uns eins mit dem ganzen einheitlichen *Geist des Planeten* selbst. Wir wachen in dem einheitlichen Geist des Planeten selbst auf. Das ist außerordentlich wichtig, dass wir uns wie zum ganzen Planeten gehörig fühlen.

Es drückt sich zum Beispiel, um eine Einzelheit zu sagen, für den genügend aufgewachten okkulten Blick dieses Leben mit dem Planeten so aus, dass wenn der Mensch so weit gekommen ist, dass sein astralischer Leib und zugleich sein Ich während des Tagwachens «aufwachen», dass wenn er in der Sinnenwelt ist und die Sonne verfolgt, wie sie sich über den Himmel von der Morgen- bis zur Abenddämmerung hinzieht, ihm die Sonne dann nicht entschwindet, wenn er einschläft.

Wenn er einschläft, bleibt die Sonne mit ihm verbunden. Sie hört nicht auf zu leuchten, nur nimmt sie einen geistigen Charakter an. Sodass der Mensch, wenn er während der Nacht dann wirklich schläft, die Sonne auch während der Nacht verfolgt. Der Mensch ist eben so, dass er mit den wechselnden Zuständen des Planeten nur insofern etwas zu tun hat, als er in seinem astralischen Leib lebt.

Mit diesen wechselnden Zuständen des Planeten hat er dann aber nichts zu tun, wenn er sich seines Ich bewusst wird. Da wird er sich aller Zustände bewusst, die sein Planet durchmachen kann. Er, der Mensch, ergießt sich dann in die ganze Substanz des Planetengeistes hinein.

Sie dürfen, indem ich dieses so ausspreche, meine lieben Freunde, nicht etwa glauben, dass mit dem Ausspruch: «Der Mensch ist mit dem Planetengeist eins geworden, lebt in Einheit mit diesem Planetengeist», dass damit schon etwas Ungeheures in Bezug auf Hellsichtigkeit gesagt ist. Es ist doch dies, so wie es hier gemeint ist, zunächst nur ein Anfang.

Denn wenn der Mensch in der geschilderten Weise aufwacht, dann ist es so, dass er eigentlich den Planetengeist nur wie im Allgemeinen miterlebt, während dieser Planetengeist aus vielen, vielen Einzelheiten, aus wunderbaren einzelnen geistigen Wesenheiten besteht, wie wir in den folgenden Vorträgen hören werden. Die Einzelheiten des Planetengeistes, die besondere Mannigfaltigkeit dieses Geistes nimmt der Mensch noch nicht wahr.

Was er wahrnimmt, ist, dass er zunächst weiß: Ich lebe in dem Planetengeist eingetaucht wie in dem Meer, das eben den ganzen Erdplaneten geistig umspült und selber der *Geist der Erde* ist. Man kann ungeheuer lange Entwicklungen durchmachen, um dieses Einswerden mit dem Planetengeist immer tiefer und tiefer zu erleben, aber der Anfang ist mit dem gemacht, was geschildert worden ist.

So wie wir bei dem Menschen sagen: Hinter seinem astralischen Leib ist sein Ich, so sprechen wir davon, dass hinter all dem, was wir die Gesamtheit der Geister der Umlaufzeiten nennen, der Geist des Planeten selber verborgen ist, der Planetengeist.

Während die Geister der Umlaufzeiten die Naturgeister der Elemente dirigieren, um auf dem Erdplaneten rhythmischen Wechsel, Wiederholungen in der Zeit, Abwechslung im Raum hervorzurufen, hat der Geist der Erde eine andere Aufgabe. Dieser Geist der Erde hat die Aufgabe, die Erde selbst in Wechselbeziehung zu den übrigen Himmelskörpern der Umgebung zu bringen, sie so zu dirigieren und zu lenken, dass sie im Laufe der Zeiten in die richtigen Stellungen zu den anderen Himmelskörpern kommt.

Dieser Geist der Erde ist gleichsam der große Sinnesapparat der Erde, durch den die Erde, der Erdplanet, in das richtige Verhältnis zu der Umwelt kommt.

Wenn ich also die Aufeinanderfolge jener geistigen Wesenheiten, mit denen wir es zunächst auf unserer Erde zu tun haben und zu denen wir durch eine allmähliche okkulte Entwicklung den Weg finden können, wenn ich das zusammenfassen soll, so muss ich sagen:

- Wir haben als den äußersten Schleier die *Sinnenwelt* mit all ihrer Mannigfaltigkeit, mit demjenigen, was wir für unsere Sinne ausgebreitet sehen, was wir mit Menschenverstand begreifen können;
- wir haben dann hinter der Sinnenwelt liegend die *Welt der Naturgeister;*
- hinter der Welt der Naturgeister liegend haben wir die *Welt der Geister der Umlaufzeiten* und
- dahinter den *Planetengeist.*

Wenn Sie dasjenige, was für das normale Bewusstsein von diesem Weltaufbau vorliegt, mit diesem Weltaufbau selbst vergleichen wollen, dann können Sie sich das etwa so klarmachen: Der äußerste Schleier der Welt wäre die-

ERDE	*BEWUSSTSEIN*	MENSCH
Geist des Planeten (Ich der Erde)	*[Natursinn]*	Ich
G.d.Umlaufzeiten (Astralleib der Erde – andere Perspektive, S. 126)	*[Naturgesetze]*	Astralleib
Geister der Natur (Ätherleib der Erde)	*[Naturkräfte]*	Ätherleib
Sinnenwelt (Phys. Leib der Erde)	Wahrnehmungen (Denken: Naturkräfte, Naturgesetze, Natursinn)	Physischer Leib

se Welt der Sinne, dahinter die Welt der Naturgeister, die Welt der Geister der Umlaufzeiten und der Planetengeist. (S. Tabelle).

Nun müssen wir aber sagen, dass der Planetengeist sich in seiner Wirksamkeit in einer gewissen Beziehung bis zur Sinnenwelt durchdrückt, sodass man in der Sinnenwelt in gewisser Weise sein Abbild wahrnehmen kann – ebenso ist es mit den Geistern der Umlaufzeiten, ebenso mit den Naturgeistern.

Sodass wir, wenn wir die Sinnenwelt mit dem normalen Bewusstsein beobachten, in dieser Sinnenwelt selbst wie in einem Abdruck gleichsam von hinten die Spuren dieser

Welten haben, die dahinterliegen – etwa so, wie wenn wir hinter der obersten Haut, die wir als die Sinnenwelt weggezogen haben, die stufenweise wirksamen geistigen Wesenheiten hätten.

Das normale Bewusstsein nimmt die Sinnenwelt als seine *Wahrnehmungen* wahr. Die Welt der Naturgeister, die drückt sich hinter den Wahrnehmungen als das ab, was man die «Naturkräfte» nennt. Wo die Wissenschaft von *Naturkräften* spricht, da haben wir eigentlich nichts Wirkliches. Für den Okkultisten sind die Naturkräfte nichts Wirkliches, sondern sie sind Maja, sie sind die Abprägung der Naturgeister, die hinter der Sinnenwelt wirken.

Der Abdruck wiederum der Geister der Umlaufzeiten ist das, was man gewöhnlich, für das normale Bewusstsein, die «Naturgesetze» nennt. Alle *Naturgesetze* sind dadurch vorhanden, dass die Geister der Umlaufzeiten als dirigierende Mächte wirken. Naturgesetze sind nichts Wirkliches für den Okkultisten.

Wenn der gewöhnliche Naturforscher von Naturgesetzen spricht und sie äußerlich kombiniert, so weiß der Okkultist, dass diese Naturgesetze in ihrer Wahrheit sich dann enthüllen, wenn bei aufgewachtem Astralleib der Mensch auf das hinlauscht, was die Geister der Umlaufzeiten sagen und wie sie die Naturgeister anordnen, dirigieren. Das drückt sich in der Maja, im äußeren Schein, in den Naturgesetzen aus.

Und weiter geht das gewöhnliche Bewusstsein nicht, zu dem Abdruck des Planetengeistes in der äußeren Welt geht das normale Bewusstsein nicht. Das normale Bewusstsein der heutigen Menschheit spricht von der äußeren Wahrnehmungswelt, von den Tatsachen, die man wahrnimmt, spricht von den Naturkräften – Licht, Wärme, Magnetismus, Elektrizität, Anziehungskraft, Abstoßungskraft, Schwere und so weiter –, das sind diejenigen Wesen der Maja, denen in Wirklichkeit die Welt der Naturgeister zugrunde liegt, der Ätherleib der Erde. Dann spricht die äußere Wissenschaft von Naturgesetzen: Das ist wiederum eine Maja, der dasjenige zugrunde liegt, was wir heute als die Welt der Geister der Umlaufzeiten geschildert haben.

Erst dann, wenn man noch weiter vordringt, kommt man auch zu der Ausprägung des Planetengeistes selbst in der äußeren Sinnenwelt. Die Wissenschaft tut das heute nicht. Diejenigen, die das heute noch tun, denen glaubt man nicht mehr so recht.

Die Dichter, die Künstler tun es, sie suchen noch einen Sinn hinter den Dingen: «Warum blüht die Pflanzenwelt? Warum entstehen und vergehen die tierischen Gattungen und Arten? Warum belebt der Mensch die Erde?» Wenn man so nach dem Sinn der Naturerscheinungen fragt und diesen Sinn aus den äußeren Tatsachen zergliedern will, kombinieren will, wie das manchmal auch die Philosophie noch versucht, dann nähert man sich der Ausprägung des Planetengeistes selbst in der physischen Welt.

Aber man glaubt heute diesem Suchen nach dem *Sinn des Daseins* nicht mehr recht. Das Gefühl glaubt manchmal noch ein wenig daran, aber die Wissenschaft will nicht mehr viel wissen von etwas, was man über die Naturgesetze hinaus in der Flut der Erscheinungen finden könnte. Wenn man in den Dingen der Welt, wie man sie mit den Sinnen wahrnimmt, über den Naturgesetzen noch einen Sinn sucht, dann würde man diesen Sinn als den Abdruck des Planetengeistes in der Sinnenwelt, in der äußeren Maja, wahrnehmen können.

- Zunächst ist eine äußere Maja die *Sinnenwelt* selbst, denn sie ist das, was der Ätherleib der Erde, die Substanz der Naturgeister, aus sich selbst hervortreibt;
- eine zweite Maja ist das, was den Menschen von den Naturgeistern in den *Naturkräften* erscheint;
- eine dritte Maja ist das, was als *Naturgesetze* von den Geistern der Umlaufzeiten erscheint; und
- eine vierte Maja ist etwas, was trotz seiner Majanatur zu der Seele des Menschen spricht, wenn sich der Mensch in der Wahrnehmung des *Sinnes der Natur* mit dem Geist des ganzen Planeten wenigstens verbunden fühlt, der den Planeten durch den Weltraum führt und dem ganzen Planeten einen Sinn gibt. In dieser Maja liegt unmittelbar der Abdruck des Planetengeistes selbst.

So können wir sagen: Wir sind heute bis zu dem einheitlichen Geist des Planeten aufgestiegen. Und wollen wir wiederum dasjenige, was wir hier für den Planeten gefunden haben, mit dem *Menschen* parallelisieren, so können wir sagen: Es entspricht

- die Sinnenwelt dem *physischen* Leib des Menschen,
- die Welt der Naturgeister dem *ätherischen* Leib,

- die Welt der Geister der Umlaufzeiten dem *astralischen* Leib und
- der Planetengeist dem *Ich* des Menschen.

So wie das Ich des Menschen die physische Erdumgebung wahrnimmt, so nimmt der Planetengeist alles dasjenige wahr, was im Umkreis und überhaupt in der Raumeswelt außerhalb des Planeten ist, und richtet die Taten und auch das Fühlen des Planeten, von dem wir morgen sprechen werden, nach diesen Wahrnehmungen aus dem Weltraum ein. Denn dasjenige, was ein Planet außerhalb im Raum tut, indem er seinen Weg durch die Weltenweiten geht, und das, was er in seinem eigenen Leib, in seinen Elementen bewirkt, aus denen er besteht, das ist wiederum das Ergebnis der Beobachtungen des Planetengeistes gegenüber der äußeren Welt.

Wie die einzelne menschliche Seele neben anderen Menschen in der Welt auf der Erde lebt und sich nach ihnen richtet, so lebt der Planetengeist in seinem Planetenleib, der eben der Boden ist, auf dem wir stehen. Aber dieser Planetengeist lebt in der Gesellschaft anderer Planetengeister, Geister anderer Himmelskörper.

Dritter Vortrag

Engel, Erzengel, Zeitgeister:
Führer des Menschen, der Völker, der Kulturen

Helsinki, 5. April 1912

Meine lieben° Freunde!

Wir haben uns im Verlauf der beiden schon gehaltenen Vorträge mit gewissen geistigen Wesenheiten bekannt gemacht, welche der okkulte Blick antreffen kann, wenn er sich in das geistige Leben unseres Planeten vertieft.

Es wird nun heute notwendig sein, noch einen anderen Weg zu gehen, um uns in die geistige Welt zu erheben, weil wir erst durch eine Betrachtung von einer zweiten Seite her in die Lage kommen werden, uns rechte Vorstellungen über die Natur der geistigen Wesenheiten zu bilden, von denen wir bis hinauf zu dem sogenannten Planetengeist gesprochen haben.

Es wird immer außerordentlich schwierig sein, in den Worten irgendeiner Sprache jene geistigen Wesenheiten zu charakterisieren, welche uns das okkulte Wahrnehmen vermittelt. Denn die menschlichen Sprachen, wenigstens die gegenwärtigen, sind nur für die Erscheinungen, für die Tatsachen der physischen Welt° gemacht. Und daher kann man nur hoffen, dass man durch eine Charakteristik von verschiedenen Seiten aus dem nahekommen kann, was eigentlich gemeint ist, wenn von geistigen Wesenheiten gesprochen wird.

Unserer heutigen Charakterisierung wird es notwendig sein, dass wir von der Natur des Menschen selbst ausgehen und uns zunächst über gewisse Eigenschaften der menschlichen Natur klar werden, damit wir von da aus höhere Wesenheiten, die wir in den höheren Welten antreffen, charakterisieren können. Und da sei heute ganz besonders eine Eigenschaft der menschlichen Natur hervorgehoben.

Das ist die Eigenschaft, die man so charakterisieren kann: Der *Mensch* ist mit der Möglichkeit ausgestattet, ein von allem Äußeren *unabhängiges Innenleben* zu führen. Diese Möglichkeit tritt uns ja in jeder Stunde unseres wachen Tageslebens vor Augen.

Wir wissen, dass wir in Bezug auf dasjenige, was wir mit unseren Augen sehen, mit unseren Ohren hören, etwas Gemeinschaftliches mit allen anderen Wesen haben, die sich auch ihrer Sinne bedienen können. Ein Leben gegenüber der gemeinsamen Außenwelt haben wir als Menschen mit anderen Menschen und auch mit anderen Wesen gemeinschaftlich.

Jeder für sich hat hingegen – das wissen wir ja als Menschen nur zu gut – seine besonderen Leiden, seine besonderen Freuden, seine Bekümmernisse und Sorgen, seine besonderen Hoffnungen und Ideale. Und in einer gewissen Weise sind diese Sorgen, diese Leiden, diese Bekümmernisse, diese Hoffnungen und Ideale ein besonderes Reich, das man nicht sogleich mit physischem Blick dem anderen Menschen ansehen kann, ein Reich, das er mit sich als ein selbstständiges inneres Leben durch die Welt trägt.

Wenn wir mit einem Menschen in demselben Raum sind, so wissen wir, was auf seine Augen, was auf seine Ohren wirken kann. Was aber in seiner Seele vorgeht, was er da drinnen erlebt, darüber können wir vielleicht Ahnungen haben aus demjenigen, was er uns äußern will durch seine Miene, durch seine Gesten oder durch seine Sprache. Wenn er aber sein Innenleben als seine besondere Welt für sich haben will, dann können wir nicht ohne Weiteres in seine Innenwelt eindringen.

Wenn wir nun mit okkultem Blick in die Welten schauen, die zunächst für die äußere physische Welt verborgen sind, dann treffen wir da Wesenheiten an, welche gerade in Bezug auf diejenigen Eigenschaften, die jetzt eben charakterisiert worden sind, ganz anders geartet sind.

Wir treffen Wesenheiten an, welche ein solches selbstständiges Innenleben nicht führen können, wie der Mensch es führt. Wir treffen als eine nächste Gruppe, als eine nächste Kategorie von geistigen Wesenheiten solche an, welche dann, wenn sie ihr Innenleben führen, sogleich durch dieses innere Leben in einen anderen Zustand versetzt werden, in einen anderen Bewusstseinszustand als dasjenige Leben ist, das sie in der Außenwelt und mit der Außenwelt führen.

Versuchen wir uns zu verständigen: Nehmen wir an, es müsste ein Mensch so leben, dass wenn er in seinem Inneren leben wollte, wenn er nicht den Blick auf die Außenwelt lenken wollte, die ihn umgibt, wenn er nicht mit dieser Außenwelt leben wollte, dass er einfach durch diesen seinen Willen sogleich in einen anderen Bewusstseinszustand übergehen müsste.

Wir wissen, dass der Mensch in seinem normalen Leben ohne seinen Willen in einen anderen Bewusstseinszustand übergeht, wenn er sich im Schlaf befindet. Aber wir wissen auch, dass dieser Schlaf dadurch herbeigeführt wird, dass sich der astralische Leib und das Ich des Menschen von dem ätherischen und dem physischen Leib absondern. Wir wissen also, dass mit dem Menschen etwas vorgeht, wenn er in einen anderen Bewusstseinszustand kommen soll. Dadurch, dass der Mensch zum Beispiel einfach sagt: «Hier habe ich vor mir eine Wiese, mit vielen Blumen bedeckt. Indem ich sie anschaue, macht sie mir Freude», dadurch kommt der Mensch noch nicht in einen anderen Bewusstseinszustand. Er erlebt seine Freude an der Wiese, an den Blumen, sozusagen in der Gemeinschaft mit der Außenwelt.

Diejenigen Wesenheiten nun, welche durch den okkulten Blick in einer höheren Welt als die nächste Kategorie angetroffen werden, die verändern ihren Bewusstseinszustand jedes Mal, wenn sie ihre Wahrnehmung, ihr Tun ablenken von ihrer Außenwelt und auf sich selbst hinlenken. Bei ihnen braucht also keine Trennung einzutreten zwischen verschiedenen Wesensgliedern, sondern in sich selbst, so wie sie sind, bewirken sie einfach durch ihren Willen einen anderen Bewusstseinszustand.

Nun sind die Wahrnehmungen dieser Wesenheiten, von denen wir hier als der nächsten Kategorie über dem Menschen sprechen, nicht so wie die Wahrnehmungen des Menschen sind. Der Mensch nimmt dadurch wahr, dass für seine Sinne eine Außenwelt an ihn herantritt. Er gibt sich sozusagen dieser Außenwelt hin.

Diese Wesenheiten, von denen wir hier zu sprechen haben, die nehmen nicht eine solche Außenwelt wahr, wie der Mensch sie mit seinen Sinnen wahrnimmt, sondern sie nehmen so wahr, wie wenn der Mensch selber spricht oder eine Handbewegung macht und seine eigene Stimme oder Handbewegung wahrnimmt oder wenn er in irgendeiner Mimik sein Inneres äußert, kurz, wenn er seine eigene Natur zum Ausdruck bringt.

Es ist also in einer gewissen Weise bei jenen Wesenheiten einer höheren Welt, von denen wir hier sprechen, alle *Wahrnehmung zugleich* eine *Offenbarung ihres eigenen Wesens.*

Das bitte ich Sie, meine lieben Freunde, zu berücksichtigen, dass indem wir zu einer höheren Kategorie von Wesenheiten aufsteigen, die für den Menschen nicht mehr äußerlich wahrnehmbar sind, wir solche Wesenheiten vor uns haben, welche wahrnehmen, indem sie dasjenige offenbaren, dasjenige zum Ausdruck bringen, was sie selbst sind. Und sie nehmen ihr eigenes Wesen eigentlich nur so lange wahr, solange sie es offenbaren wollen, solange sie es in irgendeiner Weise nach außen zum Ausdruck bringen.

Sie sind, wir könnten sagen, nur «wach», indem sie sich offenbaren – und wenn sie sich nicht offenbaren, wenn sie also nicht durch ihren Willen zu der Umwelt, zu der äußeren Welt, in eine Beziehung treten, dann tritt für sie ein anderer Bewusstseinszustand ein, dann schlafen sie in einer gewissen Weise ein.

Nur ist ihr Schlaf kein bewusstloser Schlaf wie beim Menschen, sondern ihr Schlaf bedeutet für sie eine Art Herabminderung, eine Art Verlust ihres Selbstgefühles. Sie haben ihr Selbstgefühl so lange, als sie sich nach außen offenbaren, und sie verlieren in einer gewissen Weise ihr Selbstgefühl, wenn sie sich nicht mehr offenbaren. Sie schlafen dann nicht wie die Menschen, sondern dann tritt in ihr eigenes Wesen etwas herein wie die Offenbarung von geistigen Wesen, die höher als sie selbst sind. Sie sind dann in ihrem Inneren von höheren geistigen Welten ausgefüllt.

Also wohlgemerkt: Wenn der Mensch den Blick nach außen richtet und wahrnimmt, dann lebt er mit der Außenwelt, dann verliert er sich an die Außenwelt. Er verliert sich zum Beispiel an die verschiedenen Naturreiche auf unserem Planeten. Wenn er den Blick von außen ablenkt, dann kommt er in sein Inneres hinein und lebt ein selbstständiges Innenleben, dann wird er frei von dieser Außenwelt.

Wenn diejenigen Wesenheiten, von denen wir als von einer nächsten Kategorie über dem Menschen sprechen, nach außen wirken, dann offenbaren sie sich selbst, dann haben sie in diesem Offenbaren ihr Selbstgefühl, ihr eigentliches Selbsterlebnis. Und wenn sie in *ihr Inneres* kommen, dann kommen sie nicht in ein selbstständiges Innenleben wie der Mensch, sondern dann kommen sie dafür in *ein Leben mit anderen Wesen.*

Wie der Mensch zu einem solchen Leben kommt, wenn er die Außenwelt wahrnimmt, so nehmen sie andere geistige Wesen, die über ihnen stehen, wahr, wenn sie in sich hineinblicken. Dann kommen sie zu diesem anderen Bewusstseinszustand, wo sie sich von anderen Wesenheiten erfüllt finden, die höher sind als sie selbst.

Sodass wir, wenn wir den Menschen ins Auge fassen, sagen können: Der Mensch hat, indem er sich selbst an die Außenwelt verliert, sein Wahrnehmen, indem er sich von der Außenwelt zurückzieht, sein selbstständiges Innenleben. Diejenigen Wesenheiten, die zu der nächsthöheren Kategorie gehören – wir nennen sie die Wesenheiten der *dritten Hierarchie* –, die haben

- statt des Wahrnehmens die *Offenbarung,* und im Offenbaren erleben sie sich selbst;
- statt des Innenlebens haben sie das Erlebnis höherer geistiger Welten, das heißt, sie haben statt des Innenlebens *Geisterfüllung.*

Dies ist der wesentlichste Unterschied zwischen dem Menschen und den Wesenheiten der nächsthöheren Kategorie:

- *Mensch:* Wahrnehmen, Innenleben;
- *dritte Hierarchie:* Offenbarung, Geisterfüllung.

Wir können an einem, ich möchte sagen, krassen Fall des Lebens den Unterschied zwischen dem Menschen und diesen Wesenheiten der nächsthöheren Kategorie angeben. Der krasse Fall ist der, dass der Mensch in die Lage kommt, innerliche Erlebnisse zu haben, welche mit dem, was er äußerlich wahrnimmt, nicht übereinstimmen. Wenn innere Erlebnisse des Menschen mit der Wahrnehmung der Außenwelt nicht zusammenstimmen, so haben wir als krassesten Fall *die Lüge.* Und wir können, um uns zu verständigen, eine für den Menschen mögliche Eigentümlichkeit dadurch ausdrücken, dass wir sagen: Der Mensch ist fähig, etwas wahrzunehmen und andere Vorstellungen in seinem Inneren zu erwecken und auch zu äußern, als sie den Wahrnehmungen entsprechen.

Der Mensch kann durch diese Eigenschaft, durch die Lüge, der Außenwelt widersprechen. Dies ist eine Möglichkeit, welche – wie wir im Verlauf dieser Vorträge hören werden – dem Menschen gerade deshalb gegeben werden musste, damit er durch seinen freien Willen zur Wahrheit kommen kann. Indem wir also den Menschen betrachten, wie er in der Welt einmal ist, müssen wir diese Eigenschaft ins Auge fassen, dass der Mensch in seinem inneren Leben Vorstellungen ausbilden und auch äußern kann, welche mit den Wahrnehmungen, mit den Tatsachen nicht übereinstimmen.

Dies ist bei den Wesenheiten der höheren Kategorie, die hier angeführt worden sind, solange sie ihre Natur behalten, als Möglichkeit nicht gegeben. Die Möglichkeit der Lüge besteht bei den Wesenheiten der dritten Hierarchie nicht, wenn sie ihre Natur beibehalten. Denn was würde folgen, wenn eine Wesenheit der dritten Hierarchie lügen wollte?

Dann müsste sie in ihrem Inneren etwas erleben, was sie in einer anderen Weise, als sie es erlebt, auf die Außenwelt überträgt. Aber dann würde diese Wesenheit der nächsthöheren Kategorie dies nicht mehr wahrnehmen können, denn alles das, was diese Wesenheiten in ihrem Inneren erleben, ist Offenbarung, tritt sogleich in die Außenwelt über. Diese Wesenheiten müssen im Reich der absoluten Wahrheit leben, wenn sie sich überhaupt erleben wollen.

Nehmen wir an, diese Wesenheiten würden lügen, das heißt etwas in ihrem Inneren haben, was sie so in ihre Offenbarung umsetzen, dass es mit der Offenbarung nicht zusammenstimmt. Dann würden sie es nicht wahrnehmen können, denn sie können nur ihre innere Natur wahrnehmen. Sie würden unter dem Eindruck einer Lüge sogleich betäubt werden, sogleich in einen Bewusstseinszustand versetzt werden, der eine Herabdämmerung, eine Herabstimmung ihres gewöhnlichen Bewusstseins wäre, das nur in der Offenbarung ihres Inneren leben kann.

So haben wir über uns eine Klasse von Wesenheiten, welche durch ihre eigene Natur im Reich der *absoluten Wahrheit und Wahrhaftigkeit* leben müssen, wenn sie diese Natur nicht verleugnen wollen. Und jede Abweichung von der Wahrhaftigkeit würde diese Wesenheiten betäuben, würde ihr Bewusstsein herabstimmen.

Wenn diese Wesenheiten von uns mit dem okkulten Blick beobachtet werden sollen, dann handelt es sich darum, meine lieben° Freunde, dass der Okkultist zunächst *die richtigen Wege* findet, auf denen er diese Wesenheiten antreffen kann. Ich werde versuchen zu charakterisieren, *wie der Okkultist diese Wesenheiten finden kann.*

Das Erste, was derjenige, der eine okkulte Entwicklung durchmacht, als inneres Erlebnis haben muss, das ist, dass er anstrebt, gerade das Innenleben des gewöhnlichen, normalen Bewusstseins in einer gewissen Weise zu überwinden. Wir bezeichnen ja dasjenige, was wir in unserem Inneren erleben, als unser egoistisches Erleben, als dasjenige, was wir von der Welt nur für uns selbst haben wollen.

Je mehr es der sich okkult entwickelnde Mensch dahin bringt, gelassen zu werden dem gegenüber, was sein egoistisches Leben ist, dem gegenüber, was nur ihn angeht, desto näher ist er der Eingangspforte zu den höheren Welten.

Nehmen wir einen naheliegenden Fall: Wir wissen alle, dass uns gewisse Wahrheiten, gewisse Dinge in der Welt rein um unser selbst willen gefallen und nicht gefallen, dass uns dieses oder jenes um unser selbst willen sympathisch oder antipathisch berührt. Solche Gefühle gegenüber der Welt, die wir nur um unser selbst willen hegen, die muss zunächst der, der sich okkult entwickeln will, aus seinem Herzen herausreißen. Er muss in einer gewissen Weise frei werden von all dem, was nur ihn angeht.

Es ist dies eine Wahrheit, meine lieben Freunde, die oftmals betont wird, die aber schwieriger zu beachten ist, als man gewöhnlich denkt. Denn im normalen Bewusstsein hat der Mensch außerordentlich wenige Anhaltspunkte, um von sich selber frei zu werden, um dasjenige zu überwinden, was nur ihn angeht. Bedenken wir nur einmal einen einzigen Augenblick, was das eigentlich heißen soll: *von sich selbst frei werden.*

Das Freiwerden von dem, was man gewöhnlich die egoistischen Regungen nennt, das ist ja vielleicht nicht so schwierig. Aber wir müssen bedenken, dass wir in der einen Inkarnation, in der wir in einer gewissen Zeit leben, an einem gewissen Ort geboren sind, dass wenn wir die Augen auf das hinlenken, was uns umgibt, diese Augen auf ganz andere Dinge fallen als bei einem Menschen, der auf einem anderen Fleck der Erde lebt. Den müssen ja ganz andere Dinge in seiner Umgebung interessieren.

So sind wir schon dadurch, dass wir als verkörperte, physisch verkörperte Menschenwesen in einer Zeit und an einem Ort geboren sind, mit allerlei Dingen umgeben, die unser Interesse, unsere Aufmerksamkeit hervorrufen, die uns besonders° angehen und die bei einem anderen Menschen anders sind. Dadurch, dass wir als Menschen differenziert über unseren Planeten hin verteilt sind, sind wir in einer gewissen Weise in die Notwendigkeit versetzt, ein jeder seine besonderen Interessen, seine besondere Heimat auf der Erde zu haben.

Daher können wir niemals in dem, was wir von unserer unmittelbaren Umgebung lernen können, im höchsten Sinne dasjenige erleben, was uns frei macht von unseren speziellen menschlichen Interessen, von unseren besonderen menschlichen Aufmerksamkeiten. Also weil wir Menschen im physischen Leib sind und insofern wir es sind, können wir schon durch unsere äußere Wahrnehmung überhaupt nicht das Tor erreichen, das uns in eine höhere Welt hineinführt. Von all dem, was unsere Sinne außen sehen können, was unser Verstand an Dingen der Außenwelt kombinieren kann, von alldem müssen wir absehen, das gehört zu unseren speziellen Interessen.

Wenn wir auf das blicken, was wir gewöhnlich in unserem Inneren haben, auf unsere Leiden und Freuden, unsere Bekümmernisse und Sorgen, unsere Hoffnungen und

Ziele, dann werden wir sehr bald gewahr werden, wie diese Innenwelt von dem abhängig ist, was wir draußen erleben, wie sie sich in einer gewissen Weise nach dem färbt, was wir draußen erleben. Aber ein gewisser Unterschied ist dennoch vorhanden.

Wir werden ohne Weiteres zugeben müssen, dass wir ein jeder unsere Welt in unserem Inneren tragen. Dass der eine an einem Ort der Erde und zu einer Zeit geboren ist, der andere an einem anderen Ort und zu einer anderen Zeit, das färbt in einer gewissen Weise seine Innenwelt. Aber wir erfahren gegenüber dieser Innenwelt auch noch etwas anderes. Sie ist ja freilich unsere spezielle, gewissermaßen unsere differenzierte Innenwelt, sie trägt eine gewisse Farbe, aber wir können noch etwas anderes erfahren.

Wenn wir einmal von dem Ort, an dem wir gewohnt sind, unsere Sinne tätig sein zu lassen, nach einem ganz entfernten Ort kommen und mit einem Menschen zusammentreffen, der ganz andere äußere Erfahrungen, Wahrnehmungen gemacht hat, dann können wir uns mit ihm verstehen. Und wir verstehen uns mit ihm deshalb, weil er gewisse Leiden durchlebt hat, die wir selber in einer ähnlichen Weise durchlebt haben, weil er sich in einer gewissen Weise über ähnliche Dinge freuen kann, über die wir uns selber freuen.

Wer hätte es denn nicht erlebt, dass er vielleicht sich mit einem Menschen, den er in einer fernen Gegend trifft, schwer über die Außenwelt verständigen kann, die sie beide gemeinsam haben, dass er sich aber leicht über dasjenige verständigen kann, was das Herz fühlt und sehnt.

Mit unserer Innenwelt sind wir Menschen einander schon viel näher als mit unserer Außenwelt. Und wahrhaftig, es würde wenig Hoffnung sein, die geisteswissenschaftlichen° Ideen in die ganze Menschheit hineinzutragen, wenn wir nicht das Bewusstsein haben könnten, dass im Inneren eines jeden Menschen, wo er auch auf der Erde sich befindet, etwas lebt, das sich mit uns verständigen kann.

Um zu etwas zu kommen, was ganz frei von dem speziellen, egoistischen Inneren ist, muss der Mensch auch jene Färbung seines inneren Erlebens ablegen, welche noch von der Außenwelt beeinflusst ist. Das kann nur sein, wenn der Mensch sich die Möglichkeit verschafft, in seinem Inneren etwas zu erleben, was ihm überhaupt nicht von der Außenwelt kommt, was dem entspricht, was man innere Eingebungen, *Inspirationen* nennen kann, dasjenige, was nur in der Seele selbst innerlich wächst und gedeiht.

Von dem speziellen Innenleben kann der Mensch so aufsteigen, dass er fühlt, dass sich seinem Inneren etwas offenbart, was unabhängig ist von seiner speziellen, egoistischen Existenz. Das fühlen ja die Menschen, wenn sie immer wieder geltend machen, dass über den ganzen Erdball hin für gewisse moralische Ideale, für gewisse logische Ideen Verständnis sein kann, an denen kein Mensch zweifeln kann, die jedem Menschen einleuchten können, weil sie sich dem Menschen nicht von der Außenwelt, sondern von der Innenwelt aus mitteilen.

Ein Gebiet haben ganz zweifellos alle Menschen gemeinsam in Bezug auf solche Innenoffenbarung. Das ist dasjenige, was sich auf die Zahlen und ihre Verhältnisse bezieht, auf *das Mathematische,* auf Zählen und Rechnen. Dass dreimal drei neun ist, können wir niemals von der Außenwelt erfahren, das müssen wir uns durch unser Inneres offenbaren lassen. Daher gibt es auch keine Möglichkeit, über den Erdball hin darüber zu streiten.

Ob irgendetwas schön oder hässlich ist, darüber kann man über den ganzen Erdball hin viel streiten. Wenn aber einer nur einmal in seinem Inneren sich hat offenbaren lassen, dass dreimal drei neun ist oder dass das Ganze gleich der Summe seiner Teile ist oder dass ein Dreieck als Summe seiner Winkel 180° hat, so weiß er es, nicht weil eine Außenwelt ihm das offenbaren kann, sondern nur sein Inneres.

Es beginnt schon bei der trockenen, nüchternen Mathematik dasjenige, was wir Inspiration nennen können. Nur merken die Menschen gewöhnlich nicht, dass die Inspiration bei der trockenen Mathematik beginnt, weil die meisten Menschen diese trockene Mathematik für etwas ungeheuer Langweiliges halten und sich daher nicht gern etwas von ihr offenbaren lassen.

Aber in Bezug auf das innere Offenbaren ist es auch mit den moralischen Wahrheiten im Grunde genommen nicht anders. Wenn der Mensch etwas als recht erkannt hat, so wird er sagen: «Dies ist recht und das Gegenteil ist unrecht – und keine äußere Macht in der physischen Welt kann mir beibringen, dass das, was sich mir in meinem Inneren als das Rechte offenbart, unrecht sei.» Auch die im höchsten Sinne moralischen Wahrheiten offenbaren sich durch das Innere.

Man kann, wenn man gefühls- und empfindungsmäßig den geistigen Blick auf diese Möglichkeit der Innenoffenbarung hinlenkt, man kann sich daran erziehen. Es ist sogar die Erziehung durch die bloße Mathematik sehr gut. Wenn der Mensch zum Beispiel öfter einmal sich dem Gedanken hingibt:

> «Ob dieses oder jenes Essen gut ist, darüber kannst du deine Meinung haben und ein anderer kann einer anderen Meinung sein. Das steht in der Willkür des Einzelnen. Die Mathematik oder die moralischen Verpflichtungen aber stehen nicht in solcher Willkür. Bei ihnen weiß ich, dass sie mir etwas offenbaren, dem gegenüber, wenn ich es nicht als wahr anerkennen will, ich mich als der Menschlichkeit unwürdig erweise.»

Diese Anerkennung einer Offenbarung durch das Innere als Gefühl, als inneren Impuls gefasst, ist eine mächtige pädagogische Kraft im Inneren des Menschen, wenn er sich ihm meditativ hingibt. Wenn er sich sagt:

> «In der Sinnenwelt ist vieles, worüber bloß meine Willkür entscheidet. Aber aus dem Geist heraus offenbaren sich mir Dinge, über die meine Willkür nichts vermag und die mich doch angehen, deren ich mich als Mensch würdig erweisen muss» –

wenn der Mensch diesen Gedanken immer stärker und stärker werden lässt, sodass er durch sein eigenes Inneres bezwungen werden kann, dann wächst er über den bloßen

Egoismus hinaus, dann überwindet ein «höheres Selbst», das sich mit dem Geist der Welt eins weiß, das gewöhnliche, willkürliche Selbst.

So etwas müssen wir in uns als Stimmung entwickeln, wenn wir dahinkommen wollen, das Tor zu erreichen, das in die geistige Welt hineinführt. Denn wenn wir uns oftmals solchen Stimmungen, wie sie charakterisiert worden sind, hingeben, dann erweisen sie sich als fruchtbar. Sie erweisen sich dann als fruchtbar, wenn wir sie so konkret wie möglich in die Gedanken hineinbringen und namentlich wenn wir solche Gedanken hegen, solche Gedanken in uns aufnehmen, die uns als wahr einleuchten und die doch der äußeren Sinnenwelt widersprechen. Solche Gedanken können zunächst nur *Bilder* sein, aber solche Bilder sind außerordentlich nützlich für die okkulte Entwicklung des Menschen.

Ich will Ihnen an einem solchen Bild zeigen, wie der Mensch seine Seele über sich selbst hinaufrücken kann.

Nehmen Sie zwei Gläser: In dem einen ist Wasser und in dem anderen keines. Das Glas, in dem Wasser ist, soll nicht ganz gefüllt sein, sondern nur zur Hälfte. Nehmen wir jetzt an, Sie beobachten an der Außenwelt diese zwei Gläser. Wenn Sie aus dem Glas mit Wasser etwas in das leere Glas hinüberschenken, so wird das leere Glas etwas mit Wasser gefüllt sein, das andere aber wird nachher weniger Wasser haben. Wenn Sie ein zweites Mal aus diesem Glas, das zuerst halb mit Wasser gefüllt war, in das zuerst leere Glas Wasser hinübergießen, wird das erste Glas noch weniger Wasser haben. Kurz, durch das Hinübergießen wird immer weniger in dem Glas sein, das zuerst halb mit Wasser gefüllt war. Das ist für die äußere physisch-sinnliche Welt eine wahre Vorstellung.

Jetzt bilden wir uns eine Vorstellung, die ganz anders ist. Denken Sie sich einmal, Sie würden probeweise, meine lieben° Freunde, sich die umgekehrte Vorstellung bilden, Sie würden sich vorstellen:

> Sie gießen Wasser aus dem halb gefüllten Glas in das leere Glas ein, da kommt Wasser in das letztere Glas hinein. In dem halb vollen Glas aber, da stellen Sie sich vor, durch das Hinübergießen würde das Wasser mehr. Und wenn Sie ein zweites Mal ausgießen würden, so würde wieder etwas hinübergehen in das früher leere Glas, aber das zuerst halb gefüllte Glas würde dadurch noch mehr Wasser haben. Durch das Ausgießen würde immer mehr und mehr Wasser in dem ersten Glas sein.

Denken Sie sich, Sie bilden sich diese Vorstellung. Selbstverständlich wird jeder Mensch, der sich in unserer Gegenwart zu den absolut vernünftigen Menschen rechnet, sagen: «Nun, das ist ein rechter Wahnsinn, den du dir da vorstellst. Du stellst dir vor, dass du Wasser ausgießt und dass dadurch immer mehr Wasser in das Glas kommt, aus dem du herausgießt.»

Ja, wenn man diese Vorstellung auf die physische Welt anwendet, dann ist sie natürlich eine wahnsinnige Vorstellung, aber auf die geistige Welt lässt sie sich anwenden. In einer sonderbaren Weise lässt sie sich anwenden:

Nehmen wir einmal an, ein Mensch habe ein liebevolles Herz und erweise aus seinem liebevollen Herzen einem anderen Menschen, der der Liebe bedarf, eine liebende Tat. So gibt er dem anderen Menschen etwas ab, aber er wird dadurch nicht leerer, sondern indem er Liebestaten dem anderen Menschen hinübergibt, erhält er mehr, er wird voller. Und wenn er ein zweites Mal eine Liebestat verrichtet, wird er noch voller, hat er noch mehr. Man wird nicht arm, nicht leerer dadurch, dass man Liebestaten verrichtet, sondern man wird reicher, man wird voller. Man gießt in den anderen Menschen etwas hinüber, was einen selbst voller macht.

Wenden wir unser Bild, das für die gewöhnliche physische Welt unmöglich, wahnsinnig ist, auf das Ausgießen der Liebe an, dann ist es anwendbar, dann können wir es als ein Symbol, als ein Sinnbild für geistige Tatsachen auffassen. Was Liebe ist, ist etwas so Kompliziertes, dass kein Mensch den Hochmut besitzen sollte, Liebe zu definieren, Liebe ihrem Wesen nach ohne Weiteres zu durchschauen. Liebe ist kompliziert. Wir nehmen sie wahr, aber keine Definition kann die Liebe ausdrücken.

Aber ein Sinnbild, ein einfaches Sinnbild – ein Glas Wasser, das, indem es ausgegossen wird, voller wird –, das gibt uns eine Eigenschaft des Liebewirkens. Wir tun im Grunde genommen, wenn wir uns so das Komplizierte der Liebestaten vorstellen, nichts anderes, als was der Mathematiker in seiner trockenen Wissenschaft tut.

Nirgends ist ein wirklicher Kreis, nirgends ein wirkliches Dreieck, die müssen wir uns nur denken. Wenn wir einen Kreis aufzeichnen und ihn nur ein wenig durch ein Mikroskop besehen, so sehen wir lauter Kreidepunkte. Ein solcher Kreis wird nie die Regelmäßigkeit eines «wirklichen» Kreises haben. Wir müssen zu unserer Vorstellung, zu unserem Innenleben gehen, wenn wir den Kreis oder das Dreieck oder sonst etwas vorstellen wollen.

So müssen wir, um uns so etwas wie eine geistige Tat vorzustellen – zum Beispiel die Liebe –, auch zum Bild greifen und uns an eine Eigenschaft halten. Solche Bilder sind nützlich für die okkulte Entwicklung. An ihnen merken wir, dass wir über die gewöhnliche Vorstellung hinausgehoben werden, dass wir, wenn wir zum Geist aufsteigen wollen, uns geradezu entgegengesetzte Vorstellungen zu denen bilden müssen, die auf die Sinnenwelt anwendbar sind.

Daher finden Sie, dass die Ausgestaltung solcher *symbolischer Vorstellungen* ein wichtiges Mittel ist, um in die geistige Welt hinaufzusteigen. Sie finden das in meinem Buch *Wie erlangt man Erkenntnisse der höheren Welten?* ausgeführt. Dadurch kommt der Mensch dazu, etwas anzuerkennen, was als eine Welt über ihm steht, die ihn inspiriert, die er nicht in der Außenwelt wahrnehmen kann, die aber in ihn hereindringt.

Wenn der Mensch sich immer mehr und mehr dieser Vorstellungswelt hingibt, dann kommt er dazu, anzuerkennen, dass durch ihn, durch jeden Menschen etwas geistig Wesenhaftes lebt, das höher ist als er selbst – als der Mensch in dieser einen Inkarnation mit seinem Egoismus.

Wenn man anzuerkennen beginnt, dass so etwas über 1.
uns ist wie ein uns gewöhnliche Menschen leitendes Wesen, dann hat man in der Reihe der Wesenheiten der dritten Hierarchie als die erste Form diejenigen Wesenheiten, die man da nennt *Engel* oder *Angeloi.* Der Mensch erlebt zunächst, indem er über sich selbst in der geschilderten Weise hinausgeht, das Hereinwirken eines Engelwesens in seine eigene Wesenheit.

Wenn man sich das nun verselbstständigt denkt, sodass es die Eigenschaften hat, die als Offenbarung und Geisterfüllung geschildert worden sind, wenn man sich dieses Wesen, das uns inspiriert, verselbstständigt denkt, dann kommt man zu dem Begriff der unmittelbar über dem Menschen stehenden Wesen der dritten Hierarchie. Sodass man die ersten Wesenheiten über dem Menschen als diejenigen ansprechen kann, die jeden *einzelnen individuellen Menschen führen,* leiten und lenken.

Auf diese Weise habe ich Ihnen ein wenig den Weg geschildert, wie der Mensch sich zu den ersten Wesen, die über ihm stehen, hinauferheben kann, sodass er eine Vorstellung davon bekommt.

So wie der Einzelne auf diese Weise seinen Führer hat, 2.
und der okkulte Blick, wenn wir über uns selber, über unsere egoistischen Interessen hinauskommen, uns darauf aufmerksam macht: «Du hast deinen Führer», so gibt es auch die Möglichkeit, dass sich der okkulte Blick auf *Menschengruppen* hin, auf Stämme, Völker und so weiter richtet.

Solche zusammengehörigen Menschengruppen haben ebenso eine Führerschaft, wie der einzelne Mensch sie in der geschilderten Weise hat. Nur sind diejenigen Wesen, welche ganze Völker oder ganze Stämme führen, eben mächtiger als die Führer des einzelnen Menschen. In der abendländischen Esoterik nennt man solche Volks- oder Stammesführer, die in der geistigen Welt leben und Offenbarungen als ihre Wahrnehmungen, Geisterlebnisse als ihr Inneres haben, und die mit ihren Taten in dem zum Ausdruck kommen, was ein ganzes Volk oder ein ganzer Stamm tut, *Erzengel* oder *Archangeloi.*

Wenn der Mensch in seiner okkulten Entwicklung immer weiter schreitet, dann kann er dazu kommen, dass sich ihm nicht nur enthüllt, was ihn selbst besonders° führt, sondern dann enthüllt sich ihm das, was die Gruppe von Menschen führt, zu der er gehört.

3. Und dann, wenn unsere okkulte Entwicklung noch weiter geht, dann finden wir Wesenheiten als Führer der Menschen, welche nicht mehr mit einzelnen Stämmen, mit einzelnen Völkern zu tun haben, sondern welche Führer in den aufeinanderfolgenden Zeiten sind.

Wenn der okkult geschulte Mensch zum Beispiel jenes Zeitalter verfolgt, in dem die alten Ägypter und Chaldäer gelebt haben, dann erscheint ihm der ganze Charakter, das ganze Gepräge jener Zeit unter einer gewissen Führerschaft. Diese Führerschaft ändert sich, wenn der okkulte Blick auf das hinschaut, was auf die ägyptische, auf die chaldäische Zeit folgte: wenn der okkulte Blick sich auf das Zeitalter richtet, in welchem die Griechen und die Römer den Ton in der abendländischen Geisteswelt angegeben haben.

Da zeigt sich, dass über einzelne Völker hinüber, mächtiger als die Erzengel, als die Volksführer, Geister walten, die ganze zusammengehörige Volksgruppen gleichzeitig leiten und die nach einer bestimmten Zeit dann von anderen Zeitlenkern abgelöst werden. So wie wir also im Raum die einzelnen Gebiete der Erzengel verteilt finden, die gleichzeitig Menschengruppen, aber einzelne Menschengruppen leiten, so finden wir, wenn wir den okkulten Blick über die laufende Zeit hinschweifen lassen, dass die einzelnen Zeitalter von ihren realen Zeitgeistern, die mächtiger sind als die Erzengel, geleitet werden, und dass unter ihnen die verschiedensten Völker zugleich stehen.

Diese dritte Kategorie der dritten Hierarchie nennen wir mit einem Ausdruck der abendländischen Esoterik *Zeitgeister* oder *Archai.*

Alle die Wesenheiten, die zu diesen drei Klassen der dritten Hierarchie gehören, haben die Eigenschaften, die Ihnen heute charakterisiert worden sind. Sie alle haben das, was hier genannt worden ist «Selbstoffenbarung» und «innere Geisterfüllung». Das nimmt der okkulte Blick wahr, wenn er sich zu diesen Wesenheiten erheben kann.

Wir können also sagen, meine lieben° Freunde: Wenn wir dasjenige, was in der geistigen Welt den Menschen umgibt, was um den Menschen herum als sein eigener individueller Führer ist, wenn wir das, was da geistig lebt, was unsichtbar waltet und uns zu unseren unpersönlichen Handlungen, zu unserem unpersönlichen Denken und Fühlen anstiftet, wenn wir das beobachten, so haben wir darin zunächst die Wesenheiten der dritten Hierarchie.

Der okkulte Blick nimmt diese Wesenheiten wahr, für ihn sind sie Realitäten. Aber auch das normale Bewusstsein lebt unter ihrer Gewalt, denn wenn auch dieses Bewusstsein den Engel nicht wahrnimmt, steht es unter seiner Führerschaft, wenn auch unbewusst. Und so stehen unter ihrem Erzengel die Menschengruppen und in der Führerschaft der Zeitgeister die Zeiten und die Menschen ihrer Zeiten.

Diese Wesenheiten der *dritten Hierarchie,* wir finden sie so, wie sie heute geschildert worden sind, in unserer geistigen Umgebung, in der allernächsten geistigen Umgebung. Wenn wir aber in der Entwicklung unseres Planeten zurückgehen würden bis zu einem bestimmten Zeitpunkt, den wir in den nachfolgenden Vorträgen kennenlernen werden, dann würden wir immer mehr und mehr finden, dass diese Wesenheiten, die eigentlich nur in dem Kulturprozess des Menschen leben, fortwährend andere Wesenheiten aus sich selbst hervorbringen.

Sehen Sie, geradeso wie eine Pflanze einen Keim von sich abstößt, so bringen die Wesenheiten der dritten Hierarchie, die ich Ihnen geschildert habe, andere Wesenheiten hervor. Es ist nur ein gewisser Unterschied zwischen dem, was die Pflanze als Keim hervorbringt – wenn wir das als Vergleich heranziehen –, und diesen Wesenheiten, die sich von den Wesenheiten der dritten Hierarchie absondern. Wenn die Pflanze einen Keim hervorbringt, so ist dieser gewissermaßen gerade so viel wert wie die ganze Pflanze, denn aus ihm kann wiederum eine ganze Pflanze gleicher Art werden.

Diese Wesenheiten sondern andere ab, die sich gleichsam von ihnen abschnüren, wie sich die Keime von den Pflanzen abschnüren. Sie bekommen «Nachkommen», die aber jetzt in gewisser Beziehung von niedrigerer Sorte sind als sie selbst. Sie müssen von einer niedrigeren Sorte sein, weil sie andere Aufgaben bekommen, die sie nur verrichten können, wenn sie von einer niedrigeren Art sind.

Das, was wir, wie es geschildert worden ist, in unserem Umkreis geistig als Engel, Erzengel und Zeitgeister haben, das sondert gewisse Wesenheiten von sich ab, welche aus der Umgebung des Menschen in die Naturreiche hinuntersteigen. Und der okkulte Blick, der belehrt uns darüber, dass die Wesenheiten, welche wir gestern und vorgestern als *Naturgeister* kennengelernt haben, solche von den Wesenheiten der dritten Hierarchie abgeschnürten Wesen sind, die wir heute kennengelernt haben.

Sie sind ihre Nachkommen, die zu anderem Dienst als zum Menschheitsdienst, nämlich zum Naturdienst bestimmt worden sind. Und zwar sind

- Nachkommen der *Archai* diejenigen Wesenheiten, welche wir kennengelernt haben als die Naturgeister der *Erde;*
- diejenigen, welche sich von den *Erzengeln* abschnüren und in die Natur hinuntergesendet werden, das sind die Naturgeister des *Wassers;*
- und solche, die sich von den *Engeln* abschnüren, haben wir als die Naturgeister der *Luft* anzusehen.

Die des Feuers oder der Wärme werden wir noch kennenlernen. So sehen wir, dass gewissermaßen durch eine

«Abspaltung» von den Wesenheiten, welche als die dritte Hierarchie unsere Verbindung mit der nächsthöheren Welt darstellen, gewisse Wesen in die Reiche der Elemente hinuntergeschickt werden, in Luft, Wasser und Erde – in alles Gasförmige, Flüssige und Feste –, um da unten Dienste zu leisten, um innerhalb der Elemente zu arbeiten und gewissermaßen wie niedrigere Abkömmlinge der Wesenheiten der dritten Hierarchie als Naturgeister tätig° zu sein.

Wir können also von einer Verwandtschaft der Naturgeister mit den Wesenheiten der dritten Hierarchie sprechen.

Vierter Vortrag

Form, Bewegung, Weisheit:
die Engel der zweiten Hierarchie

Helsinki, 6. April 1912

Meine lieben° Freunde!

Wenn wir das Wesen der geistigen Kräfte und Mächte kennenlernen wollen, die in den verschiedenen Naturreichen und in den Himmelskörpern wirksam sind, so müssen wir zuerst diese geistigen Wesenheiten selber kennenlernen. Und wir haben bereits in den drei Vorträgen, die gehalten worden sind, den Anfang damit gemacht.

Wir haben versucht, die sogenannten «Naturgeister» zu charakterisieren und sind dann zu den Wesenheiten aufgestiegen, welche unmittelbar über dem Menschen in der nächsthöheren Welt stehen, die wir von der unsrigen ausgehend finden können. Wir werden heute diese Betrachtung fortsetzen und müssen deshalb an dasjenige anknüpfen, was sich uns als der Weg erwiesen hat, auf dem wir uns zunächst zu den Wesenheiten der dritten Hierarchie erheben können.

Es ist im vorigen Vortrag gezeigt worden, dass es dem Menschen möglich ist, über sich selbst hinauszukommen, alles, was in ihm an speziellen egoistischen Interessen und Aufmerksamkeiten ist, zu überwinden, um sich in eine Sphäre zu erheben, in welcher er zunächst seinen eigenen

Führer findet, der ihm schon eine Vorstellung von jenen Wesenheiten geben kann, die wir im Sinne der abendländischen Esoterik Engel (Angeloi) nennen.

Und wir haben dann gezeigt, wie ein Weiterschreiten auf diesem Weg dazu führt, die Stammes-, die Volksgeister kennenzulernen, die wir als Erzengel (Archangeloi) angesprochen haben, und wie man dann die sogenannten Zeitgeister (Archai) im Verlauf des Kulturprozesses findet.

Es wird der Mensch, wenn er den Weg beschreitet, der gestern skizzenhaft angedeutet worden ist, ein gewisses Gefühl davon erhalten, was mit diesen Wesenheiten der dritten Hierarchie gemeint ist. Es wird lange Zeit, auch wenn man eine okkulte Entwicklung durchmacht, durchaus so bleiben, dass man bloß eine Art von Gefühl hat.

Erst wenn man lange in Geduld und Ausdauer alle die Gefühle und Empfindungen durchmacht, welche gestern angedeutet worden sind, wird man zu dem übergehen können, was hellsichtiges Erblicken dieser Wesenheiten der dritten Hierarchie genannt werden darf. Wenn man diesen Weg weiterbeschreitet, meine lieben Freunde, wird man finden, dass man sich selbst allmählich zu einem *anderen Bewusstseinszustand* erzieht, entwickelt. Dann kann das hellsichtige Anschauen der Wesenheiten der dritten Hierarchie beginnen.

Dieser andere Bewusstseinszustand lässt sich mit dem Schlaf des Menschen vergleichen, und zwar deshalb, weil der Mensch in diesem Zustand mit seinem Ich und seinem astralischen Leib sich von dem physischen und ätherischen Leib befreit fühlt. Dieses Sich-befreit-Fühlen muss man als eine Empfindung haben: Man muss allmählich lernen, was es heißt, nicht durch seine Augen zu schauen, durch seine Ohren zu hören, durch den Verstand, der an das Gehirn gebunden ist, zu denken.

Unterscheiden von dem gewöhnlichen Schlaf müssen wir wiederum diesen Zustand deshalb, weil wir in ihm eben nicht bewusstlos sind, sondern Wahrnehmungen von geistigen Wesenheiten in unserer Umgebung haben: zuerst ein dunkles Gefühl, dass solche Wesenheiten in unserer Umgebung sind, dann aber, wie gesagt, das Aufleuchten hellsichtigen Bewusstseins und das lebendige Anschauen der Wesenheiten der dritten Hierarchie und ihrer Nachkommen, der Naturgeister.

Wenn man diesen Zustand noch genauer charakterisieren will, so kann man sagen, dass derjenige, welcher sich in der okkulten Entwicklung bis zu diesem Zustand erhebt, eine Art von Scheidung zwischen seinem gewöhnlichen Bewusstsein und diesem neuen Bewusstseinszustand erlebt.

Wie zwischen Wachen und Schlafen eine Scheidung ist, so ist für den, der eine okkulte Entwicklung durchmacht, eine Scheidung zwischen dem Bewusstsein, wo der Mensch mit seinen gewöhnlichen Augen sieht, mit seinen gewöhnlichen Ohren hört, mit seinem gewöhnlichen Verstand denkt, und jenem hellseherischen Zustand, in dem er nichts von all dem um sich herum hat, was er im gewöhnlichen Bewusstseinszustand wahrnimmt – dafür aber eben eine andere Welt um sich hat, die Welt der dritten Hierarchie und ihrer Nachkommen.

Wozu man es zunächst bringt, ist, dass man lernt, im gewöhnlichen Bewusstsein sich dessen zu erinnern, was man in diesem anderen Bewusstseinszustand erlebt hat.

Wir können also, meine lieben° Freunde, genau eine Stufe der okkulten Entwicklung des Menschen unterscheiden, auf welcher der Mensch *abwechselnd* in seinem gewöhnlichen Bewusstsein leben kann, wo er sieht und hört und denkt wie andere Menschen mit normalem Bewusstsein, und in dem anderen Bewusstseinszustand, den er in gewisser Weise auch willkürlich herbeiführen kann, in welchem er wahrnimmt, was in der geistigen Welt der dritten Hierarchie um ihn herum ist.

Und dann kann er, wenn er in seinem gewöhnlichen Bewusstseinszustand ist, sich an das erinnern, was er in dem anderen, in dem hellseherischen Zustand erlebt hat, wie man sich an einen Traum erinnert. Und er kann davon erzählen, er kann in gewöhnliche Begriffe und Ideen das umsetzen, was er im hellseherischen Zustand erlebt hat.

Wenn also ein solcher Hellseher in seinem gewöhnlichen Bewusstseinszustand ist und selber etwas von der geistigen Welt wissen oder erzählen will, dann muss er sich an das erinnern, was er in seinem anderen, in dem hellseherischen Bewusstseinszustand erlebt hat.

Ein Hellseher, der auf dieser Stufe der Entwicklung steht, kann nur von jenen geistigen Wesenheiten etwas wissen, die wir bisher als die Wesenheiten der dritten Hierarchie und ihre Nachkommen beschrieben haben. Er weiß zunächst nichts von noch höheren Welten. Wenn er von noch höheren Welten etwas wissen will, dann muss er auch eine höhere Stufe der Hellsichtigkeit erreichen.

Diese höhere Stufe kommt dadurch zustande, dass der Mensch jene Übungen, die Ihnen in dem Buch *Wie erlangt man Erkenntnisse der höheren Welten?* beschrieben sind, immer weiter fortsetzt, dass er namentlich diejenigen Übungen macht, welche dort als das Beobachten der Pflanzen, der Tiere und so weiter beschrieben sind. Wenn der Mensch also seine Übungen fortsetzt, dann kommt er zu einer höheren Stufe der Hellsichtigkeit.

Diese besteht darin, dass der Mensch dann nicht nur zwei sich abwechselnde Zustände hat – einen gewöhnlichen, «normalen» Bewusstseinszustand und einen «hellsichtigen» – und sich in dem gewöhnlichen Bewusstseinszustand an die hellseherischen Erlebnisse erinnern kann, sondern es kann dann der Mensch, wenn er diese höhere Stufe der Hellsichtigkeit erreicht hat, geistige Welten, geistige Wesenheiten und geistige Tatsachen auch dann wahrnehmen, wenn er in seinem gewöhnlichen Bewusstseinszustand ist und durch seine Augen auf die Dinge der Außenwelt schaut.

Er kann die Hellsichtigkeit in seinen gewöhnlichen Bewusstseinszustand hereintragen und er kann hinter den Wesenheiten, die ihn in der Außenwelt umgeben, überall die tieferen geistigen Wesenheiten und Kräfte wie hinter einem Schleier verborgen sehen.

Wir fragen uns: Was ist denn da mit einem solchen Hellseher geschehen, der in die Lage gekommen ist, nicht mehr bloß an die Erlebnisse eines anderen Bewusstseinszustands sich erinnern zu müssen, sondern der in seinem alltäglichen Bewusstseinszustand hellseherische Erfahrungen machen kann?

Wenn der Mensch zu der *ersten Stufe des Hellsehens* erst aufgestiegen ist, kann er nur seinen astralischen Leib benutzen, um in die geistige Welt hineinzuschauen. Der Leib also, dessen sich der Mensch bedient, um auf der ersten Stufe der Hellsichtigkeit in die geistige Welt hineinzuschauen, ist der astralische Leib.

Auf der *zweiten Stufe der Hellsichtigkeit,* welche eben beschrieben worden ist, kann sich der Mensch seines ätherischen Leibes bedienen. Dadurch kann er auch im gewöhnlichen, normalen Bewusstsein in eine geistige Welt hineinschauen. Wenn der Mensch so lernt, seinen ätherischen Leib als Werkzeug für seine Hellsichtigkeit zu benutzen, dann lernt er allmählich alles das in der geistigen Welt kennen, was zu den Wesenheiten der *zweiten Hierarchie* gehört.

Nun darf aber der Mensch nicht dabei stehen bleiben, nur mit seinem eigenen ätherischen Leib wahrzunehmen, sondern wenn er zu dieser zweiten Stufe der Hellsichtigkeit aufsteigt, macht er eine ganz bestimmte Erfahrung. Er macht nämlich die Erfahrung, dass er wie aus sich selbst herausgeht, dass er sich nicht mehr in seiner Haut eingeschlossen fühlt.

Wenn er einer Pflanze, einem Tier oder auch einem anderen Menschen gegenübersteht, dann fühlt er wie wenn ein Stück von ihm selbst in dieser anderen Wesenheit drinnen wäre. Wie untergetaucht in die andere Wesenheit fühlt er sich.

Im normalen Bewusstsein und noch wenn wir auf der ersten Stufe des Hellsehens stehen, können wir in einer gewissen Weise sagen: «Ich bin hier; das Wesen, das ich sehe, ist dort.» Das können wir auf der zweiten Stufe des Hellsehens nicht mehr sagen, sondern da können wir nur sagen: «Wo das Wesen ist, das wir wahrnehmen, da sind wir selber.»

Wir sind so, dass wir unseren eigenen Ätherleib gleichsam wie Fangarme nach allen Seiten ausstrecken und uns in die Wesenheiten hineinsaugen, in die wir unser eigenes Wesen wahrnehmend untertauchen.

Es gibt im normalen Bewusstsein ein Gefühl, das uns eine Vorstellung davon geben kann, was der Hellseher auf dieser zweiten Stufe der Hellsichtigkeit erlebt – nur ist das, was der Hellseher da erlebt, unendlich intensiver und nicht nur ein Gefühl, sondern es steigert sich bis zur Wahrnehmung, bis zum Verstehen, bis zum Untertauchen. Das Gefühl des normalen Bewusstseins, das sich mit diesem Erlebnis des Hellsehers auf der zweiten Stufe der Hellsichtigkeit vergleichen lässt, ist nämlich das Mitleid, ist *die Liebe.*

Was bedeutet es, wenn wir im gewöhnlichen Leben Mitleid und Liebe empfinden? Wenn man genauer über das Wesen von Mitleid und Liebe nachdenkt – es ist einiges schon gestern angedeutet worden –, dann findet man, dass Mitleid und Liebe uns dahin bringen, von uns selber loszukommen und uns in das andere Wesen hinüberzuleben.

Es ist eigentlich ein wunderbares Mysterium des Menschenlebens, dass wir imstande sind, Mitleid und Liebe zu empfinden. Und unter den gewöhnlichen Erscheinungen des normalen Bewusstseins gibt es wohl kaum etwas, was den Menschen so sehr von der Göttlichkeit des Daseins überzeugen kann als die Möglichkeit, dass er Liebe, dass er Mitleid entwickeln kann.

Man erlebt sonst als Mensch sein eigenes Dasein in sich selbst, oder man erlebt die Welt, indem man sie durch die Sinne wahrnimmt und durch den Verstand versteht. Hineinzuschauen in ein menschliches Herz, hineinzublicken in eine menschliche Seele ist keinem Verstand, ist keinem Auge möglich, denn in innersten Kammern verschlossen hält die andere Seele das, was sie in sich selbst an Leiden, an Freuden hat. Und mysteriös, wundersam sollte es eigentlich jedem Menschen erscheinen, dass er sich selbst in das Wesen der anderen Seele gleichsam ergießen kann, in ihr Leben mit ihren Freuden, mit ihren Leiden.

So wie wir mit dem normalen Bewusstsein durch Mitleid und Liebe in Leiden und Freuden bewusster Wesen untertauchen können, so lernt der Hellseher auf der zweiten Stufe der Hellsichtigkeit nicht nur in alles Bewusste unterzutauchen, das auf eine menschliche oder menschenähnliche Art leiden und sich freuen kann, sondern ein solcher Hellseher lernt *in alles Lebendige unterzutauchen.*

Wohlgemerkt, ich sage: in alles Lebendige. Denn auf dieser zweiten Stufe der Hellsichtigkeit lernt man unterzutauchen nur in alles Lebendige, noch nicht in das, was uns unlebendig, tot erscheint, was uns als ein Mineralisches umgibt.

Aber mit diesem Untertauchen in das Lebendige ist ein Anschauen dessen verbunden, was im Inneren der Wesenheiten vorgeht. Wir selbst fühlen uns da drinnen in den lebendigen Wesenheiten, wir lernen auf dieser zweiten Stufe der Hellsichtigkeit mit den Pflanzen, mit den Tieren, mit anderen Menschen leben. Aber nicht nur das: Wir lernen hinter all dem, was da lebt, auch eine höhere geistige Welt kennen – die der Wesenheiten der zweiten Hierarchie.

Es ist notwendig, dass wir uns diese Begriffe klarmachen, denn es erscheint wie eine trockene Theorie, wenn man nur aufzählt, was für Wesenheiten zu den verschiedenen Hierarchien gehören. Eine lebendige Vorstellung von dem, was da hinter der Sinnenwelt webt und lebt, kann sich der Mensch nur dann verschaffen, wenn er den Weg kennt, auf dem das hellsichtige Bewusstsein dorthin dringt.

Nun wollen wir, ebenso wie wir gestern die Wesenheiten der dritten Hierarchie zu charakterisieren versuchten, diese *Wesenheiten der zweiten Hierarchie* wiederum vom Menschen ausgehend schildern.

Wir haben gestern gesagt, dass die Wesenheiten der dritten Hierarchie dadurch charakterisiert sind, dass sie anstelle der menschlichen Wahrnehmung die Offenbarung ihres eigenen Wesens und anstelle der menschlichen Innerlichkeit dasjenige haben, was wir Geisterfüllung nennen können.

Bei den Wesenheiten der zweiten Hierarchie, da erfahren wir, indem wir in sie untertauchen, dass ihre Wahrnehmung nicht nur eine Offenbarung ihres Wesens ist, dass sie nicht nur ihr eigenes Wesen offenbaren, sondern dass diese Offenbarung ihres eigenen Wesens als etwas Selbstständiges erhalten bleibt, als etwas, was sich von diesen Wesenheiten selbst absondert.

Eine Vorstellung von dem, was wir da wahrnehmen, können wir uns verschaffen, wenn wir etwa an eine Schnecke denken, die ihr eigenes Haus absondert. Das Haus besteht aus einer Substanz, die zuerst im Leib der Schnecke enthalten ist. Dann sondert die Schnecke ihr Haus ab: Sie hat ihr eigenes Wesen nicht nur für einen Augenblick nach außen gezeigt, sondern sie hat etwas abgesondert, was dann objektiv wird, was bleibt.

So ist es mit dem eigenen Wesen, mit der Selbstheit der Wesenheiten der zweiten Hierarchie. Nicht nur offenbaren sie ihr Selbst, wie die Wesenheiten der dritten Hierarchie, sondern sie sondern dieses Wesen von sich ab, sodass es als eine selbstständige Wesenheit erhalten bleibt. Dies wird uns klarer werden, wenn wir uns auf der einen Seite ein Wesen der dritten Hierarchie, auf der anderen Seite ein Wesen der zweiten Hierarchie vorstellen.

Wir richten den okkulten Blick auf ein Wesen der dritten Hierarchie: Dieses Wesen wird für uns dadurch erkennbar, dass es seine Selbstheit, seine Innenheit nach außen offenbart und in seiner Offenbarung seine Wahrnehmung hat. Wenn es seine innere Vorstellung, sein Innenerlebnis ändert, dann ist auch eine andere Offenbarung da. So wie dieses Wesen der dritten Hierarchie innerlich seine Zustände ändert, seine Erlebnisse variiert, so ändert sich fortwährend auch die äußere Offenbarung.

Wenn wir ein Wesen der zweiten Hierarchie mit dem okkulten Blick anschauen, so ist das anders: Da stellt das

Wesen auch vor, erlebt auch innerlich – aber das, was es innerlich erlebt, das sondert es von sich ab wie eine Art Schale, wie eine Art Haut. Es bekommt eine selbstständige Wesenheit. Und wenn das Wesen dann zu einem anderen Innenzustand übergeht, wenn das Wesen etwas anderes vorstellt und sich auf eine neue Art offenbart, dann ist die alte Offenbarung des Wesens noch vorhanden, sie bleibt bestehen, sie geht nicht vorüber, wie bei den Wesenheiten der dritten Hierarchie.

Sodass wir dasjenige, was bei den Wesenheiten der zweiten Hierarchie an die Stelle der Offenbarung tritt, ein «sich selbst eine Art von Schale oder Haut schaffen» nennen können: wie einen *Abdruck seiner selbst schaffen,* sich selber in einer Art von Bild objektiv machen. Das ist es, was die Wesenheiten der zweiten Hierarchie auszeichnet.

Und wenn wir uns fragen: Was tritt bei den Wesenheiten der zweiten Hierarchie an die Stelle der Geisterfüllung der Wesenheiten der dritten Hierarchie?, dann zeigt sich für den okkulten Blick, dass jedes Mal, wenn das Wesen ein solches Bild seiner selbst, eine solche Art von Schale seiner selbst absondert, die das Gepräge seiner selbst trägt, dass dann Leben erregt wird. Immer ist das Erregen von Leben die Folge eines solchen Sich-selber-Schaffens. So müssen wir

- bei den Wesen *der dritten Hierarchie* ihre Äußerlichkeit in ihrer Offenbarung und ihre Innerlichkeit in dem Erfülltsein vom Geist unterscheiden;
- bei den Wesen *der zweiten Hierarchie* müssen wir unter-

> scheiden ihre Außenseite als «sich selber im Abdruck, im Bild schaffen, sich objektivieren» und ihre Innerlichkeit als «Lebenserregung», wie wenn Flüssigkeit fortwährend in sich selber rieselte, indem sie ihr Bild gefrierend nach außen absondert.

So stellt sich für den okkulten Blick ungefähr dar, was die Wesenheiten der zweiten Hierarchie äußerlich und innerlich erfüllt. Während die Geisterfüllung der Wesenheiten der dritten Hierarchie dem okkulten Blick im Bild, in der Imagination, wie eine Art von geistigem Licht erscheint, erscheint dieses Lebensrieseln, diese *Lebenserregung,* die mit Absonderung nach außen verknüpft ist, so, dass die okkulte Wahrnehmung etwas wie geistiges Tönen, wie *Sphärenmusik* vernimmt. Es ist wie geistiges Tönen – nicht wie geistiges Licht, wie bei den Wesenheiten der dritten Hierarchie.

Wir können nun wiederum bei diesen Wesenheiten der zweiten Hierarchie mehrere Kategorien unterscheiden, wie wir auch bei den Wesenheiten der dritten Hierarchie mehrere Kategorien unterscheiden konnten. Wenn wir die Unterschiede dieser Kategorien ins Auge fassen wollen, so wird das allerdings schwieriger, weil ja die Dinge immer schwieriger werden, je weiter wir zu den höheren Hierarchien aufsteigen.

Wir haben, wenn wir da aufsteigen, von all dem zu- 4.
nächst eine Vorstellung zu gewinnen, was der uns umgebenden Welt zugrunde liegt, insofern diese uns umgebende

Welt *Formen* hat. Es kommt, wie ich schon gesagt habe, für diese zweite Stufe der Hellsichtigkeit nur das in Betracht, was lebt, nicht das, was uns als Lebloses erscheint. Das, was lebt, kommt in Betracht, aber das, was lebt, ist geformt. Formen haben die Pflanzen, Formen haben die Tiere, eine Form hat der Mensch.

Wenn der hellsichtige Blick sich mit all den Eigenschaften, die wir heute beschrieben haben, auf all das richtet, was um uns herum in der Natur geformt ist, wenn er bei den Wesenheiten von allem Übrigen absieht und nur auf die Formen sieht – bei den Pflanzen also die Mannigfaltigkeit der Formen betrachtet, ebenso bei den Tieren und bei den Menschen –, dann nimmt dieser hellsichtige Blick aus der Gesamtheit der Wesenheiten der zweiten Hierarchie diejenigen wahr, welche wir nennen die *Geister der Form* (Exusiai).

Wir können aber an den Wesenheiten der uns umgebenden Natur auch etwas anderes als die Form ins Auge fassen. Wir wissen ja, dass alles, was lebt, seine Form in einer gewissen Beziehung ändert, indem es wächst. Am meisten fällt uns diese Änderung, dieser *Wechsel der Form,* diese Metamorphose, bei der Pflanzenwelt auf.

Wir betrachten, indem wir nicht den gewöhnlichen, sondern den hellsichtigen Blick der zweiten Stufe auf die wachsende Pflanzenwelt richten, wir betrachten, wie die Pflanze ihre Formen nach und nach gewinnt, wie sie von der Form der Wurzel zu der Form des Blattes übergeht, zu der Form der Blüte, zu der Form der Frucht. Wir betrachten das wachsende Tier, den wachsenden Menschen. Kurz, wir betrachten nicht bloß eine Form, wie sie in einem Augenblick da ist, sondern wir betrachten das Werden der Lebewesen.

Wenn wir uns von dieser Betrachtung des Werdens der Lebewesen anregen lassen – wie die Formen wechseln, wie sie in lebendiger Metamorphose sind –, dann tritt uns für den hellseherischen Blick der zweiten Stufe das entgegen, was wir nennen die Kategorie der *Geister der Bewegung* (Dynamis).

Schwieriger ist nun, eine dritte Kategorie von solchen Wesenheiten der zweiten Hierarchie zu betrachten. Da müssen wir weder die Form als solche noch die Bewegung, die Veränderung der Form, betrachten, sondern dasjenige, was in der Form sich ausdrückt.

Wir können charakterisieren, wie sich der Mensch zu einer solchen Betrachtung erziehen kann. Es genügt nicht, dass man das normale Bewusstsein in solcher Weise erzieht, wie es geschildert worden ist, sondern es müssen auch die Übungen dabei sein, welche dem Menschen zu dem okkulten Blick verhelfen. Der Mensch muss auch die anderen Übungen machen, nicht allein mit dem gewöhnlichen Bewusstsein sich zu dem erziehen, was jetzt geschildert wird, sondern schon mit dem hellseherischen Bewusstsein sich dazu erziehen. Das hellseherische Bewusstsein selbst muss sich zuerst an der Art und Weise erziehen, wie der Mensch in seiner äußeren Form zum Ausdruck für sein Inneres wird.

Wie gesagt, es kann das auch das normale Bewusstsein, da wird man aber nichts als ein Ahnen erreichen, als ein

Vermuten dessen, was hinter der Miene, hinter der Geste, hinter dem Gesichtsausdruck, hinter der Physiognomie des Menschen ist. Wenn aber der hellseherische Blick, der sich schon bis zur zweiten Stufe des Hellsehens geschult hat, wenn der die Physiognomie, die Geste, den mimischen Ausdruck beim Menschen auf sich wirken lässt, dann ruft er in sich Anregungen hervor, durch die er sich allmählich dazu erziehen kann, die Wesenheiten der dritten Kategorie der zweiten Hierarchie zu beobachten.

Aber das kann nicht geschehen – ich bitte das wohl zu beachten, meine lieben° Freunde, was ich jetzt sagen werde –, das kann nicht geschehen, wenn man nur dabei stehen bleibt, die Gesten, den mimischen Ausdruck, die Physiognomie des Menschen zu betrachten. Da erreicht man eigentlich noch wenig.

Man muss dann – so ist die okkulte Schulung auf diesem Gebiet am rationellsten –, man muss dann zu den *Pflanzen* übergehen. Die Tiere kann man überspringen, das ist nicht besonders wichtig, dass man sich an den Tieren heranschult. Aber wichtig ist – nachdem man sich hellseherisch ein wenig dazu erzogen hat, aus der Mimik, aus der Physiognomie, aus dem Gestus eines Menschen sich in das Innere seiner Seele hineinzuleben, nachdem man sich so am Menschen erzogen hat –, dass man sich dann zu der Pflanzenwelt wendet und an der Pflanzenwelt sich weiter erzieht.

Da wird der hellseherisch geschulte Mensch sehr merkwürdige Erlebnisse haben können. Da wird der hellseherisch geschulte Mensch den Unterschied tief empfinden können zwischen einem Pflanzenblatt, das spitz zuläuft, (Zeichnung, a) und einem Pflanzenblatt, welches diese Form hat (b); zwischen einer Blüte, welche in dieser Weise

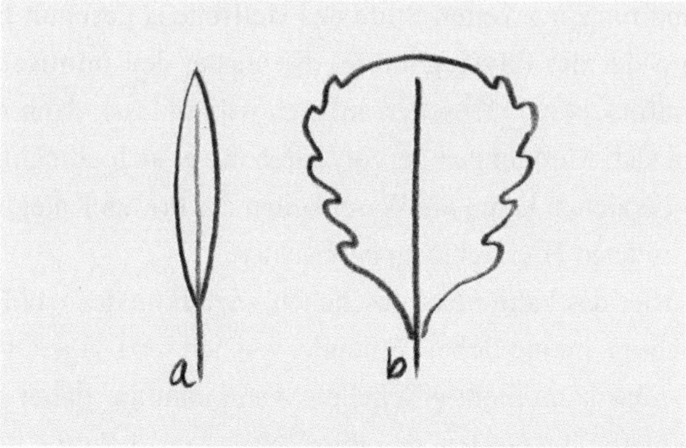

nach aufwärts wächst (c), und einer Blüte, welche etwa so nach außen sich öffnet (d).

Ganze Welten von Unterschieden stellen sich in den inneren Erlebnissen ein, wenn man den okkulten Blick der

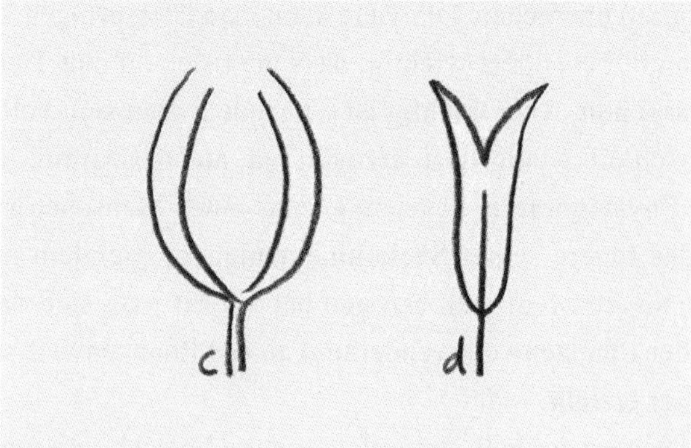

zweiten Stufe nach einer Lilienblüte oder nach einer Tulpenblüte hinwendet, wenn man die Rispe (Blütenstand) eines Hafers oder den Halm der Gerste oder des Weizens auf sich wirken lässt. Alles das wird so lebendig sprechend wie die Physiognomie eines Menschen. Und

- wenn das so lebendig sprechend wird, wie die Physiognomie eines Menschen spricht, sogar wie der Gestus eines Menschen spricht,
- wenn wir empfinden, wie eine Blüte, die nach außen sich öffnet, etwas von einer Hand hat, die sich mit der Innenfläche nach unten, mit der Außenfläche nach oben, auswärts wendet,
- wenn wir wiederum eine Blüte, welche die Blätter nach oben zusammenschließt, wie eine Handbewegung empfinden, wo die zwei Hände sich zusammenfalten –
- wenn wir so in dem Gestus, in der Physiognomie der Pflanzenwelt und in der Farbe der Blüten etwas wie Physiognomik empfinden,

dann beleben sich der okkulte innere Blick, die okkulte Wahrnehmung und das okkulte Verständnis. Und wir erkennen eine dritte Kategorie von Wesenheiten der zweiten Hierarchie, die wir nennen die *Geister der Weisheit* (Kyriotetes).

Dieser Name ist aus dem Grund vergleichsweise gewählt, weil wenn wir einen Menschen in seiner Mimik betrachten, in seiner Physiognomie, in seinen Gesten, wir sein Geistiges, sein «Weisheitsvolles» nach außen sprießen sehen, sich darleben sehen. So fühlen wir, wie geistige Wesenheiten der zweiten Hierarchie alle Natur durchdringen und sich in der Gesamtphysiognomie, in dem Gesamtgestus, in der gesamten *Mimik der Natur* zum Ausdruck bringen.

Flutende Weisheit geht lebensvoll durch alle Wesen, durch alle Reiche der Natur. Und nicht bloß eine allgemeine flutende Weisheit, sondern differenziert ist diese flutende Weisheit in eine Fülle von geistigen Wesenheiten, in die Fülle der Geister der Weisheit. Es ist, wenn das okkulte Bewusstsein sich zu diesen Geistern hinauferhebt, die höchste Stufe der geistigen Wesenheiten, die wir auf diese Art erreichen.

Aber so wie wir sagen konnten, dass die Wesenheiten der dritten Hierarchie – die Engel, Erzengel und Zeitgeister – Nachkommen haben, die sich von ihnen abspalten, so haben auch die Wesenheiten dieser zweiten Hierarchie Nachkommen.

Im Laufe der Zeit spalten sich in ähnlicher Art, wie wir das gestern für die Wesen der dritten Hierarchie beschreiben konnten, von diesen Wesenheiten der zweiten Hierarchie andere ab, die dann von niedrigerer Kategorie werden, die geradeso in die Reiche der Natur heruntergesandt werden wie aus den Wesenheiten der dritten Hierarchie die Naturgeister, die in den Naturreichen die Baumeister und Werkmeister im Kleinen sind.

Die geistigen Wesenheiten, welche da von der zweiten Hierarchie abgespalten werden und sich in die Reiche der Natur heruntersenken, das sind diejenigen Wesenheiten, welche wir im Okkultismus als die *Gruppenseelen der Pflanzen und der Tiere,* als die Gruppenseelen in den einzelnen Wesen bezeichnen.

Sodass auf der zweiten Stufe der okkulte Blick in den Wesen, die zum Pflanzen- und Tierreich gehören, geistige Wesenheiten findet, welche nicht so wie beim Menschen als individuelle Geister in den einzelnen menschlichen Persönlichkeiten sind, sondern Gruppen von Tieren und Pflanzen, die ähnlich gestaltet sind, beseelt von einer gemeinsamen geistigen Wesenheit.

Wir finden die Form der Löwen, die Form der Tiger, andere Formen von gemeinsamen Seelenwesen beseelt. Die gemeinsamen Seelenwesen nennen wir die «Gruppenseelen». Und diese

- *Gruppenseelen* sind abgespaltene Nachkommen der Wesenheiten der zweiten Hierarchie, wie die
- *Naturgeister* Nachkommen der Wesenheiten der dritten Hierarchie sind.

So dringen wir von unten hinauf in die höheren Welten. Wir finden, wenn wir die Elemente überblicken, die für alle Wesenheiten des Pflanzen-, des Tier- und des Menschenreichs wichtig sind, dass in diesen Elementen – im Festen, im Flüssigen, im Gasförmigen – die Naturgeister walten, die da Nachkommen der Wesenheiten der dritten Hierarchie sind.

Wir finden, wenn wir von den Elementen Erde, Wasser, Luft zu dem aufsteigen, was mithilfe dieser Elemente in den Naturreichen lebt, geistige Wesenheiten, Gruppenseelen, die die Wesen dieser Naturreiche belebend durchdringen. Und diese Gruppenseelen sind abgespaltene geistige Wesenheiten derjenigen Wesenheiten, die wir als die der zweiten Hierarchie kennen.

Sie können daraus ersehen, meine lieben° Freunde, dass diese Wesenheiten, die wir als Gruppenseelen bezeichnen, wirklich nur für den okkulten Blick der zweiten Stufe wahrnehmbar sind. Nur für denjenigen okkult entwickelten Menschen, der wie in Fangarmen das Wesen seines eigenen Ätherleibes ausdehnen kann, nur für den ist es möglich, dass er die Wesenheiten der zweiten Hierarchie kennenlernt – und auch die Wesenheiten der Gruppenseelen, die in den verschiedenen Reichen der Natur vorhanden sind.

Noch schwieriger ist das Aufsteigen zu den Wesenheiten der ersten Hierarchie – und zu denjenigen Wesenheiten, welche wiederum in den Naturreichen die Abkömmlinge dieser Wesenheiten der ersten Hierarchie sind.

Davon wollen wir dann morgen sprechen.

Fünfter Vortrag

Throne, Cherubim, Seraphim:
Planeten, Fixsterne, göttliches Leben

Helsinki, 7. April 1912

Meine lieben° Freunde!

Wir sind in unseren Betrachtungen bis zu der sogenannten zweiten Hierarchie der geistigen Wesenheiten gelangt. Und wir haben gestern charakterisiert, wie die menschliche Seele sich verhalten muss, wenn sie in das Wesen der zweiten Hierarchie eindringen will.

Ein noch schwierigerer Weg führt zu einer noch höheren Reihe von geistigen Wesenheiten, zu jenen Wesenheiten, welche der obersten der uns erreichbaren Hierarchien, der *ersten Hierarchie,* angehören.

Es ist hervorgehoben worden, dass durch eine besondere Steigerung jener Erlebnisse, die wir schon im gewöhnlichen Leben in dem Mitleid und der Liebe haben, dadurch, dass diese Erlebnisse bis zum okkulten Pfad gesteigert werden, man dahin gelangt, das eigene Wesen gleichsam aus sich herauszuergießen und in die Wesenheiten unterzutauchen, die man betrachten will.

Beachten Sie wohl, meine lieben Freunde, dass das Charakteristische dieses Untertauchens darin besteht, dass wir unser eigenes Wesen wie in Fangarmen ausstrecken und in die fremde Wesenheit hineinergießen. Dabei bleiben wir aber immer noch neben den fremden Wesenheiten in unserem Bewusstsein, in unserem Innenleben bestehen. Das ist das Charakteristische der zweiten Stufe der Hellsichtigkeit, von der gesprochen worden ist.

Wir wissen auf dieser zweiten Stufe der Hellsichtigkeit in jedem Augenblick, in dem wir uns mit den anderen Wesenheiten eins wissen, dass wir auch noch da sind, dass wir neben den anderen Wesen da sind. Auch dieser letzte Rest von egoistischem Erleben muss aufhören, wenn die *dritte Stufe der Hellsichtigkeit* erstiegen werden soll. Da müssen wir ganz die Empfindung verlieren, als ob wir an irgendeinem Punkt der Welt als besonderes Wesen vorhanden wären.

Wir müssen dahin kommen, dass wir uns nicht nur in die fremden Wesenheiten ausgießen und daneben mit unserem eigenen Erleben stehen, sondern wir müssen die fremden Wesenheiten eigentlich als unser Selbst empfinden, müssen ganz aus uns herausgehen und das Gefühl verlieren, dass wir neben den fremden Wesenheiten stehen.

Wenn wir dann so in die fremden Wesenheiten untertauchen, dann kommen wir dazu, uns selbst, wie wir vorher waren, wie wir im gewöhnlichen Leben sind, als fremde Wesenheit anzuschauen.

Sagen wir zum Beispiel, wir tauchen auf der dritten Stufe der Hellsichtigkeit in irgendein Wesen der Naturreiche unter. Dann schauen wir nicht von uns aus auf dieses Wesen, wir tauchen nicht bloß wie auf der zweiten Stufe der Hellsichtigkeit unter, sondern *wir wissen uns eins* mit diesem Wesen und schauen von diesem Wesen auf uns selbst zurück.

Wie wir sonst das fremde Wesen außer uns anschauen, so schauen wir jetzt auf der dritten Stufe der Hellsichtigkeit von dem fremden Wesen aus uns selbst als ein fremdes Wesen an. Das ist der Unterschied zwischen der dritten und der zweiten Stufe.

Erst wenn diese dritte Stufe erreicht ist, kommen wir dahin, außer den schon charakterisierten Wesenheiten der dritten und der zweiten Hierarchie noch andere Wesenheiten in unserer geistigen Umgebung wahrzunehmen – die der *ersten Hierarchie*. Die geistigen Wesenheiten, die wir dann wahrnehmen, gehören wiederum drei Kategorien an.

Die erste Kategorie nehmen wir vorzugsweise wahr, wenn wir so, wie es jetzt geschildert worden ist, in das Wesen anderer Menschen oder höherer Tiere untertauchen und uns dadurch erziehen. Nicht was wir in anderen Menschen oder in höheren Tieren wahrnehmen, ist das Wesentliche, sondern dass wir uns dadurch erziehen und hinter Menschen und Tieren die Geister wahrnehmen, welche der einen Kategorie der ersten Hierarchie angehören, die *Geister des Willens* oder, wie die abendländische Esoterik sagt, die *Throne*.

Wir nehmen da Wesenheiten wahr, die wir nicht anders charakterisieren können, als indem wir sagen: Sie bestehen nicht aus Fleisch und Blut, auch nicht aus Licht oder Luft, sondern sie bestehen aus dem, was wir nur in uns selbst wahrnehmen können, wenn wir uns bewusst werden, dass wir einen Willen haben. Sie bestehen in Bezug auf ihre niedrigste Substanz nur aus Wille.

Dann, wenn wir uns dadurch erziehen, dass wir auf die geschilderte Weise nun auch in niedrigere Tiere untertauchen und deren Leben mit dem okkulten Blick ins Auge fassen, oder auch wenn wir in das Pflanzenleben untertauchen, aber es nicht bloß so betrachten, wie wir das schon gestern charakterisiert haben – durch die Geste, durch die Mimik –, sondern wenn wir mit den Pflanzen eins werden und von den Pflanzen aus uns selbst anschauen, ja, dann werden wir zu einer Erfahrung, zu einem Erlebnis gebracht, für das es eigentlich innerhalb der Welt, die wir sonst haben, keinen rechten Vergleich mehr gibt.

Wir gewinnen höchstens einen Vergleich für die Eigenschaften jener Wesenheiten, zu denen wir uns da als den Wesenheiten der zweiten Kategorie der ersten Hierarchie aufschwingen, wir gewinnen eine Möglichkeit, sie zu charakterisieren, wenn wir so recht auf unser Gemüt dasjenige wirken lassen, wozu es ernste, würdige Menschen gebracht haben, welche viele Schritte ihres Lebens dazu verwendet haben, Weisheit in sich anzusammeln, welche nach vielen Jahren reichen Erlebens so viel Weisheit angesammelt haben, dass wir uns sagen: Wenn solche Menschen ein Urteil aussprechen, so spricht nicht ein persönlicher Wille zu uns, sondern es spricht das Leben zu uns, das durch Jahre, durch Jahrzehnte in diesen Menschen sich angehäuft hat und durch das sie in einer gewissen Weise unpersönlich geworden sind.

Menschen, welche auf uns einen solchen Eindruck machen, dass ihre Weisheit unpersönlich wirkt, dass ihre Weisheit wie die Blüte und Frucht eines reifen Lebens erscheint, die rufen in uns ein wenn auch nur ahnendes Empfinden von dem hervor, was aus unserer geistigen Umgebung auf uns wirkt, wenn wir zu jener Stufe des Hellsehens emporrücken, von der hier jetzt die Rede sein muss.

Man nennt diese Kategorie in der abendländischen Esoterik die *Cherubim*. Es ist außerordentlich schwierig, die Wesenheiten dieser höheren Kategorien zu charakterisieren, denn je weiter wir hinaufsteigen, desto unmöglicher wird es, Eigenschaften des gewöhnlichen Lebens heranzuziehen, um eine Charakteristik von der Höhe, Größe und Erhabenheit der Wesenheiten dieser Hierarchien zu erwecken.

Die Geister des Willens, also die niederste Kategorie der ersten Hierarchie, können wir noch dadurch charakterisieren, dass wir sagen: Wir machen uns klar, was Wille ist, denn Wille ist die niederste Substanz, aus der sie bestehen.

Aber es wäre unmöglich, wenn wir nur auf den Willen, wie er uns beim Menschen oder bei den Tieren im normalen Leben entgegentritt, wenn wir nur auf die gewöhnlichen Gefühle und Gedanken des Menschen sehen würden – es wäre unmöglich mit dem, was dem gewöhnlichen menschlichen Denken, Fühlen und Wollen entnommen ist, die Wesenheiten der zweiten Kategorie der ersten Hierarchie zu charakterisieren.

Da müssen wir schon zu besonderen Menschen des Lebens gehen, die in der charakterisierten Weise in ihrer Seele eine überwältigende Macht der Weisheit aufgehäuft haben. Wenn wir diese Weisheit fühlen, dann fühlen wir ähnlich, wie der Okkultist fühlt, wenn er den Wesenheiten, die wir Cherubim nennen, gegenübersteht.

Solche Weisheit, die nun nicht wie die Weisheit hervorragender Menschen in Jahrzehnten gesammelt ist, sondern solche Weisheit, die in Jahrtausenden, in Jahrmillionen des Weltwerdens gesammelt ist, die strömt uns in erhabener Macht aus den Wesenheiten entgegen, die wir Cherubim nennen.

Und noch schwieriger zu charakterisieren sind diejeni- 9.
gen Wesenheiten, die die höchste Kategorie der ersten Hierarchie ausmachen und die man *Seraphim* nennt.

Es würde nur möglich sein, sich eine Vorstellung von dem Eindruck zu verschaffen, welche auf den okkulten Blick die Seraphim machen, wenn wir etwa folgenden Vergleich aus dem Leben nehmen würden. Wir setzen den Vergleich fort, den wir eben gebraucht haben.

Wir betrachten einen Menschen, der durch Jahrzehnte Erlebnisse aufgehäuft hat, die ihn zu überwältigender Weisheit gebracht haben, und wir stellen uns vor, dass ein solcher weiser Mensch, aus dem unpersönlichste Lebensweisheit spricht, dass der aus seiner unpersönlichsten Lebensweisheit heraus wie mit innerem Feuer sein ganzes Wesen durchdringt – derart, dass er uns nichts zu sagen braucht, sondern sich nur vor uns hinzustellen braucht und das, was Jahrzehnte ihm an Lebensweisheit gegeben haben, in seinen Blick hineinlegt, sodass der Blick uns Leiden und Erfahrungen von Jahrzehnten erzählen kann und wir aus dem Blick den Eindruck haben können, dass dieser Blick wie die Welt selber spricht, die wir erleben.

Wenn wir uns einen solchen Blick vorstellen, oder wenn wir uns vorstellen, dass ein solcher weiser Mensch dahin gekommen ist, uns nicht nur Worte zu sagen, sondern in dem Klang und in der eigentümlichen Färbung seiner Worte den Abdruck von reichen Lebenserfahrungen zu geben, sodass wir in dem, was er sagt, etwas wie einen Unterton hören, weil er es mit einem gewissen «Wie» ausstattet und wir aus diesem Wie eine Welt von Lebenserfahrungen vernehmen – dann bekommen wir wiederum ein Gefühl, wie es der Okkultist hat, wenn er zu den Seraphim aufsteigt.

Wie ein Blick, der am Leben herangereift ist und wie Jahrzehnte von Erfahrung spricht, oder wie ein Satz, der so ausgesprochen wird, dass wir nicht bloß die Gedanken hören, sondern dass wir hören: Der Satz ist, indem er mit einem solchen Klang ausgesprochen wird, in Schmerzen, in Erfahrungen des Lebens errungen, er ist keine Theorie, er ist erkämpft, er ist erlitten, er ist durch Lebensschlachten und Siege in das Herz gegangen. Wenn wir all das durch einen Unterton hören, dann bekommen wir einen Begriff von dem Eindruck°, welchen der geschulte Okkultist bekommt, wenn er sich zu den Wesenheiten hinaufschwingt, die wir Seraphim nennen.

Wir konnten, meine lieben Freunde, die Wesenheiten der dritten Hierarchie charakterisieren, indem wir sagten: Was bei dem Menschen Wahrnehmung ist, das ist bei ihnen Offenbarung ihres Selbstes; was bei dem Menschen Innenleben, waches Bewusstsein ist, das ist bei ihnen Geisterfüllung.

Wir konnten die Wesenheiten der zweiten Hierarchie charakterisieren, indem wir sagten: Dasjenige, was bei den Wesenheiten der dritten Hierarchie Offenbarung ihres Selbstes ist, ist bei ihnen Selbstverwirklichung, Selbsterschaffen, Abdrückeprägen von ihrem eigenen Wesen; und was bei den Wesenheiten der dritten Hierarchie Geisterfüllung ist, das ist bei ihnen Lebenserregung, sodass in dem Absondern, in dem Selbstobjektivieren innere Lebenserregung entsteht.

Was bei den Wesenheiten der zweiten Hierarchie Selbsterschaffen ist, das tritt uns auch noch bei den Wesenheiten der ersten Hierarchie entgegen, wenn wir sie mit dem okkulten Blick betrachten – aber es ist ein Unterschied.

Der Unterschied besteht darin, dass das, was die Wesenheiten der zweiten Hierarchie objektivieren, was sie aus sich heraus schaffen, so lange vorhanden bleibt, als diese Wesenheiten mit dem Geschaffenen verbunden bleiben. Also wohlgemerkt: Diese Wesenheiten der zweiten Hierarchie können so etwas wie ein Abbild von sich schaffen, das aber mit ihnen verbunden bleibt. Es kann sich nicht von ihnen trennen, es bleibt in einer gewissen Weise mit ihnen verbunden.

Bei den Wesenheiten der ersten Hierarchie, da ist es auch so, dass sie sich selbst objektivieren, dass sie ihr eigenes Wesen wie in einer Haut abprägen, absondern – in einer Schale, die ein Abdruck ihres eigenen Wesens ist. Aber das sondert sich jetzt von ihnen ab und bleibt in der Welt vorhanden, auch wenn sie sich davon trennen. Sie tragen also ihre Schöpfung nicht mit sich herum, sondern *ihre Schöpfung bleibt,* auch wenn sie von ihr weggehen. Dadurch ist ein höherer Grad von Objektivität erreicht als durch die zweite Hierarchie.

Wo die Wesen der zweiten Hierarchie schaffen, da müssen sie, damit ihr Geschaffenes nicht zugrunde gehe, bei dem Geschaffenen bleiben. Das Geschaffene würde tot sein und zerfallen, wenn sie nicht selber damit verbunden blieben. Es hat eine selbstständige, objektive Wesenheit, aber nur so lange, als ihr Wesen damit verbunden bleibt. Dasjenige, was aus den Wesenheiten der ersten Hierarchie heraus abgesondert wird, davon können diese Wesenheiten der ersten Hierarchie weggehen, und es bleibt dennoch als etwas Selbstständiges, Objektives vorhanden.

- Bei der *dritten Hierarchie* haben wir Offenbarung und Geisterfüllung;
- bei der *zweiten Hierarchie* haben wir Selbsterschaffen und Lebenserregung;
- bei der *ersten Hierarchie,* die aus den Thronen, Cherubim und Seraphim besteht, da haben wir ein solches Schaffen, dass das Geschaffene abgesondert wird, da haben wir statt des Selbstschaffens *Weltschaffen.*

Eine abgesonderte Welt wird das, was aus den Wesenheiten der ersten Hierarchie hervorgeht, eine solche selbstständige Welt, die Erscheinungen, Tatsachen zeigt, auch wenn die Wesenheiten nicht mehr dabei sind.

Wir können uns jetzt fragen: Und wie ist denn das eigene Leben dieser ersten Hierarchie? Das eigene Leben der Wesenheiten der ersten Hierarchie ist so, dass es sich selber wahrnimmt, indem es solche objektiven, selbstständigen, sich absondernden Wesen aus sich hervorgehen lässt. Im Schaffen, im Selbstständigmachen von Wesenheiten liegt für diese Wesenheiten der ersten Hierarchie ihr innerer Bewusstseinszustand, ihr inneres Erleben.

Wir können sagen: Sie schauen hin auf das, was sie schaffen und was «Welt» wird. Und nicht indem sie in sich hinein-, sondern indem sie auf die Welt hinausschauen, auf ihre Geschöpfe, haben sie sich. *Wesenschaffen,* das ist ihr Innenleben: Andere Wesen schaffen, in anderen Wesen leben, das ist das innere Erleben dieser Wesenheiten der ersten Hierarchie.

Weltschaffen ist ihr Außenleben, Wesenschaffen ihr Innenleben.

1. HIERARCHIE:	Weltschaffen	Wesenschaffen
2. HIERARCHIE:	Selbsterschaffen	Lebenserregung
3. HIERARCHIE:	Offenbarung	Geisterfüllung
MENSCH:	Wahrnehmung	Innenleben

Wir haben nun im Laufe dieser Tage darauf aufmerksam gemacht, wie die verschiedenen Wesenheiten der einzelnen Hierarchien Nachkommen, sich abspaltende Wesenheiten haben, die sie in die Reiche der Natur hinunterschicken.

Wir haben gelernt, dass die Nachkommen der dritten Hierarchie die Naturgeister sind, dass die Nachkommen der zweiten Hierarchie die Gruppenseelen sind. Auch die Wesenheiten der ersten Hierarchie haben solche sich abspaltenden Nachkommen, und im Grunde genommen habe ich Ihnen bereits von einer anderen Seite her diese Wesenheiten beschrieben, welche die Nachkommen der ersten Hierarchie sind.

Ich habe es Ihnen in den allerersten Betrachtungen beschrieben, als wir zu den sogenannten *Geistern der Umlaufzeiten* aufgestiegen sind, zu denjenigen Geistern, welche anordnen und dirigieren, was in den Naturreichen in rhythmischer Folge und Wiederholung geschieht.

Die Wesenheiten der ersten Hierarchie spalten von sich diejenigen Wesenheiten ab, die den Wechsel von Winter und Sommer anordnen, sodass die Pflanzen sprießen und wiederum verwelken, die jene rhythmische Folge anordnen, wodurch zum Beispiel die Angehörigen einer gewissen tierischen Art eine bestimmte Lebenszeit haben, innerhalb welcher sie sich von der Geburt bis zum Tod entwickeln.

Aber auch alles, was in den Naturreichen sich rhythmisch wiederholend folgt, wie Tag und Nacht, wie Jahreswechsel, wie die vier Jahreszeiten, alles, was so rhythmisch folgt, alles, was auf sich wiederholendem Geschehen beruht, das wird von den Geistern der Umlaufzeiten geregelt, von den Nachkommen der Wesenheiten der ersten Hierarchie.

Man kann diese Geister der Umlaufzeiten von der einen Seite charakterisieren, wie wir das vor einigen Tagen gemacht haben, und man kann sie ihrer «Abstammung» nach charakterisieren, wie wir das heute tun. So können wir zu-

ENGELHIERARCHIEN	IHRE «NACHKOMMEN» in der Natur
Erste Hierarchie (Throne, Cherubim und Seraphim)	«Geister der Umlaufzeiten» (Befehlshaber der Naturgeister und der Gruppenseelen) *Ich oder Geist der Erde* (andere Perspektive, S. 63)
Zweite Hierarchie (Geister der Form, der Bewegung und der Weisheit)	Gruppen-Seelen oder -Iche (von Pflanzen und Tieren) *Astralleib oder Seele der Erde*
Dritte Hierarchie (Engel, Erzengel und Zeitgeister)	Naturgeister (Geister der Elemente) *Ätherleib oder Leben der Erde*

sammenfassend das Wesen dieser drei Hierarchien wie folgt darstellen (s. Tabelle).

Wenn wir nun in der mir gestellten Aufgabe weiterschreiten wollen, da müssen wir uns mit Vorstellungen bekannt machen, zu denen sich der geschulte Blick des Okkultisten allmählich erhebt und die für den Anfang, wenn man zuerst mit ihnen bekannt wird, etwas schwierig sind. Aber wir werden sie heute schon vor unsere Seele hinstellen, diese Vorstellungen und Ideen.

Und indem wir das tun, bekommen wir die Möglichkeit, uns in den nächsten Vorträgen, wo uns das ganze Leben und die ganze Wesenheit der Naturreiche und der Himmelskörper vor Augen treten soll, immer mehr und mehr in die Art und Weise hineinzugewöhnen, wie die charakterisierten Wesenheiten mit den Naturreichen und mit den Himmelskörpern zusammenhängen. So werden wir immer bestimmtere Vorstellungen nach dieser Richtung hin erhalten können.

Wenn wir vom Menschen sprechen, dann sprechen wir so, dass wir diesen Menschen charakterisieren, wie er sich dem okkulten Blick darbietet. Sie können das ja in geisteswissenschaftlichen° Schriften verfolgen, zum Beispiel in meiner *Theosophie* und in meiner *Geheimwissenschaft*.

Wenn wir den Menschen mit dem okkulten Blick betrachten, so sagen wir: Dasjenige, was zunächst das äußerste, für Augen und Sinne überhaupt Wahrnehmbare am Menschen ist, das ist sein physischer Leib. Also den physischen Leib des Menschen betrachten wir als das erste menschliche Glied. Als das zweite menschliche Glied betrachten wir dann schon etwas Übersinnliches, schon etwas für das normale Bewusstsein Unsichtbares: den ätherischen Leib. Als drittes Glied betrachten wir den astralischen Leib.

Wenn wir diese drei Glieder haben, dann haben wir ungefähr die Hüllennatur des Menschen. Wir kommen dann zu noch höheren Gliedern, die sind dann seelenartiger Natur. Die nimmt man im gewöhnlichen Leben als inneres Seelenleben wahr. Und ebenso wie wir von einer dreifachen äußeren Hülle sprechen, so können wir von einer dreifachen Seele sprechen: von der Empfindungsseele, der Verstandes- oder Gemütsseele und der Bewusstseinsseele.

Diese Glieder der menschlichen Natur, von dem physischen Leib bis zur Bewusstseinsseele herauf, sind im Grunde genommen heute bei jedem Menschen schon vorhanden.

Dazu kommt noch ein Hereinleuchten des nächsten Gliedes, das wir als «Geistselbst» bezeichnen, oder wie vielleicht viele von Ihnen gewohnt sind, es zu nennen, Manas. Dann haben wir das nächste Glied, das eigentlich erst in der Zukunft für den Menschen im rechten Maße ausgebildet werden wird: Wir nennen das den «Lebensgeist» oder Buddhi. Und dann haben wir das, was wir als den eigentlichen «Geistesmenschen» oder Atma bezeichnen, was zwar die innerste menschliche Natur ist, was aber im Menschen für sein Bewusstsein heute noch schlummert und erst in zukünftigen Erdentagen innerhalb des Bewusstseins als der eigentliche Mittelpunkt des Bewusstseins aufleuchten wird.

Diese Glieder der menschlichen Natur sind so, dass wir von ihnen als Einheiten sprechen. In einer gewissen Weise haben wir in dem physischen Leib des Menschen eine Einheit, in dem ätherischen Leib des Menschen eine Einheit und so in den anderen Gliedern der menschlichen Natur. Der ganze Mensch ist eine Einheit, die aus der Zusammenfügung und dem Ineinanderwirken dieser verschiedenen Glieder besteht.

Sie müssen sich nun vorstellen, wenn wir in unseren Betrachtungen weiterkommen wollen, dass es über dem Menschen stehende Wesenheiten gibt, welche über die menschliche Natur so erhaben sind, dass sie nicht aus Gliedern bestehen, die wir bezeichnen können als physischen Leib, Ätherleib und so weiter, sondern dass *die Glieder dieser Wesenheiten selbst wiederum Wesenheiten sind.*

Während der Mensch also zu seinen einzelnen Gliedern das hat, was wir nicht als Wesenheiten, sondern eben nur als einheitliche Glieder ansehen können, müssen wir zu solchen Wesenheiten aufsteigen, die als ihren untersten Teil nicht einen physischen Leib haben, sondern welche ebenso, wie der Mensch seinen physischen Leib als einen Teil hat, zu ihrem Teil etwas haben, was wir jetzt in unseren Betrachtungen die Geister der Form genannt haben.

Wenn wir sagen: Es gibt eine Wesenheit höherer Kategorie, welche zu ihrem Glied nicht wie der Mensch einen physischen Leib, sondern eine Wesenheit selbst hat, einen Geist der Form, dann bekommen wir eine Vorstellung von einer Wesenheit, die wir bisher noch nicht charakterisiert haben, die wir aber jetzt charakterisieren wollen.

Wollen wir sie charakterisieren, so müssen wir uns schon derjenigen Vorstellungen bedienen, zu denen wir uns im Laufe unserer Betrachtungen aufgeschwungen haben. Ich sagte schon: Es ist schwierig, zu diesen Vorstellungen zu kommen. Aber Sie werden durch eine Analogie, meine lieben Freunde, sich zu solchen Vorstellungen erheben können, wie wir sie hier brauchen.

Betrachten Sie einen Bienenstock oder einen Ameisenhaufen und nehmen Sie die einzelnen Wesen, die einzelnen Bienen des Bienenstocks, und seien Sie sich klar darüber, dass der Bienenstock einen realen Gesamtgeist hat, eine reale Gesamtwesenheit, und dass er in den einzelnen Bienen seine Teile hat, wie Sie in Ihren einzelnen Gliedern Ihre Teile haben.

Da haben Sie eine Analogie für noch höhere Wesenheiten als diejenigen sind, die wir bisher betrachtet haben, die zu ihrem Glied nicht so etwas haben, was wir nur als physischen Leib wie beim Menschen bezeichnen, sondern was wir als eine Wesenheit selbst bezeichnen müssen, als einen Geist der Form.

- Wie wir in unserem *physischen Leib* leben, so leben Wesenheiten von hoher Erhabenheit so, dass sie die *Geister der Form,* oder einen Geist der Form meinetwillen, zu ihrem untersten Glied haben;
- statt wie wir Menschen den *ätherischen Leib,* haben diese Wesenheiten als zweites Glied *Geister der Bewegung;*
- statt wie wir Menschen den *astralischen Leib,* haben diese Wesenheiten *Geister der Weisheit;*
- statt wie wir Menschen eine *Empfindungsseele,* haben diese Wesenheiten als ihr viertes Glied *Throne* oder Geister des Willens;
- statt wie wir eine *Verstandesseele,* haben diese Wesenheiten als fünftes Glied *Cherubim;*
- und als sechstes haben sie, wie wir die *Bewusstseinsseele* haben, *Seraphim.*

Und wie wir zu demjenigen hinaufschauen, was wir uns erst allmählich in zukünftigen Erdentagen aneignen, so schauen diese Wesenheiten hinauf zu dem, was die Wesen der Hierarchien überragt. Wie wir von unserem Geistselbst, Lebensgeist und Geistesmenschen – oder Manas, Buddhi und Atma – sprechen, so schaut aus seinem seraphischen Glied, wie wir aus unserer Bewusstseinsseele, diese Wesenheit hinauf zu einer Urgeistigkeit. Da erst haben diese Wesenheiten dann etwas dem Analoges, was wir unser geistiges Innenleben nennen.

Es ist außerordentlich schwierig, von dem, was da oben über den Hierarchien als die geistige Wesenheit höchster Geister selbst vorhanden ist, Vorstellungen zu erwecken. Im Laufe der Menschheitsevolution haben es daher die verschiedenen Religionen und Weltanschauungen mit einer gewissen ehrfürchtigen Vorsicht auch unterlassen, in deutlichen, an die Sinnenwelt erinnernden Vorstellungen von dem zu sprechen, was da oben über den Hierarchien noch vorhanden ist.

Mussten wir schon, um eine Vorstellung hervorzurufen, wie sie in der Seele des Okkultisten lebt, wenn er auf die Seraphim blickt, zu solchen Mitteln greifen, die uns nur in Analogien bei Menschen mit reicher Lebenserfahrung entgegentreten, so reicht auch alles das nicht mehr aus, was selbst bei solchen Menschen uns als eine Äußerung ihres Lebens entgegentritt, um *die Dreiheit* (die Trinität) zu charakterisieren, die gleichsam über den Seraphim als ihr höchstes Wesen – als ihr Manas, Buddhi und Atma – erscheint°.

Im Laufe der Menschheitsevolution ist über die vorsichtigen Ahnungen, mit denen der Menschengeist von dem, was da oben in den geistigen Regionen ist, gesprochen hat, leider viel gestritten worden. «Leider», darf man sagen, weil es dem Menschengeist viel angemessener wäre, nicht mit Vorstellungen, die er sich aus dem gewöhnlichen Leben gezimmert hat, durch allerlei Analogien und Vergleiche, Wesenheiten von so hoher Gattung charakterisieren zu wollen.

Viel geziemender wäre es für den Menschen, in tiefer Ehrfurcht immer mehr und mehr lernen zu wollen, um annähernde Vorstellungen von dem zu bekommen, was da oben ist. Annähernde Vorstellungen versuchten die Religionen und Weltanschauungen von dem, was da oben ist, zu geben, indem sie vieldeutige, vielsagende Begriffe heranzogen, Begriffe, welche gewissermaßen dadurch etwas Besonderes gewinnen, dass sie schon in der äußeren Sinnenwelt über das Leben des einzelnen Menschen hinausgehen.

Mit solchen Begriffen kann man natürlich das erhabene Wesen, um was es sich hier handelt, nicht einmal annähernd charakterisieren. Aber man kann gewissermaßen eine Vorstellung von dem hervorrufen, was man *nicht* zu sagen vermag, sondern was in ein heiliges Geheimnis, in ein heiliges Mysterium sich hüllen soll. Denn nicht sollte man mit menschlichen Verstandesbegriffen, die an der Außenwelt gewonnen sind, so ohne Weiteres an diese Dinge herankommen.

Daher versuchte man in den aufeinanderfolgenden Religionen und Weltanschauungen dadurch annähernd, ahnungsvoll diese Dinge zu charakterisieren, dass man zur Charakterisierung oder zur Namensgebung das heranzog, was über den Menschen hinausragt und schon in der Natur mysteriös ist.

Die alten Ägypter haben zur Namensgebung die Begriffe von Kind oder Sohn, Mutter und Vater herangezogen, also das, was über den einzelnen Menschen hinausragt. Das Christentum hat versucht, in der Aufeinanderfolge von Heiligem Geist, Sohn und Vater für diese Dreiheit eine Namensgebung zu finden. Sodass wir sagen können: Wir würden an die siebte Stelle den Heiligen Geist zu setzen haben, an die achte den Sohn und an die neunte den Vater.

Wenn wir ein Wesen, zu dem wir hinaufschauen und dessen oberster Inhalt uns wie in ein heiliges Mysterium entschwindet und zu dem wir andachtsvoll sagen: *Geist, Sohn und Vater* – wenn wir ein solches Wesen mit dem okkulten Blick betrachten, so sagen wir uns: Wie wir uns zum Menschen verhalten, indem wir ihn äußerlich anschauen, wie wir seinen physischen Leib als sein unterstes Glied betrachten, so haben wir bei einem solchen Wesen, wenn wir es so betrachten, dass diese Betrachtung der Menschenbetrachtung analog ist, den Geist der Form vor uns, das heißt einen Geist, der sich eine Form gibt, einen geformten Geist. Wir müssten also auf dasjenige hinschauen können, was von diesen Wesenheiten analog, ähnlich ist dem physischen Leib des Menschen, auf etwas Geformtes.

Wie wir im physischen Leib des Menschen etwas Geformtes als sein unterstes Glied haben und wie in diesem Geformten, das so wie es uns entgegentritt in Wahrheit eine Maja ist, dasjenige lebt, was Geist der Form ist, so ist das, was uns erscheint, wenn wir den Blick in den Weltraum hinausrichten und dort einen *Planeten* erblicken – Merkur, Venus, Mars, Jupiter und so weiter –, die äußere Form eines Geistes der Form, das, was zu diesem Wesen, von dem wir jetzt gesprochen haben, so gehört, wie der physische Leib des Menschen zu dem Menschen gehört.

Wenn ein Mensch vor uns steht, dann drückt uns diese Form aus, was als höhere Glieder – als ätherischer Leib, astralischer Leib, Empfindungsseele und so weiter – in diesem Menschen lebt. Wenn wir einen Planeten sehen, drückt diese Form das aus, was die Geister der Form machen. Und wie hinter der menschlichen Form, hinter dem physischen Leib, der ätherische Leib, der astralische Leib, die Empfindungsseele und so weiter sind, so ist hinter dem Planeten als zu ihm gehörig dasjenige, was wir als Geister der Bewegung, der Weisheit, des Willens, Seraphim und Cherubim ansprechen.

Wenn wir uns also im Sinne der Geisteswissenschaft das *vollständige Wesen eines Planeten* vorhalten wollen, dann müssen wir sagen: Uns begegnet im Weltraum für unsere Wahrnehmung der Planet, indem er uns sein Physisches, das der Geist der Form ihm gegeben hat, entgegenleuchtet. Und wie der Mensch seine höheren Glieder dem physischen Blick verbirgt, so verbirgt der Planet dasjenige, was als Wesenheiten der höheren Hierarchien in ihm und um ihn waltet.

Wir stellen uns also einen solchen Planeten wie den Mars oder den Merkur richtig vor, wenn wir ihn uns zunächst seiner physischen Form nach vorstellen und ihn umgeben und durchdrungen denken von einer geistigen Atmosphäre, die ins Endlose ausgreift, die in dem physischen Planeten eben ihre physische Form, die Schöpfung der Geister der Form hat und die in ihrem geistigen Umkreis die Wesenheiten der anderen Hierarchien hat.

Dann erst haben wir den vollständigen Planeten, wenn wir ihn so betrachten, dass er in der Mitte das Physische als einen Kern hat und um ihn herum geistige Umhüllungen, die aus den Wesenheiten der Hierarchien bestehen.

Es soll das in den nächsten Vorträgen noch eingehender betrachtet werden. Damit wir aber heute schon die Richtung unserer Betrachtung andeuten können, sei noch Folgendes gesagt – zunächst als Mitteilung, wie es die okkulte Forschung ergibt.

Wir haben schon angedeutet: Wenn wir das, was physische Planetenform ist, betrachten, so ist das ein Geschöpf des Geistes der Form. Auch die Form unserer *Erde* ist Geschöpf eines Geistes der Form. Nun aber wissen Sie von unserer Erde, dass sie kein in sich Ruhendes ist, dass diese Erde einer fortdauernden inneren Veränderung und Beweglichkeit unterliegt.

Sie alle werden sich aus den Schilderungen der Akasha-Chronik erinnern, dass das äußere Antlitz unserer Erde heute anders aussieht, als es zum Beispiel während der Periode der Erdentwicklung ausgesehen hat, die wir als die atlantische Zeit bezeichnen. In dieser uralten atlantischen Zeit, da war die Fläche unseres Erdballs, welche heute vom Atlantischen Ozean überflutet ist, mit einem mächtigen Kontinent bedeckt, während an der Stelle, wo heute Europa, Asien und Afrika sind, kaum erst Kontinente sich bildeten.

So hat sich durch innere Beweglichkeit die Masse, die Substanz der Erde umgesetzt. Der Planet ist in einer fortwährenden inneren Beweglichkeit. Bedenken Sie nur, dass zum Beispiel das, was heute als die Insel Helgoland bekannt ist, nur ein kleiner Teil dessen ist, was noch im 9., 10. Jahrhundert von dieser Insel Helgoland ins Meer hinausragte.

Wenn auch die Zeiten, in denen Umlagerungen, innere Veränderungen des Antlitzes der Erde stattfinden, verhältnismäßig groß sind, kann jeder, ohne viel auf diese Dinge einzugehen, sich sagen: Der Planet ist in einer fortwährenden inneren Beweglichkeit.

Und gar, wenn der Mensch zum Planeten nicht nur das Feste der Erde rechnet, sondern auch Wasser und Luft, dann lehrt ja das alltägliche Leben, dass der Planet in innerer Beweglichkeit ist. In Wolkenbildung, in Regenbildung, in all den Witterungserscheinungen, im auf- und absteigenden Wasser, in alldem zeigt die planetarische Substanz innere Beweglichkeit. Das ist das Leben eines Planeten.

Innerhalb dieses Lebens des Planeten wirkt wie im Leben des einzelnen Menschen der Ätherleib, dasjenige, was wir bezeichnen als die Geister der Bewegung. Sodass wir sagen können:

- Die *äußere Gestalt* des Planeten hat die *Geister der Form* als Schöpfer.
- Die *innere Lebendigkeit* des Planeten wird durch die Wesenheiten geregelt, die wir die *Geister der Bewegung* nennen.

Nun ist aber ein solcher Planet für den Okkultisten durchaus eine wirkliche Wesenheit, eine Wesenheit, welche das, was in ihr vorgeht, nach Gedanken regelt. Nicht nur, dass innere Lebendigkeit, wie sie eben geschildert worden ist, im Planeten vorhanden ist, sondern *auch Bewusstsein hat der Planet* als ganzer Planet, denn er ist ja eine Wesenheit. Und dieses Bewusstsein, welches dem menschlichen Bewusstsein entspricht – insofern es die niedere Bewusstseinsform, das Unterbewusstsein im astralischen Leib ist –, das wird beim Planeten durch die Geister der Weisheit geregelt. Sodass wir sagen können: Das niedere Bewusstsein des Planeten wird durch die Geister der Weisheit geregelt.

Wenn wir so den Planeten charakterisieren, dann bleiben wir noch immer innerhalb des Planeten. Wir schauen hinauf zum Planeten und sagen uns: Er hat eine gewisse Form, das entspricht den Geistern der Form; er hat eine innere Beweglichkeit, das entspricht den Geistern der Bewegung.

- Das alles ist von *Bewusstsein* durchdrungen, das entspricht den *Geistern der Weisheit.*

Aber nun verfolgen wir den Planeten weiter: Er geht durch den Raum, er hat einen inneren Impuls, der ihn durch den Raum treibt, wie der Mensch einen inneren Willensimpuls hat, der ihn treibt, seine Schritte zu machen, durch den Raum zu gehen. Das, was den Planeten durch den Raum führt, was seine Bewegung im Raum regelt, was da macht, dass er sich zum Beispiel um den Fixstern bewegt, das entspricht den Geistern des Willens: Sie geben dem Planeten den Impuls, durch den Raum hinzufliegen. Also:

- Die *Bewegung* des Planeten *im Raum* entspricht den *Geistern des Willens* oder den Thronen.

Wenn nun diese Geister des Willens dem Planeten nur ihre Bewegungsimpulse geben würden, so würde jeder Planet in der Welt seine eigenen Wege gehen. Das ist aber nicht der Fall, sondern ein jeder Planet richtet sich nach dem ganzen

System. Es wird die Bewegung nicht nur so geregelt, dass der Planet sich bewegt, sondern es wird Ordnung in das ganze planetarische System hineingebracht. Wie Ordnung hineingebracht wird, wenn eine Gruppe von Menschen, von denen vorher der eine dahin, der andere dorthin ging, einem gemeinsamen Ziel zuzustreben beginnt, so werden die Bewegungen der Planeten so geordnet, dass sie zusammenstimmen.

Dieses Zusammenstimmen der Bewegungen des einen Planeten mit denen des anderen, diese Tatsache, dass in der Bewegung des einen Planeten auf die der anderen Rücksicht genommen wird, das entspricht der Tätigkeit der Cherubim. Also:

- Die Regelung der *gemeinsamen Bewegungen* des Planetensystems entspricht der Tätigkeit der *Cherubim.*

Und jedes Planetensystem, das mit seinem Fixstern als dem Hauptanführer unter der Leitung der Cherubim dasteht, hat seine Beziehung wiederum zu den anderen Planetensystemen, die anderen Fixsternen angehören. Es verständigt sich mit seinen Nachbarsystemen über seinen Ort im Raum und über seine Bedeutung, wie die einzelnen Menschen sich untereinander verständigen, miteinander sich besprechen zu ihren gemeinsamen Taten.

Wie die Menschen dadurch ein soziales System begründen, dass sie Gegenseitigkeit haben, so gibt es auch eine Gegenseitigkeit der Planetensysteme. Von Fixstern zu Fixstern waltet gegenseitige Verständigung, dadurch allein kommt der Kosmos zustande:

- Das, was die *Planetensysteme* durch den Weltraum miteinander sprechen, um *zum Kosmos* zu werden, das wird geregelt durch diejenigen Geister, welche wir *Seraphim* nennen.

Und nun haben wir das erschöpft, was wir beim Menschen bis herauf zur Bewusstseinsseele finden. Wie wir dann beim Menschen zu seinem höheren Geistesleben kommen, zu dem, was dem ganzen «System» bis herauf zur Bewusstseinsseele erst Sinn gibt, so kommen wir, wenn wir über die Seraphim heraufkommen, zu dem, was wir vorhin zunächst andeutungsweise als *oberste Dreiheit der Weltwesenheit* zu charakterisieren versuchten.

Wir kommen da zu dem, was im Weltall als das alldurchziehende, dreifach göttliche Leben waltet, das sich in den einzelnen Planetensystemen Hüllen schafft. Wie sich das, was im Menschen als Geistselbst, Lebensgeist und Geistesmensch lebt, in Bewusstseins-, Verstandes- und Empfindungsseele, in astralischem, ätherischem und physischem Leib Hüllen schafft, so wandeln durch den Raum die Fixsterne der Planetensysteme als die Körper der göttlichen Wesenheiten.

Und indem wir das Leben der Sternenwelt betrachten, betrachten wir die Leiber von göttlichen° Wesen und zuletzt des Göttlichen überhaupt.

HIERARCHIEN		WIRKUNGSBEREICH
1. Hierarchie		**Form** (physisch)
Seraphim	9.	Universum
Cherubim	8.	Planetensystem
Throne	7.	Planet
2. Hierarchie		**Leben** (ätherisch)
G. d. Weisheit	6.	Ausdruck
G. d. Bewegung	5.	Metamorphose
Geister der Form	4.	Form
3. Hierarchie		**Bewusstsein** (astralisch)
Zeitgeister	3.	Zeitgeistigkeit
Erzengel	2.	Volksgeistigkeit
Engel	1.	Ichgeistigkeit

Sechster Vortrag

Der «Fall» der Engel:
wie die sogenannte Materie entsteht

Helsinki, 8. April 1912

Meine lieben° Freunde!

Wir haben gestern versucht, ein Planetensystem zu betrachten, wie es von den verschiedenen geistigen Wesenheiten der drei gleichsam übereinander geschichteten Hierarchien abhängig ist, die wir im Laufe der bisherigen Vorträge zu beschreiben suchten.

Wir haben eine Vorstellung davon gewonnen, was alles an einem Planeten beteiligt ist. Wir haben gesehen, wie *der Planet* seine Form, also seine abgeschlossene Gestalt, dadurch erhält, dass da die Geister der Form (oder Gewalten) wirken. Wir haben ferner gesehen, dass das innere Leben, die innere Beweglichkeit des Planeten eine Wirkung der Tätigkeit der Geister der Bewegung (oder Mächte) ist.

Dasjenige, was wir das niederste Bewusstsein des Planeten nennen und was wir mit dem Bewusstsein vergleichen können, das beim Menschen in seinem astralischen Leib vorhanden ist, das haben wir den Geistern der Weisheit (oder Herrschaften) zuzuteilen. Jene Impulse, durch die der Planet nicht stillsteht, sondern seinen Ort im Raum ändert, haben wir den Geistern des Willens (oder Thronen) zuzuteilen.

Dasjenige, was den Planeten in sein ganzes System eingliedert, wodurch er nicht seinen eigenen Weg im Raum geht, sondern so schreitet, dass seine Bewegungsimpulse im Einklang mit den Bewegungsimpulsen seines ganzen Planetensystems sind, zu dem er gehört, das also, was die Bewegung eines einzelnen Planeten im Zusammenhang mit dem ganzen Planetensystem regelt, das ist eine Wirkung der Cherubim.

Und endlich dasjenige, was wir das innere, seelische Leben des Planeten nennen können, wodurch der Planet mit den anderen Himmelskörpern so in Verbindung tritt wie der Mensch durch seine Sprache mit anderen Menschen, das schreiben wir den Seraphim zu.

Sodass wir im Planeten einen Zusammenhang zu betrachten haben, innerhalb dessen dasjenige, was von den Geistern der Form kommt, nur wie eine Art von Kern vorhanden ist. Dagegen ergibt sich für jeden Planeten etwas wie eine Art von geistiger Atmosphäre, wir könnten auch sagen etwas wie eine Aura, in welcher die Geister der beiden höheren Hierarchien leben, die oberhalb der Geister der Form sind.

Nun aber müssen wir, wenn wir alles das richtig verstehen wollen, was wir im letzten Vortrag angeführt haben und was ich soeben versuchte, in ein paar Sätzen zu wiederholen, uns noch mit anderen Vorstellungen bekannt machen, mit Vorstellungen, welche wir am leichtesten gewinnen werden, wenn wir von den Wesenheiten jener Hierarchie ausgehen, die nach oben, nach der geistigen Welt zu, unmittelbar an den Menschen angrenzt, wenn wir also von den Wesenheiten der dritten Hierarchie ausgehen.

Wir haben gesagt, dass diese Wesenheiten der dritten Hierarchie dadurch charakterisiert werden, dass dasjenige, was beim Menschen Wahrnehmung ist, bei ihnen Selbstoffenbarung ist, und dasjenige, was beim Menschen Innenleben ist, bei ihnen Geisterfüllung ist.

Schon bei jenen Wesenheiten, die wir in der Rangordnung der Welt um eine Stufe höher stehen haben als die Menschen selbst, bei den Engeln, finden wir diese Eigentümlichkeit, dass sie dasjenige wahrnehmen, was sie aus sich selbst heraus offenbaren, und dass sie, wenn sie in ihr Inneres einkehren, nicht so wie der Mensch etwas Selbstständiges, in sich Abgeschlossenes haben, sondern dass sie in ihrem Inneren die Kräfte und Wesenheiten der höheren Hierarchien aufleuchten, aufsprießen fühlen, die über ihnen sind – kurz, dass sie sich von dem Geist der Wesenheiten erfüllt, inspiriert fühlen, die über ihnen sind.

So ist das, was wir beim Menschen selbstständiges Innenleben nennen, eigentlich bei diesen Wesenheiten nicht vorhanden. Wollen sie ihr eigenes Wesen entwickeln, wollen sie wie der Mensch das, was sie sind, denken, fühlen und wollen, so offenbart sich alles gleich nach außen – nicht wie beim Menschen, der seine Gedanken und seine Gefühle in sich selber verschließen kann, der seine Willensimpulse ungetan lassen kann. Was als Gedanken in diesen Wesen lebt, insofern sie diese Gedanken selber hervorbringen, das ist zugleich auch ihre Offenbarung nach außen.

Und wenn sie sich nicht offenbaren wollen, dann können sie auch nicht anders als in ihr Inneres einkehren, als sich im Inneren wiederum mit der über ihnen stehenden

Welt erfüllen. So lebt im Inneren dieser Wesenheiten die über ihnen stehende Welt, oder wenn sie sich selbst leben, leben sie sich nach außen hin objektiv dar.

Diese Wesenheiten können also nichts in sich verbergen, was Produkt ihres eigenen Denkens oder Fühlens wäre, denn es würde sich alles, was sie sich in ihrem Inneren erarbeiten, nach außen zeigen. Sie *können nicht lügen,* sodass das, was sie vorstellen, was sie fühlen, mit der Außenwelt nicht zusammenstimmen würde. Sie können nicht irgendeine Vorstellung in sich haben, die mit irgendeiner Außenwelt nicht übereinstimmen würde, denn jene Vorstellungen, die sie in ihrem Inneren haben, nehmen sie eben in ihrer Selbstoffenbarung wahr.

Nun wollen wir aber einmal annehmen, diese Wesenheiten bekämen das Gelüst, ihre eigene Natur zu verleugnen. Was würde sich da zeigen?

Bei den Wesenheiten, die wir als Engel, Erzengel und Zeitgeister bezeichnet haben, bei denen finden wir durchaus, dass alles das, was sich ihnen offenbart, was sie wahrnehmen, ihr eigenes Wesen ist. Würden sie lügen wollen, dann würden sie in ihrem Inneren etwas entwickeln müssen, was mit ihrem eigenen Wesen nicht übereinstimmt. Jede Lüge wäre eine Verleugnung ihrer Natur – das heißt aber nichts anderes als eine Betäubung, eine Vernichtung der eigenen Wesenheit.

Nehmen wir aber an, diese Wesenheiten würden dennoch das Gelüst bekommen, in ihrem Inneren etwas zu erleben, was sie nicht unmittelbar nach außen hin offenbaren. Dann würden sie eben eine andere Natur annehmen müssen.

Das, was ich Ihnen jetzt geschildert habe, die Verleugnung der Natur der Wesenheiten der dritten Hierarchie, das Annehmen einer anderen Natur, das ist wirklich geschehen, das ist im Laufe der Zeiten geschehen.

Wir werden im Laufe der Vorträge noch sehen, warum es geschehen musste. Aber wir wollen zunächst einmal darauf aufmerksam machen, dass es geschehen ist, dass tatsächlich unter den Wesen der dritten Hierarchie sich solche gefunden haben, welche das Gelüst bekamen, in ihrem Inneren Erlebnisse zu haben, die sie nicht nach außen hin zu zeigen brauchten. Das heißt, sie bekamen Lust, ihre Natur zu verleugnen.

Was ist für diese Wesenheiten dadurch eingetreten? Es ist dadurch etwas eingetreten, was die anderen Wesenheiten, die innerhalb der dritten Hierarchie ihre Natur beibehalten, nicht haben können. Die Wesenheiten der dritten Hierarchie können keine innere Selbstständigkeit haben, wie sie der Mensch hat. Wollen sie in ihrem Inneren leben, so müssen sie sich gleich mit der geistigen Welt erfüllen, die über ihnen steht.

Das war das Gelüst einer gewissen Anzahl von Wesenheiten dieser dritten Hierarchie: in ihrem Inneren etwas zu entwickeln, was ihnen nicht gleich in der Außenwelt als Wahrnehmung, das heißt als Offenbarung ihres eigenen Wesens, entgegentritt. Damit war die Notwendigkeit gegeben, ihre eigene Natur zu verleugnen, eine andere Natur anzunehmen. Um eigenes Leben, um *innere Selbstständigkeit* entwickeln zu können, musste eine Anzahl von Wesenheiten der dritten Hierarchie ihre Natur aufgeben, sie verleugnen. Sie mussten an sich selber bewirken, dass gewisse innere Erlebnisse sich nicht nach außen offenbaren.

Fragen wir uns jetzt: Was waren denn die Gründe, die diese Wesenheiten bewogen haben, solch ein Gelüst in sich zu entwickeln?

Wenn wir die Natur der Wesenheiten der dritten Hierarchie mit ihrer Offenbarung und Geisterfüllung ins Auge fassen, dann merken wir, dass diese Wesenheiten ganz und gar in den Dienst der Wesenheiten der höheren Hierarchien gestellt sind, dass sie eigentlich kein Eigenleben haben. Engel haben kein Eigenleben, ihr Eigenleben ist Offenbarung, ist für alle Welt da. Und sobald sie nicht sich selbst offenbaren, ist in ihrem Inneren das in sie hineinleuchtende Leben der höheren Hierarchien.

Das, was eine Anzahl von ihnen bewog, ihre Natur zu verleugnen, war Kraftgefühl, Selbstständigkeitsgefühl, *Freiheitsgefühl.* In einer gewissen Zeit kam über eine Anzahl von Wesenheiten der dritten Hierarchie der Trieb, der Drang, nicht bloß abhängig von den Wesenheiten der höheren Hierarchien zu sein, sondern in sich selbst Eigenleben zu entwickeln.

Damit war für die gesamte Evolution des Planetensystems, dem wir zunächst angehören, außerordentlich viel getan. Denn nichts Geringeres haben diese Wesenheiten, die wir da «die Rebellen» der dritten Hierarchie nennen können, angerichtet, als dass sie die Selbstständigkeit des Menschen vorbereitet haben, die Möglichkeit, dass der Mensch nun für sich selbstständiges Leben entwickelt, das sich nicht unmittelbar nach außen offenbart, sondern das von der äußeren Offenbarung unabhängiges Innenleben sein kann.

Ganz absichtlich, meine lieben° Freunde, mache ich, um dieses Verhältnis, um das es sich hier handelt, zu charakterisieren, so viele Worte. Aus dem Grund mache ich so viele Worte, weil es außerordentlich wichtig ist, ganz genau zu fassen, um was es sich hier handelt.

Es handelt sich darum, dass in einer Anzahl von Wesenheiten der dritten Hierarchie der Trieb entstand, selbstständige innere Lebendigkeit zu entwickeln. Alles Übrige war nur Konsequenz, war nur Folge dieses Triebes. Aber was war die Folge?

Die Folge war im Grunde genommen etwas Furchtbares: die Verleugnung des eigenen Wesens, die Unwahrheit, die Lüge.

Sehen Sie, darum handelt es sich, dass Sie verstehen, meine lieben° Freunde, dass die Geister der dritten Hierarchie, welche diesen Trieb erlangt hatten, das, was sie dann taten, nicht etwa getan haben, um zu lügen, sondern um der Entwicklung eines eigenen Lebens willen. Aber mit dieser Entwicklung eines Eigenlebens mussten sie die Konsequenz auf sich nehmen, Geister der Unwahrheit, Geister der Verleugnung der eigenen Wesenheit, mit anderen Worten *Geister der Lüge* zu werden.

Geradeso wie jemand, der eine Reise zu Fuß zu machen hat, die über einen Regentag hin dauert, notwendigerweise in Kauf nehmen muss, den Regen auszuhalten und nass zu werden – obwohl er das gar nicht beabsichtigt hat –, geradeso haben die Geister, von denen hier die Rede ist, keineswegs eine Tat unternommen, um in Unwahrheit zu versinken. Ihre Tat entspringt der Absicht, inneres Leben, innere Regsamkeit zu entwickeln. Und die Konsequenz, die Folge davon war, dass sie zugleich Geister der Unwahrheit wurden.

All die geistigen Wesenheiten, welche in dieser Art durch die Verleugnung ihrer inneren Natur wie eine zweite Kategorie neben den Geistern der dritten Hierarchie entstanden sind, nennen wir im Okkultismus die «luziferischen Geister». Der Begriff der *luziferischen Geister* besteht im Wesentlichen darin, dass diese Geister ein selbstständiges inneres Leben entwickeln wollten.

Es fragt sich jetzt nur: Was haben sie tun müssen, diese Geister, um zu ihrem Ziel zu gelangen?

Was sie als Konsequenz entwickeln mussten, das haben wir eben gesehen. Was sie tun mussten, um zu ihrem Ziel zu kommen, selbstständiges inneres Leben zu entwickeln, das wird sich uns durch eine andere Betrachtung ergeben. Was wollten sie überwinden, diese Geister? Sie wollten die Geisterfüllung mit der Substanz der höheren Hierarchien überwinden, sie wollten nicht mit diesen Wesenheiten der höheren Hierarchien erfüllt sein, sondern mit ihrem eigenen Wesen.

Das konnten sie nicht anders machen, als indem sie, statt sich mit dem Geist der höheren Hierarchien zu erfüllen und den freien Ausblick nach den höheren Hierarchien offenzulassen, sich abschnürten, sich von den Wesenheiten der höheren Hierarchien abspalteten, um sich auf diese Weise Eigensubstanz aus der Substanz der höheren Hierarchien zu verschaffen.

Wir können uns über das, um was es sich handelt, eine genaue Vorstellung machen, wenn wir uns das Folgende denken.

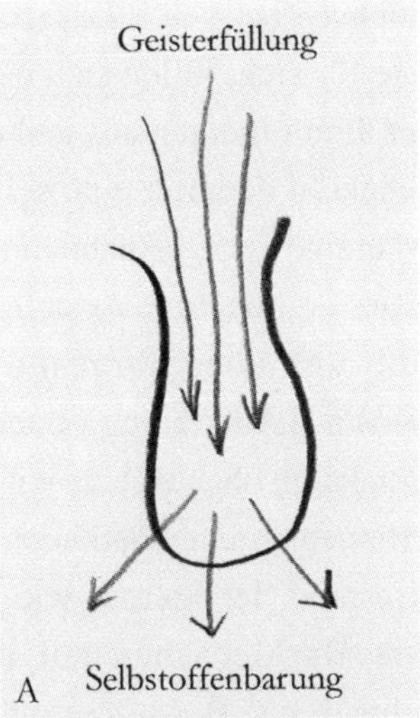

A

Wir denken uns symbolisch, grafisch die Wesenheiten der dritten Hierarchie so dargestellt, dass sie ihr eigenes Wesen gleichsam wie eine Haut nach außen offenbaren, dass jedes Mal wie eine Offenbarung, wie ein Aufleuchten ihres Wesens entsteht, wenn sie inneres Denken oder Fühlen entwickeln. In dem Augenblick, wo sie nicht sich selbst offenbaren, da nehmen sie dasjenige auf, was als Licht der höheren Hierarchien in sie hereinfließt. Da erfüllen sie sich mit dem Geist der höheren Hierarchien, sie öffnen ihre ganze Wesenheit nach diesen höheren Hierarchien. (Zeichnung A).

Die geistigen Wesenheiten der dritten Hierarchie, von denen ich Ihnen jetzt erzählt habe, wollen nicht geisterfüllt sein, wollen nicht mit der geistigen Substanz der Hierarchien zusammenhängen. Sie wollen selbstständiges geistiges Leben. Sie schnüren sich daher ab, sie spalten sich ab, sodass das Wesen der höheren Hierarchien über ihnen ist. Sie heben den Zusammenhang auf, sie spalten sich als selbstständige Wesenheiten ab. Sie erhalten in ihrem Inneren dadurch eigenes Licht, dass sie dasjenige «rauben», was sie nur erfüllen und was zu den höheren Hierarchien hinaufgehen sollte. Das rauben sie für sich, füllen sich damit in ihrem Inneren aus und entwickeln dadurch eine selbstständige Seite. (Zeichnung B). Dies ist nun eine Vorstellung, die uns über Vorgänge im Kosmos Aufklärung verschaffen kann, ohne welche wir ein Sternensystem, überhaupt den Bestand der Sterne, wie wir sie als Menschen mit dem physischen Bewusstsein kennen, gar nicht zu begreifen in der Lage wären. Ohne diese Vorstellung begreift man gar nicht das Leben der Sterne, das Leben der Himmelskörper.

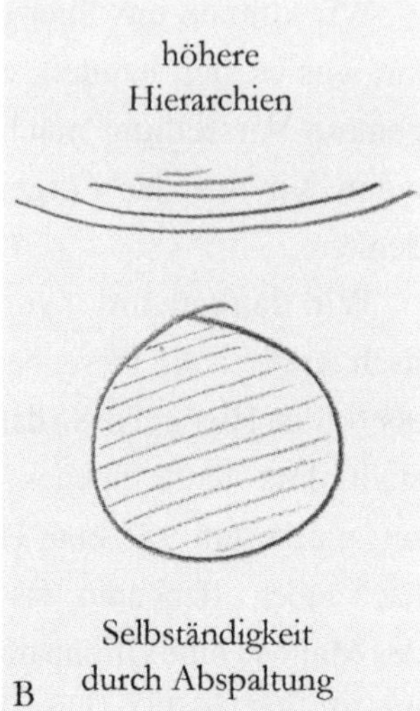

B

Sehen Sie, meine lieben° Freunde, ich habe jetzt versucht, Ihnen anzudeuten, wie gewisse Wesenheiten der dritten Hierarchie zu ganz anderen Wesenheiten werden – zu luziferischen Geistern. Dasjenige, was mit den Wesenheiten der dritten Hierarchie vorgeht, das kann nicht in derselben Weise bei den Wesenheiten der anderen Hierarchien geschehen. Aber etwas Ähnliches geht auch mit ihnen vor sich.

Es wird uns das, was mit den Wesenheiten der anderen Hierarchien vor sich geht, insbesondere wenn wir es auf die Betrachtung der Geister der Form anwenden, eine Vorstellung davon geben, *wie sich ein Planetensystem bildet.* Wir haben am Schluss der gestrigen Betrachtung gesehen, dass das, was unser Blick zunächst am Planeten wahrnimmt, von den Geistern der Form herrührt. Aber es ist dies, wenn man es so darstellt, noch nicht ganz genau gesprochen.

Wenn Sie nämlich den Planeten – sagen wir den Mars, den Saturn oder den Jupiter –, der draußen im Weltraum steht, so betrachten, wie Sie ihn mit den physischen Augen oder mit einem Fernrohr als Planeten sehen, so haben Sie in dem, was er Ihnen als Form zeigt, nicht ohne Weiteres die Geister der Form.

Betrachten wir zum Beispiel den äußersten Planeten, der eine lange Zeit hindurch auch als der äußerste unseres Sonnensystems gegolten hat – später kamen ja, wie wir noch sehen werden, Uranus und Neptun dazu. Wir wollen aber zunächst als äußersten Planeten den *Saturn* betrachten. Betrachten wir den Saturn mit dem physischen Blick, dann haben wir draußen im Weltraum eine Art leuchtender Kugel.

Für den Okkultisten, für denjenigen, der die geistigen Vorgänge im Kosmos verfolgt, ist diese Kugel, die da draußen gesehen wird, nicht dasjenige, was der Okkultist «Saturn» nennt. Für den Okkultisten heißt etwas ganz anderes Saturn; für den Okkultisten heißt dasjenige Saturn, was den ganzen Raum erfüllt, der von der scheinbaren elliptischen Bahn des Saturn begrenzt ist.

Sie wissen, dass die Astronomie einen Weg des Saturn beschreibt, den sie als einen Weg um die Sonne auffasst. Wie es damit sein mag, wollen wir jetzt nicht weiter berühren, aber wenn Sie diese gewöhnliche Vorstellung zu Hilfe nehmen, sich hier in der Mitte die Sonne vorstellen (Zeichnung C, Sonne) und den äußeren Kreis als den Weg, den, wie die Astronomie annimmt, der Saturn beschreibt (a), so ist für den Okkultisten der Saturn alles das, was innerhalb der Saturnbahn, innerhalb der Saturnellipse ist.

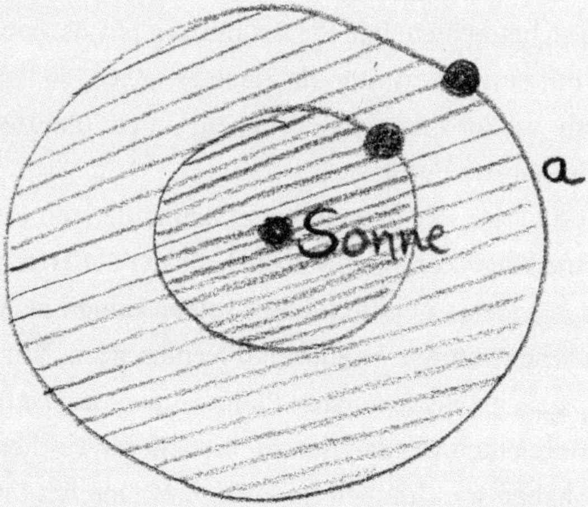

C

Denn für den Okkultisten ist nicht nur das der Saturn, was das physische Auge als die äußerste physische Materie des Saturn sieht, nicht nur das, was da am Himmel glänzt, sondern der Okkultist weiß: Der okkulte Blick lehrt uns, dass tatsächlich eine Art von Substanzanhäufung besteht, welche von der Sonne bis zu der Saturnbahn hingeht. Sodass wenn wir das alles mit dem okkulten Blick bis zu dieser Saturnbahn hin ins Auge fassen, wir eine Art ätherischer Erfüllung in dem ganzen Raum haben (Zeichnung C, breiter schraffiert).

Sie müssen sich das, was innerhalb dieser Bahn liegt, von ätherischer Materie erfüllt denken, allerdings nicht kugelförmig, sondern so, dass wir es mit einer Art stark abgeplatteter Kugel, mit einer Linse zu tun haben. Wenn wir also das von der Seite her ansehen würden, so würden wir, wenn wir hier die Sonne haben (Zeichnung D, S^1), den Saturn des Okkultisten so zu zeichnen haben: eine ganz abgeplattete Kugel und hier (a^1) würde das sein, was als physischer Saturn zu bezeichnen ist.

Wir werden noch besser verstehen, um was es sich da handelt, wenn wir gleich eine Vorstellung anschließen, die wir in ähnlicher Weise aus der okkulten Wissenschaft heraus über den *Jupiter* gewinnen können. Nicht wahr, die äußere, physische Astronomie nennt den Jupiter jenen leuchtenden Körper, den sie als zweiten um die Sonne kreisen lässt (innerer Kreis). Für den Okkultisten ist nicht das der Jupi-

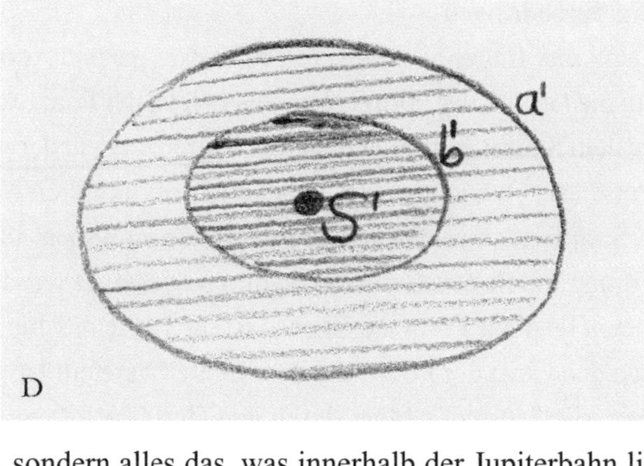

D

ter, sondern alles das, was innerhalb der Jupiterbahn liegt (dichter schraffiert).

Von der Seite gesehen hätten wir den Jupiter so zu zeichnen, dass wenn wir den Saturn so weit schraffieren, wir den Jupiter etwas enger schraffieren können. Und das, was der

Astronom beschreibt, das ist nur ein Körper (b'), der sozusagen an dem äußersten Rand des wahren, okkulten Jupiter ist.

Das, was ich hier sage, sind nicht bloß theoretische Begriffe oder Phantastereien, sondern die Sache ist wirklich so, dass zwar nicht grobphysische Materie, aber feine, «ätherische» Materie den Raum innerhalb der Saturnbahn in seiner linsenförmig abgeplatteten, kugeligen Gestalt ausfüllt, wie es hier gezeichnet ist. Und ebenso ist es eine Tatsache, dass dieser zweite, kleinere Raum für den Jupiter wirklich von einer anderen ätherischen Substanz ausgefüllt ist, welche die erste durchdringt. Sodass hier, zwischen den beiden Bahnen, nur einfache Äthersubstanz ist, da drinnen aber zwei Äthersubstanzen ineinanderstecken, sich gegenseitig durchdringen.

Und nun fragen wir: Was tun bei dieser ganzen Anordnung die Geister der Form? Nun, jener Geist der Form, welcher dem Saturn zugrunde liegt, der begrenzt eben, der gibt Form dieser Äthersubstanz, welche wir im okkulten Sinn den Saturn nennen. Diese äußerste Linse ist also in ihrer Formung durch den Geist des Saturn so gestaltet worden, der ein Geist der Form ist. Ebenso ist die Linse des Jupiter durch den Geist der Form, der dem Jupiter zugeteilt ist, gestaltet, die Linse des Mars durch den Geist des Mars, der ein Geist der Form ist.

Nun fragen wir aber: Wo ist denn eigentlich der Geist der Form, der dem Saturn oder dem Jupiter oder dem Mars entspricht? Wenn wir von einem Ort, an dem diese Geister sind, sprechen wollen, wo ist dieser Ort?

Ja, im gewöhnlichen Sinne des Wortes lässt sich darüber nicht sprechen, sondern man kann nur sagen: Diese geistigen Wesenheiten, die wir die Geister der Form nennen, die wirken als Kräfte innerhalb der ätherischen Substanz, die ich eben erwähnt habe. Aber sie haben alle einen gemeinsamen Mittelpunkt, und dieser gemeinsame Mittelpunkt ist nichts anderes als die Sonne.

Wenn wir also den eigentlichen Ort, von dem aus die Geister der Form wirken – sowohl der Geist der Form des Saturn wie der des Jupiter, des Mars und so weiter, auch der Geist der Form, der der Erde entspricht –, wenn wir den Angriffspunkt, den Ausgangspunkt aufsuchen, von dem aus diese Geister der Form wirken, so finden wir ihn in der Sonne.

Das heißt, diese Geister der Form, die unseren Planeten entsprechen, sind ein Komitee, ein Kollegium von Geistern, das seinen Sitz in der Sonne hat und von der Sonne aus gewisse Äthersubstanzen, Äthermassen begrenzt, sodass dasjenige entsteht, was wir «okkulten Saturn», «okkulten Jupiter» und so weiter genannt haben.

Jetzt fragen wir uns: Wie wäre es, wenn nur diese Geister der Form wirken würden? Nun, der ganze Sinn der Betrachtungen, die wir angestellt haben, kann Ihnen zeigen, dass im Grunde genommen diese physischen Planeten nicht da wären, wenn die Geister der Form allein wirken würden.

Diese hätten ihren Sitz da, wo sie ein Kollegium bilden – in der Sonne –, und wir hätten ringsherum die planetarischen Sphären bis zur Saturnsphäre. Es wären konzentrische Kugeln, abgeplattete Kugelschalen als okkulte Planeten da (Zeichnung E): die äußerste Kugelschale von dünnster Äthermaterie, die nächste von etwas dichterer und

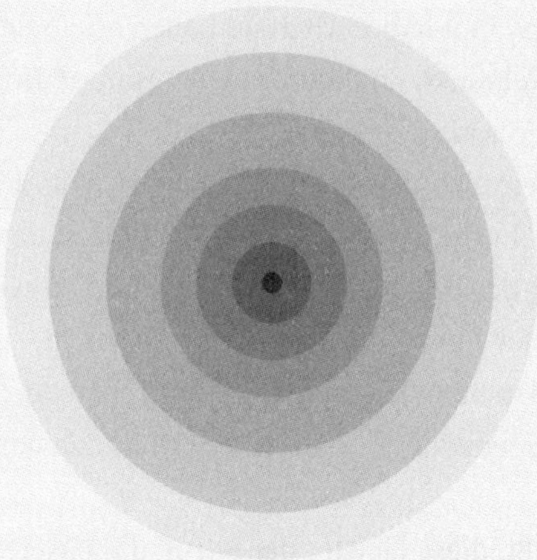

E

die innerste von dichtester Äthermaterie. Nicht würden also da sein, wenn diese Geister der Form allein wirken würden, die physischen Planeten, sondern kugelförmige ätherische Massenanhäufungen, welche durch das begrenzt wären, was die physische Astronomie heute die Planetenbahnen nennt.

Nun aber entsprechen innerhalb des Kosmos auch den Geistern der Form solche geistigen Wesenheiten, welche eine Art Rebellen gegen ihre gleiche Klasse bilden.

Wie wir bei den Wesenheiten der dritten Hierarchie die luziferischen Geister finden, die sich zur Herstellung jenes selbstständigen Innenlebens von der geistigen Substanz der höheren Hierarchien abschnüren, so finden wir auch, dass innerhalb der Kategorie der Geister der Form solche da sind, welche sich abschnüren, welche die übrige Entwicklung der Geister der Form nicht mitmachen, sondern eine eigene Entwicklung durchmachen.

Diese Geister der Form widersetzen sich den normalen Geistern der Form, stellen sich ihnen entgegen.

Und nun geschieht Folgendes: Nehmen wir einmal an, wir hätten hier, an dem Punkt S (Zeichnung F), den Mittelpunkt des geistigen Kollegiums der Geister der Form. Es würde derjenige Geist der Form, welcher auf den Saturn hinwirkt, diese Ätherkugel hervorrufen, sodass durch diesen Geist der Form eine solche abgeplattete Ätherkugel entstünde (der große Kreis). An einem äußersten Punkt dieser Ätherkugel wirkt nun diesem Geist der Form, der aus dem Mittelpunkt der Sonne heraus wirkt, der Rebell entgegen,

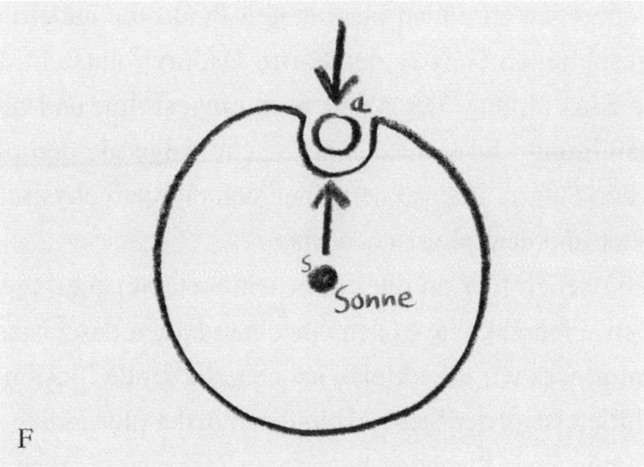

F

derjenige, der eine Art *luziferischer Geist der Form* ist. Der wirkt ihm von außen herein entgegen.

Wir haben den normalen Geist der Form von der Sonne nach außen, zentrifugal, wirksam: Der bewirkt den okkulten Saturn, welcher da als eine mächtige Ätherkugel mit dem Mittelpunkt in der Sonne anzusehen ist. An der Peripherie wirkt aus dem Weltraum herein, zentripetal, ein abnormer Geist der Form, der sich von den Wesen der normalen Geister der Form abgeschnürt hat. Und durch das Zusammenwirken dessen, was aus dem Weltraum hereinwirkt, und dessen, was von der Sonne hinauswirkt, entsteht an diesem Punkt (a) eine Einstülpung, die zuletzt zu einer wirklichen Abschnürung wird – und das ist *der physische Planet* Saturn.

Sodass wir uns vorzustellen haben, dass da, wo das Auge den physischen Planeten Saturn sieht, zwei Kräfte zusammenwirken: die eine, die Kraft des normalen Geistes der Form, die von der Sonne nach auswärts wirkt, und ihr entgegen an einem bestimmten Punkt die andere des abgespaltenen Geistes der Form. Dadurch entsteht dort eine Einstülpung, der Äther wird eingestülpt, und diese Einstülpung, die sieht das physische Auge als den physischen Saturn. Ebenso verhält es sich mit dem physischen Jupiter und dem physischen Mars.

Sie sehen hier an diesem besonderen Beispiel, meine lieben° Freunde, wie in den einzelnen Fällen das zustande kommt, was wir die «Maja» nennen, die große Illusion. In Wahrheit ist an der Stelle, wohin man in der physischen Astronomie einen Planeten versetzt, ein Zusammenwirken von zwei Kräften. Und nur dadurch, dass ein großer, mächtiger ätherischer Himmelskörper da ist, der durch eine entgegenwirkende Kraft ein Loch bekommt, an einer Seite eingestülpt wird, dadurch entsteht der Schein des physischen Planeten.

Denn in Wahrheit haben wir es hier mit einer Einstülpung zu tun, und ganz genau müsste die Sache so geschildert werden: Die Geister der Form dehnen von der Sonne her die ätherische Substanz bis zu einer gewissen Grenze aus. Ihnen wirken entgegen die abnormen Geister der Form und stülpen die Materie ein, sodass eigentlich ein Loch in der Äthersubstanz entsteht.

In Bezug auf die ursprüngliche ätherische Substanz des Planeten ist dort, wo das physische Auge den Planeten zu sehen glaubt, gerade nichts – und der wirkliche Planet ist dort, wo das physische Auge nichts sieht. Das ist das Eigenartige der Maja: An der Stelle, wo der physische Planet gesehen wird, ist ein Loch.

Sie werden vielleicht sagen, das sei eine kuriose Vorstellung, dass da, wo der physische Planet gesehen wird, eigentlich ein Loch sein soll, denn Sie werden sich auf unsere Erde berufen. Unsere Erde müsste ja im Sinne dessen, was auseinandergesetzt worden ist, auch eine Art abgeplatteter Kugel sein, die ihren Mittelpunkt in der Sonne hat, und sie müsste auch am äußersten Rand solch eine Einstülpung, solch eine Art Loch sein.

Sie könnten sagen: «Schöne Sache das! Wir wissen doch ganz genau, dass wir auf der festen, massiven Erde herumgehen. Ebenso können wir annehmen, dass da, wo der Saturn, der Jupiter, der Mars ist, dass auch da selbstverständlich massive Ausfüllungen sein müssen, nicht Löcher!»

Und dennoch: Auch da, wo Sie auf unserer Erde herumgehen, wo Sie im Sinne der Majawahrnehmung glauben, auf festem, massivem Boden zu gehen, auch da gehen Sie in Wahrheit auf einem «Loch» herum. Unsere Erde selber, insofern sie physische Massenanhäufung ist, ist ein Loch, eine Einbohrung im Weltraum.

Alle physische Materie kommt nämlich dadurch zustande, dass sich Kräfte begegnen, die von den Geistern der Form herrühren. Wir haben hier die Begegnung von Kräften der normalen Geister der Form mit Kräften der abnormen Geister der Form. Die prallen aufeinander.

Es entsteht in Wahrheit eine Einstülpung und damit zugleich an dieser Stelle ein Zerbrechen der Form, aber eben nur der Form. Die Form zerbricht und es entsteht diese Einbohrung. Und *zerbrochene Form,* zersplitterte Form, *das ist in Wahrheit Materie.* Materie im physischen Sinne gibt es nur da, wo Formen zersplittert werden. So sind auch die Planeten draußen zersplitterte Formen.

In unserem Planetensystem haben die Geister der Form, wie aus dem ganzen Geist der bisherigen Betrachtungen hervorgeht, Gehilfen. Sie stellen die Grenzen her, wie wir das eben beschrieben haben, aber über den Geistern der Form stehen die Geister der Bewegung, über diesen die Geister der Weisheit, über diesen die Geister des Willens, über ihnen die Cherubim und über den Cherubim die Seraphim.

Für alle diese geistigen Wesenheiten gibt es auch solche, welche sich vergleichen lassen mit dem, was wir beschrieben haben als die luziferischen Geister.

Sodass wir je am äußersten Rand, da, wo ein Planet sich bildet, nicht bloß die Geister der Form zusammenwirkend haben, sondern dass sich da immer etwas so abspielt, dass von der Sonne die Wirksamkeit der normalen Hierarchien ausgeht und von außen nach innen die der abnormen, der rebellischen Hierarchien.

Die Seraphim und die Cherubim, das sind Hierarchien, die hier ebenso zu dem ganzen Spiel der Kräfte gehören wie die Geister der Form. Die haben die Aufgabe, aus dem Mittelpunkt des Planetensystems, vom Sonnenmittelpunkt her, die Kraft des Lichtes nach außen zu tragen. Indem die Wesenheiten der höheren Hierarchien, Cherubim und Seraphim, *Träger des Lichtes* werden, haben sie dasselbe Verhältnis zu dem Licht, wie die Kräfte der Geister der Form es zu der Äthersubstanz haben.

Wie die Kräfte der normalen Geister der Form nach außen gehen und ihnen die abnormen entgegenwirken und dadurch eine Einbohrung entsteht, so wirken auch die Kräfte, welche das Licht tragen, den ganzen Ätherraum ausfüllend. Aber da wirken ihnen die abnormen entgegen (Zeichnung G, a), sodass der Planet das Licht aufhält. Ebenso wie er die Kräfte der Geister der Form aufhält, so hält er das Licht auf, wirft es zurück und erscheint damit als ein Reflektor, als ein Zurückwerfer des Lichtes, das ihm die Geister, die wir als Cherubim und Seraphim bezeichnen, von der Sonne aus zutragen.

Daher haben die Planeten auch kein Eigenlicht, weil sie die Kraft des Lichtes, die ihnen als Wesenheiten zukommen würde, wenn sie sich gegenüber den normalen Cherubim und Seraphim öffnen würden, für sich in Anspruch nehmen, weil sie das Licht einhüllen und von dem Ganzen abschnüren. Jeder Planet hat auch solch eingeschnürtes, abgesondertes Licht.

Es ist nicht richtig, dass die Planeten nur von der Sonne geborgtes Licht haben. Jeder Planet hat sein Eigenlicht, nur hat er dieses Licht abgeschnürt, hält es in sich selber verborgen, entwickelt es zu einem selbstständigen inneren

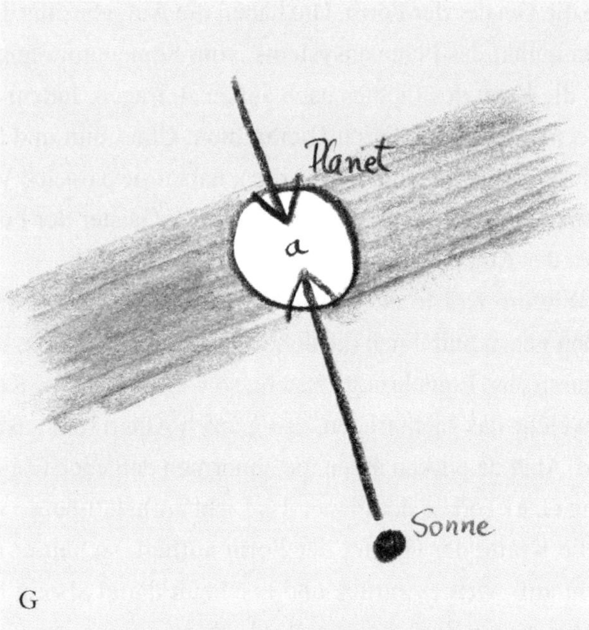

G

Lichtleben. Wir werden sehen, dass der betreffende Planet es nur den eigenen Wesen der Naturreiche mitteilt, die auf ihm sind.

Dasjenige Licht aber, dem die Planeten sich öffnen sollen, das sie von außen aufnehmen sollen, das ihnen von der Sonne durch die Cherubim und Seraphim zugetragen wird, dem verschließen sie sich, das werfen sie zurück. Daher sind sie für den Weltraum Sterne, die nicht mit eigenem Licht ausgestattet sind. Also in dem Licht, das von der Sonne hinfließt, wird eine Einstülpung gemacht und der Planet wirft sich dem von der Sonne hinflutenden Licht entgegen, hält es auf, wirft es zurück.

Es ist eben dasjenige, was wir in der Sternenwelt zu beobachten haben, vor dem okkulten Blick etwas durchaus anderes, als es sich für die physische Astronomie ausnimmt. Was für diese vorhanden ist, ist eben nichts anderes als die Beschreibung einer Maja – und erst hinter dieser Maja liegt die Wahrheit, denn die Wahrheit hinter der materiellen Welt ist die geistige Welt.

Die materielle Welt existiert gar nicht in Wirklichkeit. Das, was man materielle Welt nennt, ist das Zusammenspielen der Kräfte der geistigen Welt.

Damit haben wir heute, meine lieben° Freunde, zu beschreiben versucht, wie ein solches Planetensystem entsteht. Es ist von der Entstehung eines solchen Planetensystems in der äußeren Welt, in der Welt der physischen Wissenschaft, eigentlich recht wenig bekannt.

Denn diese physische Wissenschaft lässt ein Planetensystem wohl auch aus einer Art ätherischer Anhäufung von Substanz entstehen. Aber nun wird sonderbarerweise der allererste Grundsatz vergessen, der in aller Naturwissenschaft gelten sollte.

Wie oft wird es in der Schule den Kindern erzählt – ich weiß nicht, ob es auch hier geschieht, aber in Mitteleuropa wird es ihnen erzählt –, wie im Sinne des Kant-Laplace'schen Weltentstehungssystems eine Urmaterie in Rotation gewesen wäre und sich dann die einzelnen Planetenkugeln abgetrennt hätten. Und damit dies recht anschaulich, recht begreiflich wird, wird den Kindern in einem kleinen Experiment gezeigt, wie leicht ein Planetensystem entstehen kann.

Man bildet einen großen Tropfen aus einer öligen Substanz, der auf Wasser schwimmt, und macht kunstvoll einen Kreis und durchsteckt ihn mit einem Kartenblatt in der Äquatorrichtung: Oben steckt man von Pol zu Pol eine Nadel hinein, dann beginnt man zu drehen. Und siehe da, künstlich entsteht aus diesem Öltropfen ein kleines, niedliches Planetensystem! Ganz im Sinne der Kant-Laplace'schen Weltentstehungstheorie spalten sich da kleine Tropfen ab, die dann rotieren, und in der Mitte bleibt der größere Tropfen, die Sonne. Was ist natürlicher, als dass man das der Jugend als anschaulichen Beweis hinstellt, dass das auch einmal im großen Weltraum sich habe abspielen können!

Man macht dabei aber einen gewaltigen Fehler, den man in der Naturwissenschaft niemals machen sollte. Man darf bei keinem Experiment, das man macht, gewisse Bedingungen vergessen. Derjenige, der Bedingungen vergisst, ohne welche ein Experiment nicht zustande kommen kann, der beschreibt nicht naturwissenschaftlich richtig. Wenn Sie irgendeine wesentliche Bedingung auslassen, so beschreiben Sie nicht naturwissenschaftlich richtig!

Die wesentliche Bedingung bei der Entstehung dieses «Planetensystems» ist, dass der Herr Lehrer dasteht und dreht, sonst würde das Ganze nicht zustande kommen. Sodass die Kant-Laplace'sche Theorie nur möglich wäre, wenn zugleich von denen, die sie vertreten, ein riesiger

Lehrer in den Weltraum hinaus versetzt würde, der die ganze ätherische Masse drehen würde.

Kleine logische Fehler bemerken die Leute vielleicht, Kapitalfehler aber, solche logischen Fehler, die sich in ihrer Wirkungsweise über ganze Weltgedanken ausdehnen, merken die Leute nicht.

Nun, ein großer Herr Lehrer ist nicht vorhanden, der da draußen die Weltachse dreht. Aber es sind die einzelnen geistigen Wesenheiten der verschiedenen Hierarchien vorhanden, die durch das Zusammenspiel ihrer Kräfte die Verteilung und auch die Anordnung der Bewegungen der einzelnen Himmelskörper hervorbringen.

Das ist denjenigen zu erwidern, welche etwa glauben sollten, dass die gewöhnliche materialistische Theorie, wie sie sich in der Kant-Laplace'schen oder in den späteren Hypothesen ausspricht, genügt, um das Weltsystem zu erklären, dass man es nicht nötig hat, sich auf etwas anderes zu beziehen, wie die Okkultisten es tun.

Solchen, die vom materialistischen Standpunkt etwas gegen dieses lebendige Zusammenspiel der Hierarchien einwenden, muss erwidert werden: Mit dem logischen Kapitalfehler, der von allen materialistischen Hypothesen gemacht werden muss, kommt man nicht durch. Denn es gibt keine Möglichkeit, ein Planetensystem zu erklären, ohne das zu Hilfe zu rufen, was der okkulte Blick wirklich schaut. Allerdings zeigt sich für diesen okkulten Blick dann vielfach, dass dasjenige, was man mit physischen Sinnen beschreiben muss, in seiner Wahrheit betrachtet etwas ganz anderes ist.

So ist das, was das Auge sieht, eigentlich nichts anderes als das zurückgeworfene Licht, das dadurch zurückgeworfen wird, dass Seraphim und Cherubim in den Weltraum das Licht der Sonne hinaustragen und dass diesen Wesenheiten sich luziferische Cherubim und Seraphim entgegenwerfen, die in die Sonnenlichtsubstanz von außen Finsternis einstülpen, weil sie das Licht im Inneren abschnüren und für den Planeten ein eigenes Licht in Anspruch nehmen.

Diese Gedanken, die jetzt auf Grundlage okkulter Beobachtung, okkulter Forschung geäußert worden sind, trug zuerst in einer grandiosen Weise der große *Zarathustra* in der nachatlantischen Zeit seinen Schülern vor.

Alles das, was von der Sonne in den Weltraum in ähnlicher Weise hinausstrahlt, wie wir das heute von den in der Sonne zentrierten Wesenheiten der höheren Hierarchien beschrieben haben, das schrieb Zarathustra seinem Geist Ahura Mazda oder Ormuzd zu – jenem Geist, der von dem Sonnenmittelpunkt die Kräfte seiner Wesenheit in den Umkreis hinausträgt. Ihm werfen sich überall die abnormen Geister der einzelnen Hierarchien entgegen, die in ihrer Gesamtheit das Reich des Angra Mainyu oder Ahriman bilden. Wir werden allerdings sehen, dass wir das Reich des Ahriman von dem des Luzifer trennen müssen – davon werden wir auch in Bezug auf das Planetensystem noch genauer sprechen.

Es sollte am Schluss dieser Betrachtung nur darauf aufmerksam gemacht werden, dass Zarathustra seinen Schülern diesen Zusammenhang von dem von der Sonne ausstrahlenden Licht des Ahura Mazda, in das sich das Reich des Ahriman einbettet, in seiner Art symbolisch angedeutet hat, indem er sagte: Was von der Sonne ausgeht, stellen wir uns symbolisch durch das vor, was die Cherubim und Seraphim durch das Licht tragen. Das, was sich von allen abnormen Geistern der höheren Hierarchien entgegenwirft, was diese einstülpen, das stellen wir uns als das vor, was von Finsternis – das heißt von innen gefangen genommenem Eigenlicht, das nach außen als Finsternis sich offenbart – eingenommen wird. Das stellte Zarathustra als ein Reich des Ahriman dar.

So sehen wir, wie von Vorderasien ausgehend gerade diese Lehre, die auch heute in einer gewissen Weise wieder gegeben wird, wie diese Anschauung uns in der Zarathustra-Kultur zuerst entgegentritt. Das ist es, was uns gegenüber der Entwicklung der Menschheit immer mit so bedeutsamen Empfindungen erfüllt: dass wir selber auf gewisse Dinge kommen, die einfach, wenn gar nichts überliefert und nur in der Akasha-Chronik zu beobachten wäre, die heutige okkulte Forschung liefert – und die wir dann wieder bei den großen Lehrern der Vorzeit entdecken. Das macht uns dann erst mit diesen großen Lehrern der Vorzeit bekannt.

Und wenn wir uns mit der Wahrheit durchdringen, die gegenwärtig in der okkulten Forschung gefunden werden kann, und wenn uns dann dieselbe Wahrheit von alten Lehrern und Führern der Menschheit entgegenleuchtet, dann bekommen wir erst ein richtiges Verhältnis zu diesen Führern der Menschheit. Dann werden uns diese erst lebendig, dann verstehen wir sie erst in richtiger Weise.

Dann wird uns auch die Menschheitsevolution zu einem gewaltigen Gespräch, das die Geister führen, jetzt nicht nur im Raum zueinander tönend, sondern in den aufeinanderfolgenden Zeitperioden einander aufklärend, einander ergänzend und im Strom der Kulturen weiterführend.

Siebter Vortrag

Natur und Geist im Kosmos:
Monde, Planeten, Sterne, Kometen

Helsinki, 10. April 1912

Meine lieben° Freunde!

Sie werden aus den bisher gehaltenen Vorträgen entnommen haben, dass wenn wir in das Planetensystem, in den gestirnten Himmel überhaupt hinausblicken, wir für den physischen Blick wahrhaft nur eine Maja, nur eine große Illusion vor uns haben, dass wir zur Realität, zur Wirklichkeit erst dann kommen, wenn wir uns Erkenntnisse davon verschaffen, was in diesen verschiedenen Himmelskörpern an geistigen Wesenheiten wirkt.

Wir mussten mit unseren Betrachtungen den Versuch machen, die einzelnen geistigen Wesenheiten, die im Weltraum, in den Sternensystemen wirken, als solche geistigen Wesenheiten kennenzulernen. Wir mussten mit anderen Worten den Versuch machen, die verschiedenen Wesenheiten der drei über den Menschen stehenden Hierarchien kennenzulernen.

Sie haben bemerkt, meine lieben° Freunde, dass wir uns bisher den Wesenheiten dieser Hierarchien genähert haben, indem wir überall auf die Wege hingewiesen haben, auf denen das okkulte Bewusstsein wirklich zu einer Art Wahrnehmung, zu einer Art Auffassung jener Wesenheiten hindringt, die in der übersinnlichen Welt über den Menschen unmittelbar oder auch mittelbar erhaben sind. So haben wir versucht, einen inneren, mystisch-esoterischen Weg zu gehen, um eine Art von Vorstellung, von rein geistig-seelischer Vorstellung, über den Charakter der Wesenheiten höherer Hierarchien zu gewinnen.

Nur in der letzten Stunde haben wir versucht, von dem Inneren ein wenig ins Äußere zu kommen und zu zeigen, wie durch das Zusammenwirken einer Zweiheit in den Hierarchien, der normalen und der luziferischen Wesen der Hierarchien, die äußeren, für die Sinne sichtbaren Formen der Sterne zustande kommen.

Im heutigen Vortrag möchte ich, bevor wir in der esoterisch-mystischen Betrachtung vorwärtsschreiten, von einer anderen Seite her, nämlich von der Seite, die dem gewöhnlichen Bewusstsein gegeben ist, den Weg suchen, der sich dann wiederum mit den Wegen zusammenschließt, die wir in den früheren Stunden genommen haben. Allerdings werden wir uns auf mancherlei in den früheren Stunden beziehen müssen, wenn wir diesen mehr äußerlichen Weg betrachten, der von den für das gewöhnliche Bewusstsein vorhandenen Tatsachen ausgeht.

Wenn das gewöhnliche Bewusstsein in den Weltraum hinaussieht, so findet es zunächst schon als solches gewöhnliches Bewusstsein Himmelskörper verschiedener Art. Diese Himmelskörper verschiedener Art sind ja auch von der äußeren materialistischen Astronomie unterschieden und beschrieben worden. Wir wollen heute dasjenige ins Auge fassen, was gewissermaßen innerhalb eines Planetensystems schon für das äußere Bewusstsein, für die materialistische Astronomie zutage tritt.

Wir haben da die Planeten selbst, haben allen Planeten wie ein sie Beherrschendes den Fixstern, die Sonne, gegenübergestellt und um die Planeten herumkreisend die Monde. Und wir haben innerhalb des Planetensystems jene merkwürdigen Sterne, die sich so schwer für das äußere Bewusstsein in das Gesamtbild des Planetensystems einreihen lassen, wir haben die meteorischen, kometenartigen Körper.

Wir wollen zunächst von allem Übrigen in den Sternensystemen absehen und wollen diese *Vierheit innerhalb eines Planetensystems* ins Auge fassen:

- den *Planeten,*
- den *Fixstern,*
- den *Mond* und
- den *Kometen.*

Wir wollen nun einmal uns über die selbstverständliche Tatsache klar sein, dass für das normale, äußere Bewusstsein eigentlich nur die Beobachtung des Planeten und zwar jenes Planeten, auf dem sich dieses normale Bewusstsein selbst wahrnehmend befindet, möglich ist – also für die Erdbewohner die Erde als Planeten. Alles Übrige ist für das normale äußere Bewusstsein zunächst nur, man möchte sagen, seiner alleräußersten Seite nach beobachtbar. Wir wollen mit den Voraussetzungen, die uns der esoterisch-okkulte Weg gegeben hat, an diese äußerliche Einteilung, die das normale Bewusstsein gibt, herantreten.

Wir haben bisher in der Reihe der Wesenheiten, die in Betracht kommen, den Menschen selber als auf der untersten Stufe der *hierarchischen Leiter* stehend unterschieden, sind dann durch die drei Kategorien der dritten Hierarchie aufgestiegen und haben die entsprechenden Wesenheiten charakterisiert, die wir nach der abendländischen Esoterik Engel, Erzengel und Zeitgeister nennen.

Wir haben dann über diesen stehend als nächste Hierarchie diejenigen Wesenheiten, die wir als Geister der Form, Geister der Bewegung und Geister der Weisheit bezeichnet haben, und darüber die Geister des Willens oder Throne, die Cherubim und die Seraphim.

Wenn wir so die Reihe der einzelnen Wesenheiten, die Rangstufenleiter der einzelnen Wesenheiten der Hierarchien ins Auge fassen, dann haben wir zunächst vor dem esoterischen Bewusstsein Erdenverhältnisse im Auge. Mit allen diesen Wesenheiten haben wir es ja zu tun, wie wir gesehen haben, wenn wir den Menschen und alles das, was auf seinem Planeten zu ihm gehört, vollständig betrachten wollen.

Wir sahen in den letzten Stunden, dass die Erscheinungen am Menschen und an seinem Planeten nicht zu erklären sind, geistig nicht zu erklären sind, wenn wir nicht diese Wesenheiten ins Auge fassen.

Denn wir haben gesehen, dass wir es von dem Menschen bis zu den Zeitgeistern mit Wesenheiten zu tun haben, die zunächst im menschlich-geschichtlichen Kulturprozess ihre Rolle spielen, sodass wir in diesen Wesenheiten der dritten Hierarchie dasjenige zu sehen haben, was im Laufe der Erdentwicklung den Menschen selbst Schritt für Schritt vorwärtsbringt, was die Kulturentwicklung leitet.

Wir haben ferner gesehen, dass während diese Wesenheiten der dritten Hierarchie im Kulturprozess selbst oben bleiben, gewisse Nachkommen von ihnen, die wir die Naturgeister genannt haben, in die Welt des natürlichen Daseins hinuntersteigen und als Naturgeister wirken.

Wir haben dann gesehen, dass wenn wir den Planeten selbst ins Auge fassen, dasjenige, was zum Planeten gehört, nicht erklärt werden kann, wenn wir nicht seine Form durch die Geister der Form bestimmt denken, seine innere Beweglichkeit und Regsamkeit durch die Geister der Bewegung, das Planetenbewusstsein durch die Geister der Weisheit. Damit sind wir innerhalb des Planeten stehen geblieben, also innerhalb dessen, was zum Beispiel von der Erde zum Menschen gehört.

Wir haben weiterhin gesehen, dass wenn nur die höheren Wesenheiten bis zu den Geistern der Weisheit wirksam wären, der Planet stillstehen würde. Dass er sich bewegt, dass er einen Bewegungsimpuls hat, das mussten wir den Geistern des Willens zuschreiben. Und dass die Bewegung in dem Plan des ganzen Planetensystems geregelt ist, das mussten wir den Cherubim zuschreiben.

Damit aber haben wir schon das Planetensystem zusammengefügt. Denn indem die einzelnen Bewegungen der Planeten so geregelt werden, dass sie zusammen ein System bilden, ist die Voraussetzung gegeben, dass das Ganze von dem Fixstern aus dirigiert wird.

Und in den Seraphim haben wir dann das, was vom Planetensystem nach dem Weltraum, nach den benachbarten Planetensystemen hinausspricht. Wir konnten es damit vergleichen, dass auch die Menschen im sozialen Zusammenhang nicht nur einzeln für sich gehen – was sich mit der Leitung° der Geister des Willens vergleichen ließe –, sondern dass Menschen sich durch die Sprache verständigen. So findet Verständigung von einem Planetensystem zum anderen durch die Seraphim statt. Sie sind für das Planetensystem, was auf der Erde die Sprache zum Ausdruck bringt, die die Menschen zusammenführt, zusammenhält, zur Verständigung führt.

Die Seraphim tragen die Botschaften von einem Planetensystem zum anderen, geben von dem, was in einem Planetensystem geschieht, Kunde an das andere Planetensystem. Dadurch schließt sich die Welt der Planetensysteme zusammen und bildet ein Ganzes.

Im Grunde mussten wir also diese Stufenfolge von Wesenheiten der Hierarchien anführen, weil all das, was von diesen Hierarchien an Kräften, an Wirkungsweisen ausgeht, an der gesamten Erscheinung des Menschen auf seinem Planeten wahrnehmbar ist. So wie der okkulte Blick uns lehrt, dass dieses ganze System von Wesenheiten mit dem Erdplaneten zu tun hat, so hat in ähnlicher Weise ein ähnliches System mit anderen Planeten zu tun.

Wenn der Mensch mit allen ihm zu Gebote stehenden Mitteln den okkulten Blick zu den anderen Planeten unseres Planetensystems hinrichtet, dann findet er, dass dieselben Erfahrungen, die wir machen, wenn wir als Menschen uns den Seraphim, den Cherubim oder den Thronen nähern, wir auch in Bezug auf andere Planeten machen.

Mit anderen Worten: Alles, was ich Ihnen geschildert habe als notwendig, um sich zu einer seraphischen, einer cherubischen Wesenheit zu erheben, zu einer Wesenheit, die in die Reihe der Throne gehört, alles das, was man tun muss, um sich zu diesen Geistern zu erheben, insofern diese an den Geschehnissen des Erdplaneten mitwir-

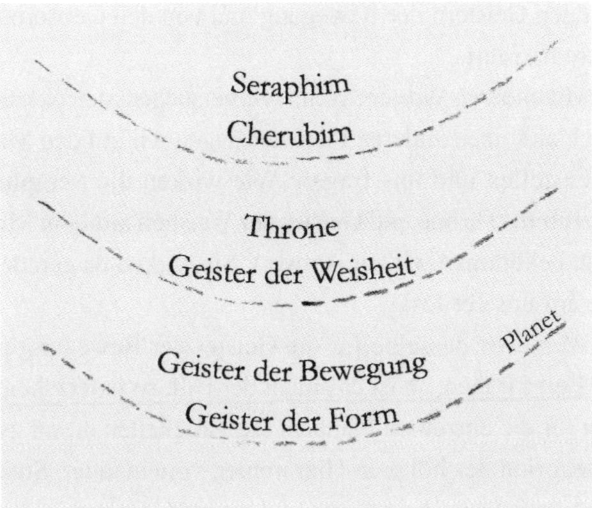

ken, alles das findet man, wenn man den okkulten Blick auf den Saturn oder auch auf andere Planeten unseres Systems beobachtend richtet. Genau in derselben Weise muss man bis herunter zu den Geistern der Bewegung vorgehen.

Seraphim, Cherubim, Throne und Geister der Weisheit: Bis hierher ist für alle einzelnen Planeten unseres Planetensystems das Ergebnis für den okkulten Blick ganz das gleiche. Ob Sie die Beobachtung für den Mars, für den Jupiter, für den Merkur oder die Venus anstellen, überall finden Sie dieselben Ergebnisse, wenn Sie die Arbeiten der Seraphim, Cherubim, Throne und Geister der Weisheit ins Auge fassen.

Dagegen finden wir nicht mehr dieselben Ergebnisse, meine lieben° Freunde, wenn wir für die anderen Planeten unseres Systems ins Auge fassen, was an Wirkungsweisen von den Geistern der Bewegung und von den Geistern der Form herrührt.

Mit anderen Worten: Wenn wir versuchen, den okkulten Blick auf einen anderen Planeten, sagen wir auf den Mars, einzustellen und uns fragen: Wie wirken die Seraphim, Cherubim, Throne und Geister der Weisheit auf dem Mars, dann bekommen wir zur Antwort: Sie wirken da gerade so wie auf unserer Erde.

Wenn wir dasselbe für die Geister der Bewegung und der Form fragen, so ist das nicht der Fall, so unterscheiden sich für die einzelnen Planeten die Tätigkeiten dieser zwei Kategorien der höheren Hierarchien voneinander. Sodass wir eigene Geister der Form und eigene Geister der Bewegung für jeden einzelnen Planeten unseres Planetensystems unterscheiden müssen.

Wir können nun den okkult geschulten Blick auch auf die Sonne selbst richten, auf den *Fixstern*.

Wenn wir den Fixstern selber in seiner Wesenheit kennenlernen wollen, so müssen wir achtgeben, dass wir nicht in die Beobachtung des Fixsterns dasjenige hineinmischen, was im Grunde genommen nicht für den Fixstern, sondern für die umgebenden Planeten Bedeutung hat.

Verstehen wir uns recht: Wir haben vorgestern ausgeführt, wie alle diese Wesenheiten der höheren Hierarchien bis zu den Geistern der Form hin, also von den Seraphim herunter bis zu diesen Geistern der Form, wie eine Art von Kollegium im Weltsystem wirken, das seinen Sitz in der Sonne hat, sodass der Ausgangspunkt für die Wirkungen dieser Geister in der Tat in der Sonne liegt.

Wenn wir also heute angeführt haben, dass zum Beispiel der Mars seine eigenen Geister der Form hat, ebenso der Jupiter, ebenso die Erde, so müssen wir uns vorstellen – wenn wir bildlich sprechen wollen, denn in Bezug auf diese erhabenen Verhältnisse ist alles mehr oder weniger Bild –, dass der Sitz, der Ausgangspunkt der Wirkungen für die Geister der Form des Mars, für die Geister der Form des Jupiter und so weiter immer in der Sonne, im Fixstern ist, dass sie von dort aus wirken.

Aber den Geistern der Form, die auf den Mars wirken, ist von der Sonne aus sozusagen dieses Ressort zugeteilt. Sie wirken als Geister der Form von der Sonne aus auf den Mars, andere auf die Erde, andere auf den Jupiter. Dasjenige, was sie so tun, ist eine Tätigkeit, die dem System zugute kommt.

Jetzt fragen wir aber nicht: Was geschieht von der Sonne, von dem Fixstern aus für die Planeten?, sondern: Was geschieht innerhalb des Bereichs des Fixsterns für seine eigenen Wesen, für die Entwicklung der eigenen Wesenheiten auf dem Fixstern?

Nicht wahr, wir können da die Sache geradeso auffassen wie vergleichsweise dasjenige, was ein Mensch für den anderen tut. Wir können die Tätigkeit, die ein Mensch für den anderen tut, nicht unmittelbar so auffassen, dass diese Tätigkeit etwas für seine eigene Entwicklung bedeuten muss. Sie kommt dem anderen zugute. So kommt die Tätigkeit der Geister der Bewegung und der Geister der Form, die hier gemeint ist, dem Planetensystem zugute.

Jetzt aber fragen wir: Wie geschieht auf dem Fixstern als solchem, als einem Einzelwesen, die Entwicklung – wenn wir davon absehen, dass der Fixstern von Planeten umgeben ist? Was beteiligt sich auf dem Fixstern selbst an der Entwicklung der Wesenheiten?

Und da bekommen wir in der Tat dieselbe Grenze. Wenn wir nämlich den okkulten Blick nach dem Fixstern richten,

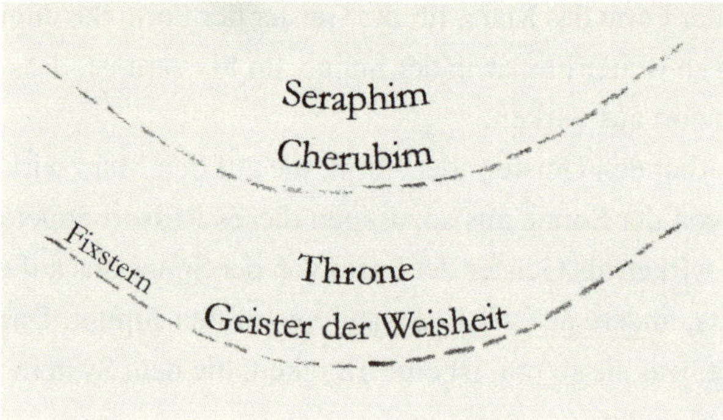

also zunächst in unserem Planetensystem nach der Sonne hin, da müssen wir sagen: Eine gewisse Macht über die Wesen der Sonne haben nur diejenigen geistigen Wesenheiten der höheren Hierarchien, welche von den Seraphim bis zu den Geistern der Weisheit heruntergehen.

Die sind aktiv für die Entwicklung des Fixsterns selbst und seiner Wesenheiten, während die Geister der Bewegung und der Form für die Entwicklung der Wesen auf dem Fixstern selbst nichts tun können, sondern eben das zugeteilt haben, was den Fixstern im Planetensystem umgibt.

Wenn wir also den Blick zum Fixstern hinaufrichten, dann können wir sagen: Das Leben auf dem Fixstern ist ein so erhabenes, ein so großartiges, gewaltiges, dass die Wesenheiten, die auf dem Fixstern sich entwickeln, nur mit Wesenheiten von solcher Erhabenheit zu tun haben, wie die Seraphim, Cherubim, Throne und Geister der Weisheit sind, während die Wesen, die auf dem Fixstern selbst ihre Evolution durchmachen – die Geister der Bewegung und der Form –, ohnmächtig sind, an dieser Entwicklung irgendetwas zu tun.

Sie sind nicht von so hohem Rang, sie, die doch etwas Ungeheures für die Menschheit auf dem Erdenplaneten bedeuten. Sie sind für die Wesenheiten des Fixsterns von keiner Bedeutung, sie sind ohnmächtig, in die Entwicklung, in die Evolution des Fixsterns einzugreifen.

Wenn wir also auf der einen Seite das Wesen des Planeten ins Auge fassen und zunächst vom Menschen absehen, der auf dem Planeten, auf unserer Erde, wohnt, so können wir sagen: Für den Planeten, insofern dieser Planet seine Stellung im Sonnensystem hat, haben Einfluss auf die Entwicklung die Wesenheiten bis herunter zu den Geistern der Form. Sodass wir

- bis zu den Geistern der Weisheit zu zählen haben die Einflusssphäre der *Fixsterne,*

- bis zu den Geistern der Form herunter die Einflusssphäre der *Planeten.*

Nun bleiben uns innerhalb des Planetensystems noch zwei Weltkörper: die Monde und die Kometen. Und die Frage ist: Wie stellen sich diese Weltkörper dem okkulten Blick dar? Wenn der okkulte Blick sich auf den *Mond* einstellt, der unsere Erde umgibt, welche Wirkungsarten findet er da?

Von dem, was auf der Erde als menschliches Leben sich entwickelt, findet man mit dem okkulten Blick auf dem Mond nichts. Eine der menschlichen ähnliche Evolution ist auf dem Mond nicht aufzufinden. Ebenso wenig ist auf ihm etwas aufzufinden, was in Bezug auf seine Evolution unserem Tierreich gleichen würde. Das ist beides auf unserem Mond für die okkulte Entwicklung nicht aufzufinden.

Ich will damit durchaus nicht – was ja wirklich eine Trivialität wäre – etwa bloß die Äußerlichkeit sagen, dass keine im Fleisch verkörperten Menschen auf dem Mond herumlaufen oder solche Tiere, wie sie auf der Erde vorkommen, sondern der Okkultist meint, wenn er einen solchen Ausspruch tut, etwas wesentlich anderes.

Es könnte ja durchaus sein, dass so etwas wie die höheren Glieder der Menschennatur – das menschliche Ich oder der menschliche Astralleib – unter anderen Bedingungen auf irgendeinem Weltkörper vorhanden wären und dort eine Entwicklung durchmachten, ohne im menschlichen fleischlichen Leib oder Ätherleib verkörpert zu sein. Es wäre also denkbar, dass eine Evolution zum Beispiel im geistigen Sinne auf dem Mond stattfinden könnte, ohne dass die äußere Verkörperung, die äußere Ausprägung der Wesenheiten so wäre wie die des Menschen. Aber das ist eben nicht der Fall.

Etwas wie eine menschliche Geschichte, wie eine Entwicklung von Wesenheiten, die auch seelisch dem Menschen oder unseren Tieren ähnlich wären, findet auf dem Mond nicht statt.

Aber auch wenn wir vom Menschen nach aufwärts zu denjenigen Wesen aufsteigen, die wir die nächsten geistigen Führer des Menschen genannt haben, die wir in der Reihe der Wesenheiten der höheren Hierarchien als Engel oder Angeloi angesprochen haben, auch ihre Evolution, die Evolution der Engel, finden wir nicht auf dem Mond. Wir finden dort keine Wirkungsweisen, keine Kräfte wie die auf der Erde, die vom Eingreifen der Engel ausgehen. Wir haben ziemlich genau charakterisiert, was diese Wesenheiten für den Menschen auf der Erde zu tun haben. Solch ein Eingreifen findet auf dem Mond nicht statt. Wir finden auf dem Mond nirgends die Spur einer menschlichen oder tierischen Tätigkeit oder einer solchen, wie wir sie vom Engel kennen.

Wenn wir nun weiter die Kräfte ins Auge fassen, mit welchen die Erzengel die menschliche Evolution vorwärtsbringen, und wenn wir den okkulten Blick auf den Mond hin einstellen, dann finden wir dort merkwürdigerweise diese Kräfte vorhanden. Der okkulte Blick findet auf dem Mond dieselben Kräfte als wirksame Kräfte vorhanden, die er findet, wenn er innerhalb der Erdentwicklung die Entwicklung eines Volkes durch seinen Volksgeist, durch seinen Erzengel erblickt. Der Erzengel, der geistig das Volksleben leitet, ist in der charakterisierten Eigentümlichkeit seiner Kräfte auf dem Mond vorhanden, spricht zu uns, wenn wir den okkulten Blick auf den Mond hin einstellen.

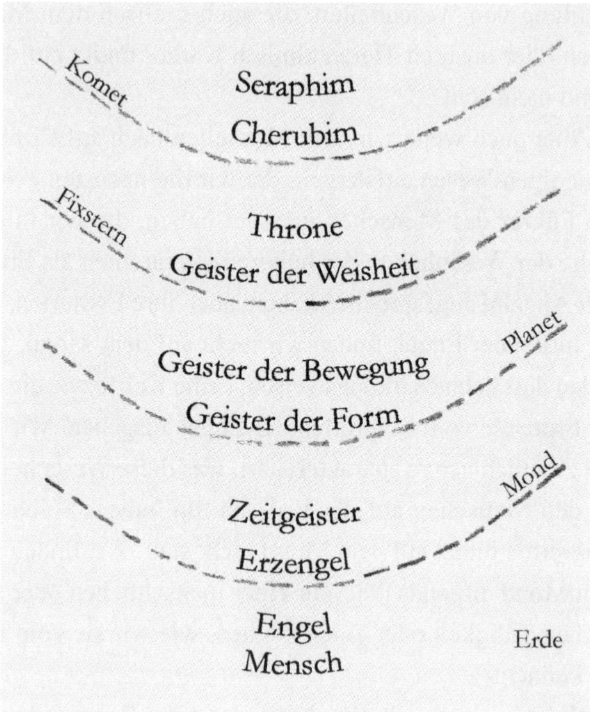

Wenn wir die Wesenheit derjenigen geistigen Wesen, die wir als die Archai oder Zeitgeister bezeichnen, ins Auge fassen, derjenigen Wesenheiten, welche die irdische Evolution von Epoche zu Epoche übernehmen und weiterleiten – also zum Beispiel von der ägyptischen zur griechischen Kultur oder von der griechischen zu unserer gegenwärtigen –, wenn wir uns eine okkulte Anschauung von den Kräften verschaffen, die da bei der Führung der Evolution durch die Zeitgeister walten, dann finden wir, wenn wir anschauen, was uns vom Mond entgegenblickt, wiederum dieselbe charakteristische Art von Kräften.

Wie wir also für den Planeten als seine Sphäre die Wesenheiten der geistigen Hierarchien bis zu den Geistern der Form bezeichnen konnten, so können wir beim Mond eine Grenze machen und sagen: Es erstreckt sich die Sphäre des Mondes bis in das Gebiet der Erzengel herunter.

Nun wird es für unsere weitere Betrachtung nützlich sein, bevor wir in derselben Weise wie bisher die Ergebnisse des okkulten Blicks verfolgen, wenn wir Mond, Planeten und Fixstern noch weiter vom Gesichtspunkt des Okkultismus aus miteinander vergleichen.

Es ist notwendig, meine lieben° Freunde, wenn man eine solche Betrachtung anstellt, dass man sich zuerst ordentliche Vorstellungen über das aneignet, was schon am Menschen selbst, und zwar am physischen Leib des Menschen, vorhanden ist und was von der gewöhnlichen materialistischen Anatomie und Physiologie unserer Wissenschaft ganz und gar nicht berücksichtigt wird.

Nicht wahr, der gewöhnliche Anatom von heute, was tut er, wenn er den physischen Leib untersucht? Nun, er untersucht ein Stück Leber, dann ein Stück Nerven- und Gehirnmasse, als nebeneinanderliegende Substanzen. Er untersucht beide so, wie man eben zwei Dinge nebeneinanderlegt und sie miteinander vergleicht, rein äußerlich.

Er zieht nicht in Erwägung, der gewöhnliche, äußerlich-materialistische Anatom oder Physiologe, dass wenn wir ein Stück Gehirnsubstanz und ein Stück Lebersubstanz vor uns haben, wir überhaupt ganz radikal verschiedene Dinge haben.

Wir haben an dem einen Teil des menschlichen Leibes etwas an uns, woran die höheren Leiber, die übersinnlichen Glieder, in ganz anderer Weise arbeiten als an einem anderen Teil.

So zum Beispiel, wenn wir ein Stück Gehirnsubstanz haben, so ist in diesem alles so, dass die ganze Struktur, die ganze Formung nicht entstehen könnte, wenn diese Substanz nicht auch von einem astralischen Leib, nicht nur vom Ätherleib, durcharbeitet wäre. Der astralische Leib durchsetzt, durcharbeitet die Gehirnsubstanz, und es ist nichts innerhalb der Gehirnsubstanz, nichts innerhalb irgendeiner Nervensubstanz, worin nicht der astralische Leib neben dem ätherischen Leib mitarbeitete.

Nehmen Sie dagegen einen großen Teil der Leber, so müssten Sie sich das so vorstellen, dass zwar der astralische Leib die Leber auch durchdringt, dass er aber in der Leber nichts tut, keinen Anteil an der inneren Organisation der Leber nimmt – dass dagegen an der Organisation, an der Struktur der Leber der Ätherleib einen ganz wesentlichen Anteil nimmt.

Die verschiedenen Organe sind eigentlich beim Menschen ganz verschiedene Dinge. Ein Stück Leber ist etwas, was wir nur studieren können, wenn wir wissen, dass da der Ätherleib mit seinen Kräften den Hauptanteil hat und dass der astralische Leib die Leber wie Wasser den Schwamm zwar durchsetzt, aber an der Bildung der Leber, an der inneren Konfiguration derselben keinen besonderen Anteil hat.

Ein Stück Gehirnsubstanz können wir uns nicht anders vorstellen als so, dass der astralische Leib einen großen, wesentlichen Anteil hat und der ätherische Leib nur einen geringen. Wiederum hat das Ich an der ganzen Struktur des Blutsystems, bis in den Bau des Herzens hinein, einen wesentlichen Anteil, während zum Beispiel an der Organisation der Nervensubstanz als solcher das Ich gar keinen Anteil hat, geschweige denn an den anderen Organen.

So haben wir, wenn wir den physischen Leib des Menschen im Sinne von wirklichem Okkultismus und nicht im Sinne bloßer okkulter Schematik betrachten, in seinen verschiedenen Organen Dinge, Wesen von ganz verschiedener Wertigkeit, überhaupt von ganz verschiedener Natur.

Wir können sagen: Schon im Menschen hängt das, was ein Organ ist, Leber oder Milz, von den höheren Gliedern ab, die in sie hineinwirken. Leber und Milz sind ganz verschiedene Organe: An der Milz hat der astralische Leib in ganz besonderer Weise einen starken Anteil, während er an der Leber fast gar keinen Anteil hat.

Alle diese Dinge werden einmal, und zwar in nicht sehr ferner Zeit, auch von den Physiologen und Anatomen studiert werden müssen, weil in der materialistischen Beschreibung der menschlichen, tierischen und pflanzlichen Organe nach und nach Tatsachen zutage treten werden, die keinen

Sinn haben, wenn man die Dinge nur so nebeneinanderlegt wie Erbsen und Bohnen, wie es die äußere Anatomie und Physiologie heute tun.

Wie ein Ding in der Welt und am Menschen zum Geist steht, so ist es überhaupt, so ist sein Wesen. Und so wie es beim Menschen ist, so ist es auch im Himmelssystem: Ein Mond ist etwas ganz anderes als ein Planet oder ein Fixstern.

Wenn wir schon gesehen haben, dass die Beziehungen der Wesenheiten der höheren Hierarchien andere sind zum Fixstern und wiederum andere zum Planeten und andere zum Mond, so müssen wir noch Folgendes ins Auge fassen, um die Verschiedenheit von Mond, Planet und Fixstern zu charakterisieren.

Nehmen wir einmal aus einem Planetensystem – wie wenn wir es herausschälen würden – alles heraus, was *die Monde* der einzelnen Planeten sind. Das heißt, denken Sie sich für einen Moment den Fixstern selber weg, denken Sie sich die Planeten weg, sodass im Planetensystem nur die Monde übrig bleiben.

Wenn der okkulte Blick so gerichtet wird, dass er nur dasjenige beobachtet, was ich Ihnen eben hervorgehoben habe – die Monde, alles, was innerhalb eines Planetensystems Mond ist, alles, wo die Kräfte bis zu den Erzengeln herunter dieselben sind wie auf unserer Erde in der aufeinanderfolgenden Evolution der Menschheit –, dann bekommen wir einen ganz bestimmten Eindruck, dann machen wir eine ganz bestimmte okkulte Erfahrung. Diese okkulte Erfahrung können wir noch ein zweites Mal machen.

Nicht wahr, derjenige, der mit dem praktisch-okkulten Blick an die Dinge herangeht, der kann, wenn er genügend Willensvermögen hat, sich die Fixsterne und die Planeten aus dem Planetensystem wegdenken. Es bleiben ihm dann die Monde zurück, das heißt, er stellt seinen Blick auf alles das ein, wofür er sich so vorbereitet hat. Und nun muss man noch etwas anderes suchen, wo man denselben Eindruck hat, den man so von allen Monden eines Planetensystems zusammen hat.

Genau denselben Eindruck, den man von allen Monden zusammen hat, hat man, wenn man einen menschlichen *Leichnam* betrachtet, einen physischen Leib, dessen Träger eben oder vor kurzer Zeit durch die Pforte des Todes gegangen ist. So sehr die Dinge äußerlich verschieden aussehen – das, was die äußere Naturwissenschaft angibt als äußere Verschiedenheit, das ist Maja.

Was sich für den okkulten Blick als Eindruck° ergibt, wie wir als Menschen mit diesem Eindruck° das eine Mal zu der Summe der Monde eines Planetensystems stehen und das andere Mal zu dem, was ein physischer Leib als Eindruck hervorruft, der von seinem ätherischen, seinem astralischen Leib und so weiter verlassen worden ist, das ist das Gleiche.

Daraus ergibt sich die okkulte Erkenntnis, dass das Planetensystem in den fortdauernd entstehenden Monden innerhalb seiner selbst nach und nach seinen Leichnam ausbildet. Alle Monde eines Planetensystems sind das, was sich fortwährend als der Leichnam des Planetensystems eingliedert.

Der Unterschied gegenüber dem Menschen ist der, dass der Mensch von dem Augenblick an, wo er mit seiner Wesenheit in den Zustand übergeht, in dem das Planetensystem ist, wenn es seine Monde bildet, dass er dann seinen Leichnam ausscheidet – das Planetensystem aber den Leichnam, das Absterbende in den Monden, in sich behält, zusammenschnürt, zusammenkondensiert.

Es ist so, wie wenn der Mensch, wenn er durch die Pforte des Todes geht, seinen physischen Leib nicht ablegen, sondern zu irgendwelchen Organen zusammenballen würde und durch irgendeine Kraft, die er an sich hat, ihn noch weiterschleppen würde. In seinen Monden schleppt tatsächlich ein Planetensystem seinen eigenen fortwährend sich ändernden Leichnam mit sich, einen Leichnam, der im Werden ist, der in Evolution sich befindet.

Wir gehen nun weiter und versuchen, einen Eindruck° zu schildern, welchen der okkulte Blick hat, wenn er alle Monde eines Planetensystems, den Fixstern und die eventuell vorhandenen Kometen wegdenkt. Wenn er also das ganze System der Planeten selbst ins Auge fasst, es vor seinen okkulten Blick hinstellt, indem er vollständig konzentriert nur dieses System der Planeten auf sich wirken lässt, wenn er dann den Eindruck° sich klarmacht und ihn seinem Gedächtnis einprägt, um ihn charakterisieren zu können, dann muss er später wiederum diesen Eindruck° mit irgendetwas anderem vergleichen, das verschieden ist von dem Eindruck, den er von den einzelnen Planeten erhält.

Wenn der Mensch nach irgendetwas sucht, was ihm einen solchen Eindruck gibt wie die *Gesamtheit der Planeten* eines Systems, dann kommt er in seiner nächsten irdischen Umgebung zu nichts anderem als zu dem Eindruck, den er hat, wenn er die verschiedenen Formen von Tieren auf sich wirken lässt.

Es ist außerordentlich schwierig, den Eindruck vollständig zu gewinnen, aber man kann ihn dadurch partiell gewinnen, dass man verschiedene tierische Formen auf sich wirken lässt. Man kann nicht einen okkulten Eindruck von allen Tieren auf der Erde zu gleicher Zeit haben, das wäre zu kompliziert, aber man kann einen Kompromiss machen, wenn man eine Anzahl von charakteristischen Tierformen so auf sich wirken lässt, dass man nur dasjenige, was an okkulten Kräften in den tierischen Formen wirkt, in Betracht zieht. Dann kann man mit dem vergleichenden okkulten Blick aus den tierischen Formen etwas gewinnen, was einen ähnlichen Eindruck macht wie die Gesamtheit der Planeten eines Systems.

Weil also das Tierreich auf der Erde lebt – und insofern der Mensch in seinem lebendigen Leib den Extrakt des tierischen Leibes hat, können wir auch den lebendigen menschlichen Leib zum Vergleich heranziehen –, weil das Tierreich auf der Erde lebt und der Eindruck° von all den in ihm wirkenden Kräften dem Eindruck° von den Kräften ähnlich ist, die von den einzelnen Planeten ausgehen, können wir sagen: Der *lebendige Leib,* der Leib, mit dem ein lebendiges, bewusstes Wesen begabt ist, wie wir solches etwa im ursprünglichen° Menschen oder in den Tieren kennen, der entspricht dem System der Planeten eines Planetensystems. Sodass wir den lebendigen Leib, das heißt den Leib vom Prinzip des Lebens und des Bewusstseins durchdrungen, innerhalb eines ganzen Planetensystems in demjenigen vor uns haben, was wir nennen können: die Gesamtheit der Planetenmasse. Die Gesamtheit der Planeten eines Systems ist also der lebendige Leib des Planetensystems.

Wenn wir alle die geistigen Wesenheiten, welche wir als im Planetensystem enthalten beschrieben haben, als den Geist und die Seele des Planetensystems betrachten, so haben wir

- als den *lebendigen Leib* die Gesamtheit der *Planeten* zu betrachten und
- als den mitgeschleppten *Leichnam* der Planeten die Gesamtheit der *Monde.*

Nun richten wir den okkulten Blick auf den *Fixstern,* bei uns also auf die Sonne.

Wir suchen in einer ähnlichen Weise, wie wir das für die Gesamtheit der Monde und der Planeten geschildert haben, einen Eindruck° von dem Fixstern zu gewinnen. Wenn wir uns merken, was wir durch die Kräfte, die am Fixstern wirksam sind, als Eindruck° gewinnen, so können wir wiederum etwas finden, was innerhalb der Erdenverhältnisse selbst den gleichen Eindruck° in uns hervorrufen kann.

Und siehe da, es ist das wiederum etwas schwierig, weil wir es diesmal mit den Pflanzen zu tun haben und wir nicht die gesamte Pflanzenwelt auf unserer Erde heranziehen können. Aber es genügt, wenn man vergleichsweise nur eine Anzahl von *Pflanzenformen* in das okkulte Auge fasst, wenn man den okkulten Eindruck° von dem bekommt, was in den Pflanzen wirkt und lebt. Und wenn man das auf seinen okkulten Blick wirken lässt, so erinnert das an den Eindruck°, den man von der inneren Entwicklung des Fixsterns erhalten hat.

Die Verschiedenheit wird allerdings immer größer und größer. Es ist die Ähnlichkeit zwischen dem menschlichen Leichnam nach dem Tod und der Gesamtheit der Monde in Bezug auf den okkulten Eindruck° eigentlich noch eine frappierende. Diese Ähnlichkeit ist auch bei dem Eindruck° ausgesprochen vorhanden, den die Pflanzenwelt und der Fixstern auf den Menschen machen. Die Ähnlichkeit ist deutlich vorhanden, aber sie ist nicht mehr so groß wie die zwischen dem abgelegten physischen Menschenleib und der Gesamtheit der Monde.

Es wird aber die Ähnlichkeit viel größer, wenn wir jetzt dem okkulten Blick noch etwas Besonderes zumuten, wenn wir nämlich, nachdem wir den Eindruck° von einer Anzahl von Pflanzenformen bekommen haben, nun auch noch von diesen Pflanzen absehen, die wir mit dem okkulten Blick beobachtet haben, von den physischen Pflanzenleibern absehen und jene Mittel anwenden, die der praktische Okkultist anwendet, wenn er die *Ätherleiber der Pflanzen* betrachtet.

Also, wir machen eine Nebenbeobachtung: Wir haben uns den Eindruck° gemerkt, den wir vom Fixstern bekommen, suchen dann den schon ähnlichen, aber uns doch noch nicht befriedigenden Eindruck°, den wir von einer Anzahl von Pflanzen bekommen; wir gehen weiter, wir abstrahieren von der äußeren Form der Pflanzen und lassen nur den Ätherleib, der ja in den Pflanzen ist, auf uns wirken.

Dann erhöht sich diese Ähnlichkeit und wird fast so groß wie die Ähnlichkeit zwischen dem physischen Leichnam des Menschen und der Gesamtheit der Monde. Daraus ergibt sich für die okkulte Erkenntnis, dass wir, indem wir zum Fixstern hinaufblicken, das als im Fixstern wirkend erfasst haben, was der *Ätherleib des Planetensystems* ist. Denn wir bekommen tatsächlich den Eindruck eines Ätherleibes.

Wir verstehen den Eindruck, den wir vom Fixstern bekommen, wenn wir an den Pflanzen den Ätherleib da betrachten, wo der Ätherleib noch nicht mit einem astralischen Leib vermischt wirkt, wo er nur als ätherischer Leib mit dem physischen zusammen wirkt. Es ergibt sich also daraus die Erkenntnis, dass indem wir auf den Fixstern blicken, wir in der Tat vom Fixstern ausstrahlend den Ätherleib des Planetensystems haben.

Wir können jetzt sagen:

- Im *Mond* haben wir den *Leichnam* des Planetensystems;
- in der Summe der *Planeten* haben wir den Leib, und zwar den *physischen Leib,*
- in dem *Fixstern* selber, von ihm ausstrahlend, haben wir den *ätherischen Leib* des Planetensystems.

In der Tat, für den okkulten Blick hört sehr bald die Möglichkeit auf, jenes Tote, man möchte sagen, Papiermascheeartige, das in aller physischen Astronomie vorliegt, festzuhalten. Denn der okkulte Blick merkt überall, wie das gesamte Planetensystem von Leben durchströmt ist, ein lebendiger Organismus ist.

Es geht ein fortwährender Strom ätherischen Lebens vom Fixstern aus bis zum äußersten Rand des Planetensystems und fließt wiederum zurück. Wir haben es fortwährend wie im lebendigen tierischen und pflanzlichen Leib mit Lebenskräften zu tun, die ungefähr so innerhalb des Fixsterns zentriert sind – ich sage das jetzt vergleichsweise –, wie das Leben des Tieres im Herzen zentriert ist oder wie das pflanzliche Leben in den verschiedenen Organen zentriert ist, welche die auf- und absteigende Säftebewegung regeln. Kurz, wir haben es mit einem Zentrum des Planetensystems zu tun, das wir im Fixstern zu suchen haben.

Dann kann man den okkulten Blick auch noch auf den *Kometen* richten, auf das kometarische Leben.

Nun, ich zweifle nicht daran, dass wenn irgendwo in der äußeren Wissenschaft diese Dinge gehört werden, die wir eben besprochen haben – die Charakterisierung des Planetensystems –, dass das schon als eine ganz besondere Torheit heute betrachtet wird, das macht aber nichts. Gegenüber dem Kometenleben wird die Sache jedoch noch ganz besonders schwierig, weil die Gelegenheit, das kometarische Leben zu beobachten, eine solche ist, dass schon eine gewisse Unbefangenheit des okkulten Blicks dazugehört, um dieses eigentümliche kometarische Leben im Planetensystem zu beobachten.

Sie werden keinen Augenblick daran zweifeln, meine lieben° Freunde, dass in dem ganzen Planetensystem nicht nur das ist, was wir jetzt Leichnam, physischen Leib und Ätherleib genannt haben – sondern es ist das natürlich überall von den Wesenheiten der verschiedenen Hierarchien durchdrungen. Es sind überall geistig-seelische Kräfte darin. Sie brauchen nur ins Auge zu fassen, dass im Planetensystem die Zeitgeister, die Erzengel und die luziferischen Wesenheiten darin sind. Die gehören ja auch dazu.

Wir haben jetzt im Planetensystem den Leichnam, den physischen Leib, den Ätherleib entdeckt. Wir können aus dem, was wir bisher gehört haben, selbstverständlich sagen, dass überall darin auch *astralische Substanz* ist, die zu Wesenheiten gegliedert ist, denn in den Wesenheiten der höheren Hierarchien ist eben astralische Substanz.

Wenn wir den Menschen besprechen, so wie er vor uns wandelt, den Mikrokosmos, dann sagen wir: Dieser Mensch besteht aus physischem Leib, ätherischem Leib, astralischem Leib und so weiter. Wenn wir ein Planetensystem beschreiben, so müssen wir nur das unterste Glied etwas anders ansetzen. Wir müssen sagen: Ein *Planetensystem* besteht

- aus seinen Monden – das ist sein *Leichnam* –,
- aus seinen Planeten – das ist sein *physischer Leib* – und
- aus all dem, als dessen Dirigent sich der Fixstern erweist – das ist sein *ätherischer Leib*.
- Das *Astralische* finden wir schon von selber darin, denn

das lernen wir dadurch kennen, dass wir wissen, dass Wesenheiten darin wohnen.

Wie der Mensch in seinen Hüllen wohnt, so wohnen die Wesenheiten der höheren Hierarchien in der Leichnamhülle, in der physischen Hülle und in der ätherischen Hülle des Planetensystems. Für den astralischen Leib haben wir nicht erst zu sorgen, den haben wir schon durch den esoterisch-okkulten Blick, der nach innen gerichtet ist.

Aber schon wenn Sie das Menschenleben auf der Erde betrachten, da werden Sie zugeben, dass durch dieses Menschenleben – das wissen Sie ja aus der bisherigen elementaren Geisteswissenschaft° – eine Summe von astralischen Wesen und Kräften, von astralischen Formen entsteht, welche eigentlich schädlich, hemmend für das Leben sind. Vom Menschen selbst strömen fortwährend irrtümliche, hässliche, böse Gedanken aus. Die sind Realitäten, die gehen hinaus in die astralische Welt, leben dort weiter, sodass die astralische Sphäre eines Planeten angefüllt ist nicht nur mit dem, was die normalen Substanzen seiner seelischen Wesenheit sind, sondern auch mit diesem ausgeströmten Astralischen.

Und wenn wir erst zu all dem gehen würden, was an schädlichen Kräften die verschiedenen luziferischen Geister hervorbringen, dann würden wir eine Unsumme von schädlichen astralischen Substanzen innerhalb eines Planetensystems finden.

Und kurioserweise zeigt uns der okkulte Blick, der die Gelegenheit hat, eine Zeit lang ein Kometenleben zu beobachten, dass alles Kometarische, alles Meteorartige überhaupt, innerhalb unseres Planetensystems immer bestrebt ist, die *schädlichen Astralprodukte* im Planetensystem um sich herum zu sammeln und diese schädlichen Astralprodukte aus dem Planetensystem *fortzuschaffen.*

Wir werden noch im Laufe der Vorträge sehen, wie sich das insbesondere zu den schädlichen Astralprodukten des Menschen verhält. Aber wir sehen, dass die großen Schädlichkeiten, die luziferischen Schädlichkeiten, durch die Kometen aus dem Planetensystem fortgeführt werden. Wie dieses Fortführen geschieht, davon möchte ich Ihnen am Schluss dieses Vortrags noch eine Vorstellung geben.

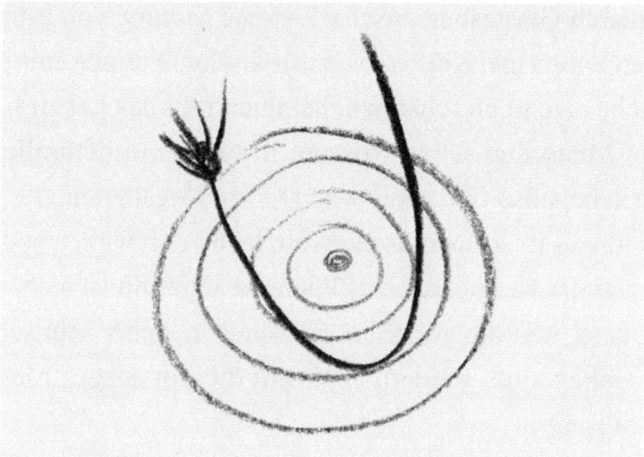

Nicht wahr, wenn ich hier ein Planetensystem mit seiner Sonne andeute, so können wir irgendeinen Kometen, der da gerade durchgeht, so andeuten, dass er in solch einer Bahn gleichsam das Planetensystem kreuzt (s. Zeichnung). Die physische Astronomie sagt: «Nun ja, der Komet kommt eben von sehr, sehr weit her.» Wenn man den Anfang eines

Dinges nicht verfolgen kann, dann sagt man eben: Das kommt von sehr weit her. Und so sagt auch die physische Astronomie: Es kommt von sehr weit her und geht auch wiederum sehr weit fort.

Weil aber gewisse Kometen periodisch wiederkehren, so kann die physische Astronomie nicht anders denken, als dass diese Kometen – die doch von sehr weit herkommen, dann durch unser System durchgehen und wieder verschwinden –, dass sie eben einen recht weiten Weg im Weltraum machen und dann wieder zurückkommen. Anders kann sich das die materialistische Astronomie nicht vorstellen.

Der okkulte Blick zeigt uns, dass in der Tat der Komet ungefähr da, wo er dem physischen Blick entschwindet, sich auflöst und jetzt seinen Weg durch eine Welt nimmt, die nicht innerhalb der gewöhnlichen drei Raumdimensionen begrenzt ist. Er ist gar nicht vorhanden innerhalb der gewöhnlichen Welt. Er verschwindet in der Tat nach der einen Seite und erscheint von der anderen Seite wiederum. Er ist in den «Zwischenräumen» gar nicht da, er verschwindet nach der einen Seite und bildet sich von der anderen Seite her neu.

Das ist natürlich eine Vorstellung, mit der die materialistische Astronomie nichts anzufangen weiß, da sie doch nicht daran denken kann, dass der Komet, der da wiederum erscheint, inzwischen nicht da gewesen sein soll. Der Geisteswissenschaftler° sollte mit solchen Dingen schon etwas anzufangen wissen. Denn er weiß ja, dass zum Beispiel die Aufeinanderfolge der physischen Leiber der Menscheninkarnationen in gewisser Beziehung von der Kraftseite her auch ein Ganzes bildet und doch physisch nicht zusammenhängt.

Also kurz, mit Ausnahme einiger weniger Kometen, die wirklich langgestreckte, elliptische Bahnen haben, ist der größte Teil der Kometen so gestaltet, dass der Komet von der einen Seite herkommt und nach der anderen verschwindet, und wenn er wiederkommt, hat er sich eben neu gebildet. Warum?

Weil er, indem er sich nähert, Anziehungskraft ausübt. Er ist zunächst bloß eine Art geistigen Kraftzentrums, er bildet sich nur dadurch, dass dieses geistige Kraftzentrum alle schädlichen Astralströmungen anzieht und um sich herumwickelt. Wir werden in den nächsten Stunden noch hören, warum er gerade unter dem Einfluss dieses Heranziehens der schädlichen Astralität Schweif und Kern zeigt.

Immer mehr und mehr zieht er an sich heran, während er durch das Planetensystem geht. Indem er nach der anderen Seite fortgeht, trägt er das so lange mit sich, bis er aus dem Bereich des Planetensystems hinauskommt und es in den Weltraum hinauswirft. Dann bildet sich das Kraftzentrum am anderen Pol wieder, ohne dass es dazwischen den dreidimensionalen Raum braucht, nimmt wiederum die schädlichen Stoffe auf und wirft sie nach der anderen Seite wieder aus.

Sodass wir das Kometenleben als etwas anzusehen haben, was im Planetensystem fortwährend wie Gewitter reinigend wirkt. Indem der Komet durch das Planetensystem hindurchfährt, wird versucht, die Schädlichkeiten innerhalb des Planetensystems, die durch die schädlichen astralischen Ausstrahlungen der Wesen hervorgerufen worden sind, aus dem Planetensystem fortzuschaffen.

Da haben wir allerdings in dem Kometenleben etwas, wofür wir zunächst nicht eine solche Analogie angeben können, wie den physischen Leib und Ätherleib am Menschen selbst. Physischer Leib des Planetensystems ist die Gesamtheit der Planeten, Ätherleib ist das, was vom Fixstern ausstrahlend das Planetensystem durchströmt. Aber für den physisch herumwandelnden Menschen haben wir auch nicht die Sache so, dass er seinen Leichnam mitschleppt. Das Planetensystem schleppt seinen Leichnam mit. Auf der anderen Seite hat es die Einrichtung, das schlimme Astralische durch seine Kometen abzusondern.

Wenn wir nun das studieren, was nicht der Maja nach im Kometen vorhanden ist, sondern was an Kräften drinnen wirksam ist, dann ist es tatsächlich so, dass wir mit dem, was wir im Laufe dieser Vorträge kennengelernt haben, außerordentlich schwer zurechtkommen.

Ich habe Ihnen charakterisiert, wie man zu den Thronen zum Beispiel hinaufkommt, wie man da eigentlich nur das Hilfsmittel hat, den menschlichen Willen zu studieren. Wenn man dieses Studium des Willens mit den okkulten Mitteln unternimmt, dann kann man sich bis zu den Thronen erheben.

Von alldem ist in den Kometen gar nichts zu finden, nichts von den Geistern der Weisheit, nichts von den Thronen. Wir finden, wenn wir den Kometen selbst anblicken, gar nichts, was anders erreichbar wäre als dadurch, dass wir jene Methoden anwenden, die in den letzten Tagen von mir als okkulte Methoden angeführt worden sind – solche Methoden also, die davon ausgehen, dass wir einen Menschen verfolgen, der nicht bloß ein denkender, fühlender und wollender Mensch ist, sondern der uns einen besonderen Eindruck° geben kann.

Wir haben diesen Eindruck° so geschildert, dass wir ihn gewinnen, wenn wir einen Menschen, der eine jahrzehntelange reiche Lebenserfahrung hinter sich hat, mit seiner Weisheit als Extrakt dieser Lebenserfahrung auf uns unmittelbar wirken lassen, sodass diese Weisheit mehr bewirkt als man durch Gründe bloß logischer Art, verständiger Art bewirken kann.

Das eigentlich Überzeugende einer Weisheit aus der Menschenerfahrung spricht für den entwickelten okkulten Blick so, dass tatsächlich das Spirituelle dadurch geschaut werden kann. Das gibt dem okkulten Blick erst eine Vorstellung der Cherubim. Und wenn wir diesen okkulten Blick an dem unmittelbar Überzeugenden heranschulen, das selbst die ungesprochene Weisheit und Kraft eines solchen Menschen hat, wodurch er das, was er als Lebenserfahrung gewonnen hat, bis in den Blick hineinbringt, dann können wir ein Verständnis für den Eindruck° gewinnen, den wir für die Sphäre der Seraphim haben müssen.

Der Eindruck°, den wir so haben können, führt uns aber noch nicht zu der Betrachtung des Geistigen hinter den Kometen. Alles das nützt nichts, um den Kometen okkult zu studieren. Nur die zwei Mittel, die zu den Cherubim und Seraphim führen, können uns über die Kometen Aufschluss geben. Die Sphäre der Kometen reicht bis zu der Sphäre der Cherubim. Wir müssen also erst wissen, worin *das Wesen der Seraphim und Cherubim* besteht, um zu verstehen, was für einen Sinn Substanz und Bewegung der Kometen haben.

- Die Evolution innerhalb der *Kometen* ist also von den Wesenheiten der höheren Hierarchien bis herunter zu den Cherubim abhängig,
- die Evolution innerhalb des *Fixsternes* von den Wesenheiten der höheren Hierarchien bis herab zu den Geistern der Weisheit;
- die Entwicklung des *Planeten* selbst, abgesehen von dem Menschen, der ihn bewohnt, ist abhängig von den Kräften, die von den Wesenheiten der höheren Hierarchien bis herab zu den Geistern der Form ausgehen;
- und dasjenige, was auf dem *Mond* wirkt, ist abhängig von den Kräften, welche von den höheren Hierarchien bis herunter zu der Sphäre der Erzengel ausgehen.

So haben wir von verschiedenen Seiten her das Leben eines Planetensystems beschrieben und können auf dieser Grundlage an den nächsten Abenden weiterbauen. Allerdings müssen wir berücksichtigen, dass wir gerade an einer solchen Sache im eminentesten Sinne sehen, wie man mit bloß schablonenhaften Definitionen nicht auskommt.

Wie oft wird gesagt, dass jeder Mikrokosmos einem Makrokosmos entspricht. Man kann den Menschen einen Mikrokosmos nennen, ein Sonnensystem im Kleinen. Wenn man aber davon sprechen will, was für eine Entsprechung da ist, so muss man nicht bei diesen abstrakten Aussagen stehen bleiben, sondern man muss so weit auf das konkrete Verhältnis eingehen, dass man weiß: Überall in der Welt haben solche schablonenhaften Schilderungen nur einen annähernden Wert.

Und wenn wir beginnen, den mikrokosmischen Menschen als unmittelbar vor uns stehendes Wesen von unten herauf, vom physischen Leib ab zu schildern, so müssen wir beim Planetensystem schon vom Leichnam an schildern und finden in dem physischen System dann auch die Substanzen der Kometenkörper, die der äußere Ausdruck für die reinigenden astralischen Gewitter innerhalb des Planetensystems sind.

Achter Vortrag

Die Sonne um Mitternacht:
der Geist des Planeten und der Naturreiche

Helsinki, 11. April 1912

Meine lieben° Freunde!

Es wird gut sein, gleich zu Beginn des heutigen Vortrags darüber zu sprechen, inwiefern überhaupt für das menschliche Anschauen, für die menschliche Wahrnehmung und Erkenntnis der physische Kosmos, das physische Weltsystem eine Bedeutung hat, das wir gestern in Bezug auf seine Teile, wenigstens in Bezug auf einzelne seiner Teile, einer Betrachtung unterzogen haben.

Wir haben gestern von dem Kometenleben, dem solarischen Fixsternleben, von dem planetarischen und dem lunarischen Leben gesprochen. Wenn man vom Standpunkt des gewöhnlichen Bewusstseins von diesen Himmelskörpern spricht, so meint man ja natürlich nur die Himmelskörper, die das Auge wahrnimmt.

Nun haben wir im Laufe unserer Vorträge dieses System von Himmelskörpern durch etwas anderes ersetzt. Wir haben es durch die Betrachtung entsprechender geistiger Wesenheiten ersetzt, die wir als die Glieder der verschiedenen Hierarchien erkannt haben. Vielleicht wird dasjenige, was damit hat gesagt sein sollen, noch klarer, wenn wir Folgendes erwägen.

Wir haben als die unmittelbar über den Menschen stehende Kategorie von Wesenheiten die *Engel* gefunden. Wir haben auch gezeigt, wie eigentlich der Mensch, wenn er zu einer Anschauung der geistigen, der übersinnlichen Welt kommen will, sich gewissermaßen zu dieser nächsten Wesenheit hinauforganisieren muss, die über ihm steht, wie er lernen muss, mit der Wahrnehmungsart des Engels die Welt anzusehen.

Nun können wir die Frage aufwerfen: Wenn solch ein Wesen der nächsthöheren Kategorie innerhalb der Rangordnung unserer Hierarchien in seiner Wahrnehmung, die wir Offenbarung nennen, sich ein Bewusstsein von dem Kosmos erwirbt, wie sieht dann für ein solches Wesen der Kosmos aus? Wenn wir diese Frage beantworten, dann wird uns noch klarer werden, was eigentlich hat gesagt werden sollen.

Nun sehen Sie, meine lieben° Freunde, ein solches Engelwesen würde draußen im Kosmos von all dem, was wir sehen und wovon wir wissen, dass es eine Maja, eine Illusion ist – die wir nur durch menschliches Anschauen hervorrufen –, ein Engelwesen würde von alldem in einer solchen Weise nichts sehen. Das müssen wir uns ganz klar vor die Seele stellen.

Aber ein Engelwesen, so wie wir es beschrieben haben, würde dafür in seiner Art das Zusammenwirken der verschiedenen Wesenheiten der Hierarchien sehen oder wahrnehmen, die wir angeführt haben. Statt dass ein solches Wesen davon sprechen würde, dass da oben der Mars ist, würde es vielmehr sagen: Da oben wirken zusammen diese oder jene Wesenheiten der höheren Hierarchien.

Das heißt, für diese Wesenheit, für den Engel, würde das ganze kosmische System unmittelbar als eine Summe von geistigen Wirksamkeiten erscheinen. Ja, als was sonst würden denn einem solchen Wesen die für unsere Augen sichtbaren Planeten und andere Himmelskörper erscheinen?

Wir dürfen über diese Dinge aus dem Grund reden, weil wir ja von der ganzen übersinnlichen Welt, die dem Planetensystem oder dem Himmelssystem, dem Kosmos überhaupt, zugrunde liegt, gar nicht sprechen könnten, wenn wir uns nicht durch okkulte Schulung in die Anschauungsweise eines solchen Wesens hineinversetzen könnten. Denn hellsichtig sein heißt nichts anderes, als in sich die Möglichkeit hervorrufen, die Welt so zu sehen, wie ein solches Wesen die Welt sieht. Also auch für das hellsichtige Bewusstsein verschwinden die Formen, diese Lichtformen der für das gewöhnliche Auge sichtbaren *Himmelskörper.* Die sind nicht mehr da, die verschwinden.

Dagegen bekommt das Bewusstsein eines solchen Engelwesens wie auch das hellsichtige Bewusstsein einen Eindruck von dem, was dem physischen Himmelskörper entspricht. Den Mond, den Mars, so wie sie ein Erdbewohner sieht, kann das hellsichtige Bewusstsein nicht wahrnehmen, denn das wäre ja physisch gesehen, aber wissen kann das hellsichtige Bewusstsein dennoch von dem, was da ist.

Nun möchte ich Ihnen eine Vorstellung davon hervorrufen, wie das, was das hellsichtige Bewusstsein von einem solchen Himmelskörper weiß, geartet ist.

Sie können sich, allerdings zunächst theoretisch – denn das Praktische ergibt erst die okkulte Schulung –, eine Vorstellung machen, wenn Sie sich einmal vor Augen stellen, was in Ihrer Seele ein *Gedächtnisbild* ist, eine Erinnerung, ein Vorstellungsbild von dem, was Sie gestern oder vorgestern erlebt haben.

Nicht wahr, dieses Vorstellungsbild, das in Ihrer Seele liegt, das unterscheidet sich von dem Vorstellungsbild einer Sache, die gerade vor Ihren Augen steht. Die sehen Sie mit aller Intensität. Wenn Sie sich morgen an eine Rose erinnern, dann haben Sie das Erinnerungsbild von der Rose. Machen Sie sich nun klar, wie sich in Ihrem Gemüt, in Ihrer Seele das bloße Erinnerungsbild von demjenigen unterscheidet, was als Wahrnehmungsbild durch den unmittelbaren Eindruck entsteht, dann haben Sie die Möglichkeit, zu verstehen, wie das hellsichtige Bewusstsein die Himmelskörper wahrnimmt.

Es versetzt sich also hellseherisch in die Welt, und wenn es sich zum Beispiel in den Mars, in den Mond versetzt, so weiß es unmittelbar nicht, was jetzt vor dem Auge erscheinen würde, wenn man den Himmelskörper physisch betrachten würde. Aber es hat durch dieses Sichversetzen etwas in sich, was man nicht anders bezeichnen kann als ein Erinnerungsbild, als ein Gedächtnisbild. Und so ist es mit allem, was uns für das gewöhnliche Bewusstsein im Kosmos als physische Himmelskörper entgegentritt.

Für das hellseherische Bewusstsein stellt sich das alles so dar, dass wir unmittelbar wissen: Das alles, was uns da erscheint, das ist eigentlich etwas Vergangenes, das ist etwas, was in der Vergangenheit volles Leben gehabt hat. Und so, wie es in der Gegenwart ist, ist es uns eigentlich nicht in seiner ursprünglichen lebendigen Gestalt erscheinend, sondern *wie ein Schneckenhaus,* aus dem die Schnecke fort ist.

Das ganze physische System von Himmelskörpern ist ein Zeugnis für lauter Vergangenes, für lauter Geschehnisse. Während wir auf unserer Erde mit den Dingen, die vor unsere physischen Augen treten, gleichzeitig sind, ist das, was wir im gestirnten Himmel sehen, weil es nicht einen Zustand darstellt, der der lebendigen Gegenwart entspricht, erst recht eine Maja. Es stellt etwas dar, was eigentlich seine volle Bedeutung in der Vergangenheit hatte – und zurückgeblieben ist.

Die physische Welt der Himmelskörper stellt die Reste vergangener Taten der entsprechenden Wesenheiten der Hierarchien dar, die nur noch in ihrer Nachwirkung in die Gegenwart hereinreichen. Wir wollen die Sache dadurch noch genauer betrachten, dass wir einmal versuchen, auf ein konkretes Beispiel einzugehen.

Wenn wir unseren *Erdenmond* betrachten, dann hat das hellsichtige Bewusstsein, das von allem Übrigen abstrahiert und sozusagen sich nur dem Mond gegenüberstellt, den eigentümlichen Eindruck, dass der äußere physische Mond verschwindet und an seine Stelle etwas tritt, was einen Eindruck macht, wie man ihn einer Erinnerungsvorstellung gegenüber hat.

Man hat den Eindruck, dass uns das, was da dem physischen Auge sonst erscheint – was ja natürlich physisch da ist, aber alles Physische ist eben eine Maja –, im Grunde genommen den Eindruck von einer Vergangenheit erzählt, wie uns eine Erinnerungsvorstellung auch von einer Vergangenheit erzählt.

Und lassen wir das alles auf uns wirken, was da jetzt beginnt, uns von einer Vergangenheit zu erzählen, so sagt uns der Eindruck: Wenn das, was da eigentlich vor unser okkultes Auge tritt, so wirken würde, wie es da auftritt, wenn es nicht durch andere Dinge in seiner Wirkungsweise paralysiert würde, dann könnte in der Nachbarschaft dessen, was wir da am Mond wahrnehmen, unsere Erde überhaupt nicht in ihrer gegenwärtigen Gestalt bestehen.

Der Mond erzählt uns für das okkulte Bewusstsein etwas, was nicht so geschehen dürfte, wie es sich darstellt, wenn unser Erdenleben überhaupt möglich sein soll. Wenn dasjenige, was sich uns da darstellt, nicht durch andere Dinge paralysiert würde, so würde zum Beispiel durch das, was uns am Mond der Planet selber erzählt, der Mensch in seinem jetzigen Leben gar nicht möglich sein.

Dagegen würde das gegenwärtige Tierleben auf der Erde, auch das Pflanzenleben und das Wirken innerhalb der mineralischen Welt nicht besonders beeinträchtigt. Allerdings würden gewisse Wesen aus dem tierischen und dem pflanzlichen Reich andere Gestalten haben müssen – das erkennen wir unmittelbar durch die Kräfte, die vom Mond herunter mit aller Vehemenz auf uns wirken. Aber im Wesentlichen wäre doch tierisches, pflanzliches und mineralisches Leben auf unserer Erde möglich, nicht aber das menschliche Leben. Es erzählt uns also der Mond, indem er so vor uns hintritt, von einem Zustand, der, wenn er wirksam wäre, das menschliche Leben auf der Erde ausschließen würde.

Sie bemerken, meine lieben° Freunde, ich versuche die Dinge möglichst konkret zu schildern, so wie sie sich der Anschauung durch den okkulten Blick ergeben. Ich möchte nicht in abstrakten Schemata sprechen – damit kann man alles Mögliche erzählen. Ich möchte die Dinge so darstellen, wie sie sich für den okkulten Blick ausnehmen.

Der Eindruck, den man da erhält, der lässt sich nur mit Folgendem vergleichen. Wenn in einem Menschen, der sagen wir 30 Jahre alt ist, plötzlich all die Vorstellungen auftreten würden, welche er gehabt hat, als er 15 Jahre alt war, und wenn all die Vorstellungen schweigen würden, die er seit seinem 15. Jahr in seiner Seele hat verarbeiten können, dann würde er seine innere Seele im 15. Lebensjahr gleichsam objektiviert vor sich haben, seinem jetzigen Bewusstsein gegenübergestellt.

Aber er würde sich sagen müssen: Wenn ich jetzt nur das in mir hätte, was damals der Inhalt meiner Seele war, ja, dann könnte ich alles das nicht denken, was ich jetzt denke, dann wäre ich überhaupt nicht möglich in dieser Seelenverfassung, in der ich jetzt bin. Zurückgeschraubt um 15 Jahre würde sich der Mensch vorkommen, und er würde sich klar sein darüber, dass alles das, was er da als Inhalt seiner Seele im 15. Lebensjahr erlebt, dass das seinen jetzigen Menschen nicht bewirken würde, dass das aber mit dem zu tun hat, wie er geworden ist.

So sehen Sie, dass wir in einer gewissen Weise den Eindruck charakterisieren können, den wir vom Mond erhalten. Wir können sagen, wir haben unmittelbar den Eindruck°: Du hast etwas vor dir, was keine Gegenwart anzeigt, sondern was dir von einer Vergangenheit spricht. Und wie du dir, wenn du mit 30 Jahren nur deinen Seeleninhalt vom 15. Lebensjahr wahrnehmen könntest, alles wegdenken müsstest, was in den letzten 15 Jahren aus dir geworden ist, so musst du dir jetzt die Möglichkeit wegdenken, dass überhaupt eine Erde da ist. Denn die Erde, so wie sie jetzt ist, die die Bedingungen des Menschenlebens enthält, ist nicht möglich, wenn sich das realisieren würde, als was sich der Mond darstellt.

Dadurch, dass dieser Eindruck° für den hellseherischen Blick eintritt, ist es überhaupt erst möglich, diesen hellseherischen Blick so zu schulen, dass man einen Begriff, eine Vorstellung von dem bekommen kann, was da war, bevor eine Erde möglich gewesen ist. Denn das, was man da sieht, war vor der Erde möglich, und das, was später zur Erde geführt hat, das ist erst möglich geworden, als der Zustand, den man da erblickt, verschwunden war.

Sehen Sie, ich habe Ihnen jetzt geschildert, was der Hellseher tun muss, um in der Akasha-Chronik, wie man sagt, zu einem *früheren Zustand unseres Planetensystems* zurückzukommen. Denn dadurch, dass man den hellseherischen Blick auf den Mond hinaus fixiert hat, hat man einen früheren Zustand unseres Planetensystems festgehalten. Und wenn man den zu schildern versucht, dann kann man sagen, wie es sich mit unserem Planetensystem verhielt, bevor es unsere jetzige Erde gegeben hat.

Und weil man so vorgehen muss – dass man den Zustand vor der Entstehung unserer gegenwärtigen Erde dadurch erkennen lernt, dass man dasjenige fixiert, was im

Mond gedächtnismäßig erhalten geblieben ist –, deshalb ist man gewohnt, den Vorfahrenzustand unseres Erdzustands auch einen «Mondzustand» zu nennen.

Allerdings, einen vollen Aufschluss über die ganze Sachlage bekommt man erst dann, wenn man aus dem hellseherischen Zustand, den man entwickelt hat, um zu einer Art Erinnerungsbild des Planetensystems zu kommen, wiederum in den gewöhnlichen Bewusstseinszustand übergeht und sich klarzumachen versucht, worin der Unterschied besteht.

Der Unterschied besteht darin, dass man versuchen muss, die beiden Eindrücke° irgendwie miteinander in Einklang zu bringen. Und dieses In-Einklang-Bringen ist nur dadurch möglich, dass man zunächst von dem Mond absieht, denn der äußere Anblick des gewöhnlichen Bewusstseins sagt uns ja nicht viel über den Mond. Wir wissen zwar, dass die äußere Astronomie versucht, mancherlei über den Mond zu erkunden, aber im Allgemeinen sagt die äußere Beobachtung nicht viel.

Wir müssen vielmehr zum Vergleich eine gewisse hellseherische Beobachtung unserer eigenen Erde heranziehen, so wie sie gegenwärtig als der Himmelskörper ist, auf dem wir selber herumwandeln. Wenn wir alles Physische ausschließen, was uns in den verschiedenen Reichen der Natur vor das Auge tritt, und unsere Erde hellseherisch betrachten, dann zeigt sich uns, dass diese Erde, die ja als physischer Planet unmittelbar unter und um uns ist, sich wie ein fortentwickelter Zustand dessen erschließt, was als «Mond» vorhanden war.

Und wenn wir dann die beiden Eindrücke° vergleichen, können wir uns fragen: Wie ist der eine Zustand aus dem anderen geworden? Und dann bekommen wir wie von selbst vor den hellseherischen Blick die Arbeit hingestellt, die geleistet worden ist, um einen alten Zustand unserer Erde, den wir eben als den Mondzustand charakterisiert haben, in unseren gegenwärtigen Erdzustand übergehen zu lassen.

Wir bekommen dann nämlich den Eindruck°, dass diesen Übergang eine derjenigen geistigen Wesenheiten oder eine Anzahl derselben bewirkt hat, die wir in der Hierarchienordnung die Geister der Form genannt haben. So bekommen wir die Möglichkeit, in das Werden des Planeten, in seine früheren Zustände, einzudringen.

Die Frage ist nun die: Können wir noch weiter zurückblicken? Wir müssen diese Betrachtungen schon aus dem Grund anstellen, weil wir nur dadurch die geistigen Wesenheiten, die an diesen Himmelskörpern beteiligt sind, im richtigen Sinne verstehen werden.

Wir müssen nun als einen zweiten Versuch hellseherischer Beobachtung noch einmal von unserer Erde absehen, auch von unserem Mond absehen – überhaupt von allem Mondhaften im ganzen Planetensystem – und uns, soweit wir das können, in den Zustand eines anderen Planeten oder einer Reihe von *anderen Planeten* versetzen und diese Zustände miteinander vergleichen.

Wohlgemerkt, ich erzähle jetzt wirkliche Tatsachen, die im hellseherischen Bewusstsein auftreten. Es kann der hellseherische Blick, wenn auch vielleicht nicht gleichzeitig – das lassen manchmal die Umstände nicht zu –, aber es kann der hellseherische Blick auf andere Planeten unseres Planetensystems gerichtet werden und er kann dasjenige kennenlernen, was sich ihm als Eindruck von anderen Planeten unseres Planetensystems ergibt.

Wenn man so den einen oder den anderen Planeten oder mehrere betrachtet, dann ergibt sich noch nicht sonderlich viel, da bekommt man noch keine klare Vorstellung. Man bekommt aber sofort eine klare Vorstellung, wenn man in einer gewissen Weise mit seinen hellseherischen Eindrücken vorgeht. Ich will wiederum einen Vergleich wählen, damit uns das klar werden kann, was ich eigentlich sagen will.

Nehmen Sie einmal an, Sie würden sich an etwas erinnern, was Sie in Ihrem 18. Lebensjahr erlebt haben, und Sie würden sich sagen: «Aber in meinem 18. Lebensjahr, da habe ich diesem Erlebnis gegenüber einen Standpunkt eingenommen, zu dem ich eben damals reif war. Ich werde mir vielleicht über die Sache klarer werden, wenn ich mich noch an ein anderes Erlebnis erinnere: Ich habe mit derselben Tatsache, an die ich mich da erinnert habe, in meinem 25. Jahr etwas erlebt. Ich will einmal die beiden Eindrücke miteinander vergleichen.»

Versuchen Sie sich einmal klarzumachen, was Sie dadurch gewinnen, dass Sie Dinge, die im Leben auseinanderliegen, miteinander vergleichen. Sie bekommen dann einen Gesamteindruck, wo immer das eine das andere beleuchtet, eins das andere aufklärt. Sie werden bei einem solchen Vergleichen eine Art arithmetischen Mittels bilden und aus dem *Zusammenwirken von* Ihren beiden *Erinnerungsvorstellungen* etwas ganz Neues an Vorstellungen hervorrufen.

So muss es der Hellseher machen, wenn es ihm gelungen ist, den hellseherischen Blick vom Mars, vom Merkur, von der Venus, von dem Jupiter und so weiter beeindrucken zu lassen. Er muss nun diese einzelnen Eindrücke° nicht als solche betrachten, sondern er muss diese einzelnen Eindrücke° miteinander vergleichen, aufeinander wirken lassen, sie miteinander ins Verhältnis, in Beziehung bringen.

Wenn man sich dieser Arbeit unterzieht, dann bekommt man wiederum den Eindruck: Mit dem, was man da durch Vergleichen dieser Eindrücke° gewonnen hat, hat man wiederum etwas wie eine Erinnerungsvorstellung des Planetensystems vor sich. Es ist wieder kein Zustand, der in der Gegenwart möglich ist, aber ein Zustand, der in der Vergangenheit möglich gewesen sein muss. Denn er drückt sich aus wie etwas, was in derselben Weise, wie ich das vorhin für den Mondzustand geschildert habe, Ursache zu demjenigen ist, was jetzt im Planetensystem besteht.

Nun hat dieser Eindruck, den man auf diese Weise bekommt, wirklich umfassende Eigentümlichkeiten. Was man so mit scheinbar recht trockenen Vorstellungen erzählen muss, meine lieben° Freunde, das gehört eigentlich zu den allererhabensten Eindrücken°, die man überhaupt haben kann. Und wenn man sagen soll, worin das Charakteristische dieses Eindrucks besteht, so kann man wieder nur einen Vergleich wählen.

Ich muss gestehen, ich könnte Ihnen nicht gut irgendetwas anderes anführen als das, was ich jetzt anführen werde, wenn der Eindruck° geschildert werden soll, den man auf die geschilderte Weise erhält. Ich weiß nicht, ob Sie schon im gewöhnlichen physischen Leben einmal den folgenden Eindruck gehabt haben.

Nicht wahr, Sie haben ganz gewiss schon zuweilen geweint, waren zum Weinen traurig und mitleidsvoll mit Wesen, die im physischen Leben um Sie herum sind. Aber man kann auch noch einen anderen Eindruck haben: Es gibt gewiss viele unter Ihnen, die jenen Eindruck kennen, der bisweilen kommt, wenn man eine hinreißende, ergreifende Schilderung in einem Kunstwerk, in einem Roman zum Beispiel, vor sich hat und eine Szene liest, von der man, wenn man nur ein wenig sich besinnt, sogleich weiß: Man hat ja keine Realität vor sich.

Aber die vollsten Tränen quellen aus den Augen, man kommt nicht in die Gelegenheit, darüber nachzudenken, ob man eine Realität vor sich hat oder nicht, sondern man nimmt das, was einem nur geschildert wird, was man nur in Gedanken, in der Empfindung aufnimmt, so, dass es wie eine Realität wirkt, dass es aus uns Tränenströme herauspresst.

Wer jemals diesen Eindruck gehabt hat, meine lieben° Freunde, der hat ein wenig eine Vorstellung davon, was es heißt: Durch ein Geistiges, bei dem man gar nicht in die Verlegenheit kommt, zu fragen, ob eine sinnliche Realität zugrunde liegt, wie inspiriert zu einem Eindruck° zu kommen – zu einem solchen Eindruck°, bei dem man gar nicht nach irgendetwas anderem fragt, als was einen ergreift und mit sich selber zusammenführt, wovon man nur innerlich erfüllt ist und dennoch auch erfüllt wie von irgendeinem normalen Wahrnehmungsakt des normalen Bewusstseins.

Von solch einem Eindruck° muss man sprechen, wenn man den Zustand schildern will, der einen überkommt, wenn man die Eindrücke° miteinander vergleicht, die das hellseherische Bewusstsein von den einzelnen Planeten erhält. Da ist alles, was man erlebt, so, dass es nur durch unser Inneres wirkt, wie ein seelischer Eindruck. Und man bekommt dann einen ganz realen Begriff von dem, was eigentlich *eine Inspiration* ist, wenn man Dinge weiß, für die es nur von innen her einen Impuls des Wissens gibt.

Niemand versteht zum Beispiel den Inhalt der Evangelien wirklich, der sie nicht in Bezug auf ihren Eindruck mit einem solchen Eindruck vergleichen kann, wie er jetzt eben geschildert worden ist. Denn die Evangelien sind aus Inspirationen heraus geschrieben, nur muss man auf ihre ursprünglichen Texte zurückgehen. Aber noch viel großartiger und gewaltiger ist der Eindruck, den man auf die geschilderte Weise durch einen Vergleich der Eindrücke° von den einzelnen Planeten aus erhält. Das ist das eine, was ich über diesen Eindruck sagen möchte.

Das Zweite ist, dass man diesen Eindruck nicht ungestört und ungehemmt bekommen kann, wenn man nicht fähig ist, wenigstens für Augenblicke – es ist ja in unserem gegenwärtigen Zeitzyklus kaum jemand für länger als für Augenblicke dessen fähig – restlos *nur Mitleid und Liebe* zu fühlen, restlos den Egoismus aus der Seele ganz zu verdrängen.

Denn jeder Grad von Egoismus, mit dem sich dieser Eindruck vereinigt, wirkt sogleich betäubend und man bekommt statt dessen, was ich geschildert habe, einen Zustand wie Betäubung, wie Niedergeschlagenheit des Bewusstseins. Das Bewusstsein verdunkelt sich dann sofort. Daher gehört es zu gleicher Zeit zu den seligsten Erlebnissen, solch einen Eindruck zu bekommen.

Wenn man nun das Glück hat, solch einen Eindruck zu bekommen, dann stellt sich etwas ganz Eigentümliches ein. Man mag dann tun, was man will: Es ist die Sonne für das Bewusstsein nicht mehr als Sonne aufzufinden. So wie für andere Zustände des Bewusstseins die Sonne aufzufinden ist, so ist sie nicht mehr aufzufinden. Die Sonne hört auf, etwas Abgesondertes zu sein. Erst dann, wenn wir uns ein wenig zurechtfinden, bekommen wir den Eindruck: Wir haben da etwas vor uns, einen Zustand, für den eine abgesonderte Sonne eigentlich keinen Sinn mehr hat.

Denn das Ganze, was da vor unsere okkulten Augen tritt, das können wir wiederum nur haben, wenn wir von unserem ganzen heutigen Planetensystem absehen und uns auf unsere gegenwärtige Sonne einstellen, das heißt, wenn wir den physischen Eindruck der Sonne tilgen. Man kann das ja am besten tun, wenn man versucht, den okkulten Eindruck von der *Sonne* nicht bei Tag zu haben, sondern *bei Nacht*.

Für den okkulten Eindruck ist natürlich die Tatsache, dass bei Nacht die physische Erde vor der Sonne steht, kein Grund, von der Sonne keinen Eindruck° zu haben. Denn die physische Erde ist zwar für physische Augen etwas Undurchsichtiges, nicht aber für die okkulten Augen, im Gegenteil: Wenn man bei vollem, hellem Tageslicht versucht, den okkulten Blick auf die Sonne zu richten, so sind die Störungen doch so groß, dass man kaum ohne physische Schädigung zu einem guten okkulten Eindruck von der Sonne gelangen kann.

Daher ist auch in den alten Mysterien gar nicht versucht worden, die Schüler etwa bei Tag zu einem okkulten Eindruck von der Sonne kommen zu lassen, sondern man hat sie so unterwiesen, dass sie die Sonne gerade dann in ihrer Eigentümlichkeit okkult kennenlernten, wenn sie für das physische Auge am wenigsten zu sehen ist, nämlich um Mitternacht. Es ist ihnen angelernt worden, gerade um Mitternacht den okkulten Blick durch die physische Erde hindurch auf die Sonne zu richten.

Daher finden Sie unter mancherlei Beschreibungen, die von antiken Mysterien, zum Beispiel von den ägyptischen Mysterien, geblieben sind, unter den Dingen, die heute meist nicht verstanden werden, den Satz: Der Schüler muss *die Sonne um Mitternacht sehen.*

Was alles ist von dilettantischer Seite aufgebracht worden, meine lieben° Freunde, um durch allerlei nette und liebenswürdige Symbole zu erklären, was es heißt: «Die Sonne um Mitternacht sehen». Gewöhnlich hat man keine Ahnung, dass man die Dinge, die in den okkulten Schriften mitgeteilt sind, am richtigsten versteht, wenn man sich bemüht, sie so wenig als möglich symbolisch auszudeuten, sondern wenn man sie so wörtlich als möglich nimmt.

Und zu den symbolischen Ausdeutungen fühlt sich gewöhnlich der Mensch der neueren Zeit nur veranlasst, weil das gegenwärtige Bewusstsein nicht mehr recht auf ein Verständnis dieser alten Tatsachen eingestellt ist. Für diejenigen, die genauer nachdenken, sollte überall klar sein, dass man in alten Schriften recht sehr gewohnt war, genau zu sprechen.

Ich möchte da nur wie in Klammern° auf eines aufmerksam machen, was im vorgestrigen öffentlichen Vortrag bei der Betrachtung der Kriemhilde[2] hätte eingefügt werden können. Es wird erzählt:

> Kriemhilde hat, nachdem Siegfried tot war, den Nibelungenhort für sich gehabt und Gutes damit getan. Dann hat ihn Hagen ihr genommen und in den Rhein versenkt. Und als sie ihn später unter dem König Etzel von Hagen wieder forderte, da verriet er ihr den Ort nicht, wo er lag.

Ja, sehen Sie, diese Stelle steht ausdrücklich in der Nibelungensage, um Licht über gewisse Dinge zu verbreiten. Ich habe bei symbolischen Erklärern der Nibelungensage wahrhaft geistvolle, übergeistvolle Auseinandersetzungen gefunden, die erzählen wollten, was das alles zu bedeuten hat. Bei dem einen sollte der Nibelungenschatz dies, bei dem anderen jenes «bedeuten». Ich gestehe es, es wirkt manchmal überwältigend geistvoll, was zu solchen Erklärungen aufgebracht wird. Meistens wird der Nibelungenschatz als Symbol für dieses oder jenes Geistige erklärt.

---

2 Öffentlicher Vortrag, gehalten in Helsinki am 9. April 1912 über «Das Wesen nationaler Epen mit speziellem Hinweis auf Kalevala».

Es ist aber erstens überhaupt schwer, mit bloßen «Symbolen» Kranke zu heilen, zweitens kann man Symbole nicht dadurch vor jemand verstecken, also auch vor der Kriemhilde nicht, dass man sie etwa in den Rhein wirft. Wenigstens kann ich mir nicht recht vorstellen, dass man ein Symbol von der Art, wie es manche Erklärer anführen, in den Rhein versenkt. Überhaupt kann ich mir schwer vorstellen, dass jemandem etwas äußerlich weggenommen werden könnte, was nur symbolisch erklärt werden kann.

Derjenige, der die Dinge kennt, weiß, dass es sich um etwas ganz Besonderes handelte, um etwas, was wir jetzt einen Talisman nennen würden, einen ganz physischen Talisman, der nur in der Weise hergestellt worden ist, dass seine ganze Substanz aus Gold zusammengestellt war. Aber dieses Gold war nur aus Schwemmland gewonnen, nur aus dem, was das Wasser im Flusssand angeschwemmt hatte.

Und all die Kraft, welche gerade dieses Schwemmgold hat, war noch dazu in der Form zusammengefasst – jetzt tritt das Symbol ein –, in der Form des Talismans. Und die Wirkung dieses Talismans auf die Kriemhilde erzeugte in ihr die Kräfte, durch die sie Kranke heilen konnte und dergleichen.

Diesen Talisman konnte Hagen tatsächlich vor ihr verstecken und ihr später den Ort verheimlichen. Da hat man es tatsächlich mit einem physischen Ding, mit einem ganz realen Ding zu tun, dem durch die besondere Art seiner Herstellung okkulte Kräfte eigen waren.

Ich habe das nur als ein Beispiel angeführt, um Ihnen zu zeigen, wie man oftmals solche Dinge in alten Schriften zu verstehen hat. So hat man auch den Ausdruck wörtlich zu nehmen: «Die Sonne um Mitternacht sehen.» Man bekommt also von der Sonne den okkulten Eindruck am allerbesten dann, wenn man sich gar nicht vom physischen Eindruck stören lässt, das heißt, wenn man überhaupt nichts vom Sonnenlicht sieht, sondern in der Nacht die Sonne betrachtet.

Da bekommt man den Eindruck von der gegenwärtigen Sonne, und der ist bis zu einem sehr hohen Grad ähnlich dem, was sich durch jenen Eindruck° ergibt, der vorhin geschildert wurde.

Es ergibt sich eben durch alles das, was ich Ihnen geschildert habe, meine lieben° Freunde, der Eindruck° eines noch früheren Zustands unseres ganzen Planetensystems, dem auch unsere Erde angehört, eines Zustands, wo eine abgesonderte Sonne nicht vorhanden war, dagegen das ganze Planetensystem in einer gewissen Weise Sonne war und auch die Substanz unserer Erde enthielt.

Diesen Zustand, der also gleichzeitig der Zustand unserer Erde war, den bezeichnet man deshalb als den «Sonnenzustand».

Sodass wir sagen: Unsere Erde war,

- bevor sie Erde geworden ist, in einem *Mondzustand*,
- bevor sie Mond war, in einem *Sonnenzustand.*

Einen entsprechenden Eindruck für einen noch früheren Zustand unseres Erdplaneten würde man bekommen, wenn man versuchte, einen okkulten Eindruck von derjenigen Kategorie von Himmelskörpern zu gewinnen, über die gestern am Schluss des Vortrags gesprochen worden ist: von den Kometen. Das genauer zu schildern, würde zu sehr unsere Zeit in Anspruch nehmen. Methodisch aber stellt es sich ähnlich wie das schon Geschilderte dar.

Wenn wir nun wiederum dasjenige vergleichen, was wir hier durch die Wahrnehmung, durch die okkulte Wahrnehmung des kometarischen Lebens bekommen, wenn wir das mit der Vorstellung vergleichen – jetzt handelt es sich darum, dass wir uns eine gewisse Vorstellung machen müssen, denn mit etwas Gegenwärtigem lässt sich die Erinnerungsvorstellung, die man da bekommt, nicht gut vergleichen –, so erhält man unmittelbar den Eindruck: Weiter kann man nicht gehen. Man hat einen Eindruck° von einem noch vor dem Sonnenzustand zurückliegenden Zustand bekommen, den man aus gewissen Gründen den *Saturnzustand* nennt.

So sehen Sie, wie unsere inneren Erlebnisse, die wir am Planetensystem haben können, für den Okkultisten ausschlaggebend sind für die Vorstellung, die er sich von diesem Planetensystem macht.

Und jetzt wollen wir einmal für eine kurze Zeit vom Planetensystem abgehen. Alles, was ich bis jetzt vorgebracht habe, war zu dem Zweck und mit dem Ziel vorgebracht, in einer Gesamtschilderung der Wirkungsweisen der geistigen Wesenheiten in den Himmelskörpern zu gipfeln.

Wir müssen aber, da die Himmelskörper gleichsam aus den Naturreichen zusammengesetzt sind, jetzt wenigstens annähernd uns vom Standpunkt des Okkultisten aus eine Vorstellung auch über den nächsten Tatbestand verschaffen, der sich dem okkulten Blick gegenüber ergibt, wenn wir die einzelnen *Naturreiche* auf uns wirken lassen.

Gehen wir bei der Betrachtung der einzelnen Naturreiche zunächst vom *Menschen* aus. Sie wissen, wenn wir den Menschen betrachten, so reden wir davon, dass der Mensch aus physischem Leib, ätherischem Leib, astralischem Leib besteht und aus dem, was wir die Ichheit, das Ich selbst nennen.

Diese viergliedrige menschliche Wesenheit, wo ist sie für die geisteswissenschaftliche° Betrachtung? Nun sehen Sie, diese viergliedrige menschliche Wesenheit ist in der physischen Welt. Denn alles das, was jetzt vom Menschen aufgezählt worden ist, wirkt innerhalb der physischen Welt auf uns.

Nun wollen wir einmal zu der tierischen Welt übergehen. Wenn wir *das Tier* betrachten, dann ist es ja ganz zweifellos, dass wir beim Tier ebenso einen physischen Leib innerhalb unserer gewöhnlichen physischen Sinnenwelt finden wie auch beim Menschen. Daran kann kein Zweifel sein. Ebenso aber müssen wir auch dem Tier einen ätherischen und astralischen Leib zuschreiben.

Wir schreiben ja innerhalb der physischen Welt dem Menschen einen ätherischen Leib zu, weil sein physischer Leib allein innerhalb der physischen Welt eine unmögliche Sache ist. Das stellt sich sogleich heraus, wenn der Mensch durch die Pforte des Todes gegangen ist. Da ist sein physischer Leib allein in der physischen Welt, da ist er seinen eigenen Kräften überlassen, da zerfällt er. Während der Mensch lebt, muss daher ein fortwährender Kämpfer gegen den Zerfall des physischen Leibes vorhanden sein, und das ist der ätherische Leib, den erst das okkulte Bewusstsein wirklich sieht. Dasselbe Verhältnis ist auch beim Tier vorhanden, sodass wir ihm auch einen ätherischen Leib in der physischen Welt zuschreiben müssen.

Weil wir uns nun klar darüber sind, dass die Tatsachen und Dinge nicht nur Wirkungen auf den Menschen ausüben, sondern sich in ihm spiegeln, in ihm etwas hervorrufen, was man eine innere Spiegelung nennen kann, deshalb schreiben wir dem Menschen den astralischen Leib zu. Der okkulte Blick nimmt ihn wahr.

Genau dasselbe ist aber auch beim Tier der Fall. Während die Pflanze zum Beispiel keinen Schrei entwickelt, wenn ein äußerer Eindruck auf sie gemacht wird, lässt sich das Tier im Schrei vernehmen, das heißt, ein solcher äußerer Eindruck tritt auch als inneres Erlebnis zutage. Der okkulte Blick lehrt uns, dass dieses innere Erlebnis nur möglich ist, wenn ein astralischer Leib da ist.

Von einem Ich jedoch beim Tier zu sprechen, wenn man innerhalb der Erscheinungen der physischen Welt bleibt, das hat höchstens für gewisse moderne Naturphilosophen einen Sinn, die rein nach der Analogie gehen. Wenn man aber bloß nach Analogien vorgeht, dann kann man wirklich alles Mögliche behaupten.

Es gibt ja heute sogar Theosophen, denen es einen gewissen Respekt einflößt, wenn ein Naturbetrachter, der etwas bekannter geworden ist, Raoul Francé, den Pflanzen eine Seele zuschreibt und zwischen dem, was man beim Tier und was man bei der Pflanze als Seele bezeichnet, nicht unterscheidet. Er findet nämlich, was ja richtig ist, dass es gewisse Pflanzen gibt, die, wenn ein kleines Insekt in ihre Nähe kommt, die Blätter so zusammenlegen, dass sie dieses kleine Insekt anziehen und auffressen.

Solch ein äußerlicher Beobachter sagt sich also: «Wo in der Natur die äußerliche Tatsache eintritt, die dem Heranziehen von Nahrungsmitteln und dem Verzehren derselben analog ausschaut, da muss etwas Ähnliches vorliegen wie bei Wesenheiten, die aus einem inneren Seelenhaften heraus diese Dinge heranziehen und verzehren.»

Nun, ich kenne etwas, was auch kleine Wesenheiten anzieht, dem man aber ganz gewiss nicht nach dem Muster moderner Naturphilosophen eine Seele zuschreiben wird. Das ist nämlich eine mit Speck gespickte Mausefalle, die zieht auch kleine Wesen an. Und wenn man nach der Methode von solchen Naturphilosophen vorgeht, dann muss man ebenso, wie man der Venusfliegenfalle eine Seele zuschreibt, der Mausefalle eine Seele zuschreiben. Denn sie zieht Mäuse an, wenn sie gut mit Speck versehen ist!

Alle diese Betrachter, die bloß auf das Äußerliche gehen, die dürften nicht jene Sehnsucht verlieren, die bei vielen spirituell Gesinnten vorhanden ist, und sich zufrieden geben, wenn nur ein wenig vom Geist gesprochen wird. Gerade innerhalb der deutschen Literatur ist in dieser Beziehung, wie manche sagen: viel Schönes zutage gefördert worden – wie der Okkultist aber sagen würde: viel Unfug getrieben worden.

Ebenso wenig wie man bei der Venusfliegenfalle oder irgendeiner anderen Pflanze von einem der tierischen Seele ähnlichen Seelenwesen sprechen kann, ebenso wenig kann man bei irgendeinem Tier bei unbefangenem Blick davon sprechen, dass das Tier ein Ich hat. Das Tier hat innerhalb dessen, was uns in der physischen Welt° entgegentritt, kein Ich.

Erst die okkulte Untersuchung führt uns zum *Ich des Tieres*. Aber dieses Ich des Tieres ist nicht mehr innerhalb desselben Bereichs zu finden, wo das menschliche Ich zu finden ist. Das tierische Ich ist erst von dem physischen Leib abgesondert aufzufinden, sodass wir eigentlich eine ganz andere Welt kennenlernen, wenn wir mit dem okkulten Blick zu dem tierischen Ich aufsteigen.

Und wenn man nicht liebt, allerlei schematische Einteilungen zu machen und von vornherein zu sagen: «Die Welt besteht aus dem physischen Plan, dem astralischen Plan, dem Mentalplan und so weiter» – wenn man das nicht liebt, weil bei allen Wortbezeichnungen nicht viel herauskommt, dann muss man in anderer Weise vorgehen.

Ich habe sogar in theosophischen Büchern gefunden, dass viel von dem Ausdruck «Logos» gesprochen wird, habe aber nicht gefunden, dass damit Vorstellungen von dem hervorgerufen werden, was Logos wirklich ist. Gewöhnlich fand ich nur, dass die Schreiber dieser Bücher wissen, dass dieser Logos aus fünf Buchstaben besteht. Sobald man versucht, zu wirklich konkreten Vorstellungen zu kommen, sodass man etwas im Gemüt behält, dann verrauchen die Vorstellungen.

Denn damit, dass man allerlei Dinge erzählt – dass der Logos «spinnt» und so weiter –, wird ein konkret sein wollendes Bewusstsein nichts anfangen können. Mag der Logos was immer sein: Eine Spinne ist er ganz gewiss nicht, und was er schafft, kann man ganz gewiss nicht als ein Gewebe bezeichnen. So ist es also nicht gut, mit Abstraktionen vorzugehen, um Vorstellungen hervorzurufen, wenn man von Dingen spricht, die über den physischen Bereich des Menschen hinausgehen.

Etwas anderes ist es, wenn der okkulte Blick für das Tier dasjenige sucht, was beim Menschen schon in der physischen Welt sich im ganzen Tun und Verhalten des Menschen ankündigt: das Ich. Wenn er das beim Tier sucht, dann findet er es auch, nur nicht in der Welt, wo physischer Leib, Ätherleib und astralischer Leib des Tieres vorhanden sind, sondern in einer übersinnlichen Welt, die allerdings sich gleich ergibt, wenn man den Schleier der übersinnlichen Welt wegzieht, die der sinnlichen Welt am nächsten ist.

Sodass wir sagen können: In einer Welt übersinnlicher Art ist das tierische Ich zu finden. Und von diesem tierischen Ich muss man wiederum sagen: Es tritt uns dort als eine Realität entgegen, kündigt sich aber in der physischen Welt nicht als Individualität an, sondern hier verstehen wir es nur, wenn wir das Interesse auf eine ganze Gruppe von Tieren richten, auf die ganze Gruppe von Wölfen, von Lämmern und so weiter.

Und so wie zu unseren beiden Händen, zu unseren zehn Fingern, zu unseren Füßen eine Seele gehört, die ein Ich in sich hat, so gehört zu einer Gruppe gleichgeformter Tiere ein solches Ich, das wir nicht in unserer physischen Welt finden – es verrät sich nur in der physischen Welt. Der gewöhnliche Abstraktling, der heutige Materialist, der sagt: «Ja, eigentlich ist am Tier nur das real, was man mit physischen Augen sieht, und wenn wir uns den Begriff Wolf oder den Begriff Lamm bilden, so sind das eben nur Begriffe.»

Das sind sie für den Okkultisten nicht. Begriffe sind nicht etwas, was bloß in uns existiert, sondern es sind Spiegelbilder von etwas Realem, was nur nicht in der physischen Welt°, sondern in einer übersinnlichen Welt ist. Es verrät sich für ein wenig Nachdenken schon in der physischen Welt°, dass außer demjenigen, was man sinnlich wahrnehmen kann, noch etwas vorhanden ist, was nicht in der physischen Welt wahrgenommen werden kann und was dennoch für das innere Kräfteverhältnis des Tieres Bedeutung hat.

Ich möchte nur diejenigen, die zum Beispiel die Vorstellung «Wolf» für einen Begriff halten, dem keine Realität entsprechen soll, auf folgendes Experiment aufmerksam machen: Nehmen Sie eine Anzahl von Lämmern und füttern Sie damit den Wolf so lange, bis es dem entspricht, was die Naturwissenschaft herausgebracht hat: dass tatsächlich die ganze physische Materie sich umgewandelt hat, dass der Wolf während der Zeit, während welcher sich die physische Körperlichkeit ersetzt, nur Lämmer gefressen hat. Nun hat der Wolf lauter Lämmer in sich. Was Sie am Wolf allein sehen können, die physische Materie, rührt von lauter Lämmern her.

Versuchen Sie dann das Ergebnis zu ziehen – ob der Wolf ein Lamm geworden ist. Wenn er kein Lamm geworden ist, dann haben Sie kein Recht, zu sagen, dass das, was Sie als Begriff des Wolfes haben, sich in demjenigen erschöpft, was physisch wahrgenommen werden kann, sondern es ist ein Übersinnliches darin.

Dieses findet man nicht eher, als bis man in das Übersinnliche kommt. Dort stellt es sich so dar, dass ebenso, wie unsere zehn Finger zu der einen Seele gehören, so alle Wölfe zu dem einen Gruppen-Ich. Und die Welt, in der wir das Gruppen-Ich der Tiere finden, die bezeichnen wir als die «astralische Welt».

Was nun die *Pflanzen* betrifft, so wird eine ähnliche Betrachtung dazu führen, dass wir innerhalb der physischen Welt bei der Pflanze nichts anderes finden als den physischen Leib und den Ätherleib. Eben deshalb, weil die Pflanze in dieser physischen Welt nur den physischen und den Ätherleib hat, schreit sie nicht, wenn man sie «verletzt». Sodass wir sagen müssen: Von der Pflanze ist in der physischen Welt der physische und der Ätherleib vorhanden.

Wenn wir nun diejenige Welt mit dem okkulten Blick durchsuchen, das heißt, uns einfach in sie versenken, in die wir die tierischen Gruppen-Iche hineinversetzen mussten, da finden wir in Bezug auf die Pflanzenwelt etwas sehr Charakteristisches. Wir finden nämlich, dass es allerdings auch in der Pflanzenwelt Schmerzen gibt, und zwar dann, wenn man die Pflanzen mit der Wurzel aus dem Boden herausreißt. Dann ist ein ähnlicher Schmerz für den gesamten Erdorganismus vorhanden, wie er vorhanden ist, wenn man ein Haar aus dem Organismus ausreißt.

Aber auch anderes Leben, bewusstes Leben ist mit dem Pflanzenwachstum verbunden. Versuchen Sie sich einmal das Hervorsprießen – ich habe das schon während dieser Vorträge bei einer anderen Gelegenheit herangezogen –, das Herausdringen der Pflanzensprossen aus der Erde im Frühling vorzustellen: Dieses Hervorsprießen ist etwas, was einer Empfindung in gewissen geistigen Wesenheiten entspricht, die zur Erde gehören, die die Erde in ihrer geistigen Atmosphäre mit ausmachen.

Wenn man diese Empfindung schildern soll, so kann man sie mit der Empfindung vergleichen, die man in seinem Bewusstsein in den Momenten hat, wenn man abends aus dem Wachzustand in den Schlafzustand übergeht. Wie da das Bewusstsein allmählich hinuntergeht, so ähnlich empfinden gewisse Geister der Erde bei dem Hervorsprießen der Pflanzen im Frühling. Beim allmählichen Welken und Hinsterben der Pflanzenwelt haben wiederum gewisse geistige Wesenheiten, die mit der geistigen Atmosphäre der Erde verbunden sind, dieselbe Empfindung, die der Mensch hat, wenn er am Morgen aufwacht.

Wir können also sagen: Es gibt Wesenhaftes, das mit unserem Erdorganismus verbunden ist und das so empfindet, wie unser eigener Astralleib beim Einschlafen und Aufwachen empfindet. Nur darf man nicht abstrakt vergleichen. Da würde natürlich viel näherliegen, das Hervorsprießen in der Frühlingsnatur mit dem Aufwachen und das Absterben der Pflanzenwelt im Herbst mit dem Einschlafen zu vergleichen. Aber das Umgekehrte ist wahr, nämlich dass die Wesenheiten, die da in Betracht kommen, im Herbst wie Aufwachen empfinden und beim Hervorsprießen der Pflanzen im Frühling wie Einschlafen.

Diese Wesenheiten sind nun nichts anderes als die *Astralleiber der Pflanzen,* und wir finden sie in demselben Gebiet, in dem wir das Gruppen-Ich der Tiere finden. Die Astralleiber der Pflanzen befinden sich in der sogenannten astralischen Welt°.

Nun müssen wir auch bei der Pflanze von einem Ich sprechen, wenn wir sie okkult betrachten. Dieses *Ich der Pflanzen* finden wir wiederum in ähnlicher Weise als ein Gruppen-Ich, als etwas, was zu einer ganzen gleichgeformten Gruppe von Pflanzen gehört, wie wir das bei dem Gruppen-Ich der Tiere betrachtet haben.

Aber dieses Gruppen-Ich der Pflanzen werden wir dort vergeblich suchen, wo wir den astralischen Leib der Pflanzen und das Gruppen-Ich der Tiere gefunden haben. Wir müssen in eine noch höher geartete übersinnliche Welt gehen, wir müssen uns von der astralen zu einer Welt erheben, die wir als noch höher empfinden. Erst in eine solche Welt dürfen wir das Gruppen-Ich der Pflanzen versetzen.

Und wir können wiederum, wenn wir diese Welt durchforschen, in welcher die Gruppen-Iche der Pflanzen zu finden sind, sie mit einem Namen belegen. Sie ist zunächst, obwohl noch vieles andere darin ist, dadurch für uns charakterisiert, dass die Gruppen-Iche der Pflanzen darin sind. Wir bezeichnen sie – Namen tun nichts zur Sache – als die niedere° geistige Welt.

Beim *Mineral* haben wir – das ist nun leicht einzusehen – in der physischen Welt nur den physischen Leib. Dadurch erscheint uns gerade das Mineral als das Unorganische, Unlebendige. Dagegen haben wir in derselben Welt, in welcher die Gruppen-Iche der Tiere und die Astralleiber der Pflanzen sind, den *ätherischen Leib der Mineralien.* Aber dort finden wir noch nichts davon, dass das Mineralwesen irgendetwas von Empfindung zeigt.

Dennoch erweist sich auch das Mineral als etwas Lebendiges. Wir lernen das lang andauernde Leben von Mineralien, das Wachsen, das Sichentwickeln von Erzen oder dergleichen, kurz, wir lernen das vielgestaltige mineralische Leben unseres Planeten in der astralischen Welt° kennen. Wir lernen erkennen, wenn uns ein einzelnes Mineral entgegentritt, dass es nicht viel anders ist als unsere eigenen mineralähnlichen Knochen, die aber doch mit unserem Leben zusammenhängen.

So hängt auch alles Mineralische mit einem Lebendigen zusammen, nur ist dieses Lebendige erst in der astralischen Welt° zu finden. Sodass der ätherische Leib der mineralischen Welt in der astralischen Welt° zu finden ist.

Wenn wir uns nun in derselben Welt okkult aufhalten, in welcher die Gruppen-Iche der Pflanzen sind, dann merken wir, dass auch die *mineralische* Welt mit etwas zusammenhängt, dem die *Empfindung* möglich ist, mit etwas Astralischem. Wenn Steine in einem Steinbruch geklopft werden, merkt man es freilich in der astralischen Welt° nicht, dass da irgendetwas von einer Empfindung vorhanden ist.

Aber in der niederen° geistigen Welt, da fällt es einem sofort auf, dass wenn man die Steine zerklopft, wenn Teile abspringen, dass da in der Tat etwas wie eine Wohlempfindung auftritt, wie eine Art Genuss. Das ist auch eine Empfindung, sie ist eben der Empfindung entgegengesetzt, wie sie Tiere und Menschen in solchem Fall haben: Wenn man die zerklopfen würde, würden sie Schmerzen haben. Bei den Mineralien ist das Gegenteil der Fall: Wenn man sie zerklopft, dann empfinden sie Wohlgefühl.

Wenn man in einem Wasserglas Kochsalz aufgelöst hat und man mit dem Blick, der auf die geistige° Welt gerichtet ist, verfolgt, wie sich das Kochsalz in Kristalle zusammenfügt, dann sieht man, wie das unter Schmerzen geschieht, dann fühlt man Schmerz an den betreffenden Stellen. So ist es überall in dem mineralischen Leben, wo aus dem Wässrigen heraus durch Kristallisation ein Festes sich bildet.

So war es im Grunde genommen auch bei unserer Erde, die einmal in einem weicheren, flüssigeren Zustand war. Das Feste hat sich erst nach und nach aus dem Flüssigen herausgebildet, und jetzt gehen wir auf dem festen Erdboden herum und führen unseren Pflug über den Erdboden hin. Dadurch tun wir allerdings der Erde nicht weh, das tut ihr sehr wohl.

Aber das tat den Wesenheiten nicht wohl, die mit der Erde verbunden sind und als astralisches Reich zum Planeten gehören, dass sie sich zusammenballen mussten, damit das menschliche Leben auf dem Planeten möglich würde. Da mussten die Wesenheiten, die als Astralleiber hinter den Steinen stehen, Schmerz über Schmerz aushalten. Im Mineralreich leidet die Naturwesenheit, die Kreatur, mit dem fortschreitenden Erdprozess.

Es wird einem ganz sonderbar zumute, wenn man dies aus der okkulten Untersuchung heraus erkennt und dann wiederum auf die berühmte Stelle bei einem Eingeweihten stößt (Römerbrief 8, 22-3): «Alle Kreatur seufzet und leidet unter Schmerzen, der Erlösung harrend, der Annahme an Kindes statt harrend.» Über solche Dinge in den auf okkulter Anschauung begründeten Schriften liest man hinweg. Wenn man aber diesen Schriften mit dem okkulten Blick gegenübersteht, dann erst weiß man: Sie geben dem einfachsten Gemüt viel, noch mehr aber dem, der alles, was in ihnen liegt, oder wenigstens vieles davon, wahrnehmen kann.

Das Seufzen und Stöhnen des mineralischen Reichs, das da sein muss, weil der Kulturprozess unserer Erde einen festen Boden unter seinen Füßen braucht, das stellt Paulus dar, indem er von dem Seufzen der Kreatur spricht. Das alles geht in jenen Wesenheiten vor, die dem mineralischen Reich als der astralische Leib zugrunde liegen und die wir in der niederen° geistigen Welt finden.

Das eigentliche Ich, das wirkliche *Gruppen-Ich des Mineralreichs,* ist in einer noch höheren Welt zu suchen, die wir die höhere geistige° Welt nennen. Hier erst finden sich die Gruppen-Iche des Mineralreichs.

Sie müssen sich nämlich ganz frei machen, meine lieben° Freunde, von der Vorstellung, dasjenige, was wir an einer Wesenheit den astralischen Leib nennen, mit der astralischen Welt zu identifizieren. Bei den Mineralien ist der astralische Leib in der niederen° geistigen Welt zu suchen, der Ätherleib der Mineralien dagegen und das Gruppen-Ich der Tiere in der Astralwelt, der Astralleib der Tiere in der physischen Welt°. (S. Übersicht).

So wie die Welt uns entgegentritt, so müssen wir sagen: Wir dürfen nicht das, was wir an den Wesenheiten als die einzelnen Glieder finden, mit den entsprechenden Welten

	MENSCH	TIER	PFLANZE	MINERAL
In der höheren geistigen Welt:				Ich
In der niederen geistigen Welt:			Ich	Astralleib
In der Astralwelt:		Ich	Astralleib	Ätherleib
In der physischen Welt:	Ich Astralleib Ätherleib Phys. Leib	Astralleib Ätherleib Phys. Leib	Ätherleib Phys. Leib	Phys. Leib

identifizieren, sondern wir müssen uns eben daran gewöhnen, Differenzierungen bei den verschiedenen Wesenheiten vorauszusetzen. Eine genauere okkulte Einsicht zeigt das ja ganz klar. Wir haben also in einer höheren geistigen° Welt die Gruppenseelen der Mineralien zu finden.

So haben wir die einzelnen Wesenheiten der verschiedenen Naturreiche in ihren Beziehungen zu den höheren Welten angeführt und das erst kann uns die Grundlage geben, um die Verhältnisse dieser verschiedenen Naturreiche zu den schaffenden und in der Welt wirkenden Wesenheiten der Hierarchien zu suchen, wie wir sie kennengelernt haben.

Neunter Vortrag

Der Sonnengeist der Weisheit:
wie große Kulturimpulse inspiriert werden

Helsinki, 13. April 1912

Meine lieben° Freunde!

Wir haben in unserer letzten Betrachtung andeutend darauf hingewiesen, wie das Verhältnis der geistigen Kräfte, die in den Wesen der Naturreiche der Erde wirken, zu dem ist, was man äußerlich sieht.

Wir wollen uns heute kurz ins Gedächtnis zurückrufen, wie das ausgeführt worden ist, weil es notwendig erscheint, diese Dinge, die einen wesentlichen Teil unseres Themas bilden, noch genauer zu beleuchten. Denn sie werden uns zu dem führen, worin eigentlich unsere Vorträge gipfeln sollen: zu einer Erfassung des lebendigen Zusammenwirkens der Wesen der verschiedenen Hierarchien und ihrer Nachkommen in den Himmelskörpern und Naturreichen.

Wir haben ausgeführt, dass der Mensch die vier Glieder seiner Wesenheit in der physischen Welt° wirksam hat: den physischen, den ätherischen, den astralischen Leib und das Ich. Wir haben dann weiter geltend gemacht, dass für das Tier im Wesentlichen drei Glieder – physischer, ätherischer und astralischer Leib – in der physischen Welt° wirksam sind, das Gruppen-Ich dagegen in der astralischen Welt°.

Wir haben weiterhin gesehen, dass für die Pflanzen der physische und ätherische Leib in der physischen Welt° wirksam sind – der astralische Leib in der astralischen und das Gruppen-Ich in der geistigen° Welt°. Dann haben wir für das Mineral den physischen Leib allein in der physischen Welt° gefunden, den ätherischen Leib in der astralischen Welt°, den astralischen Leib in der niederen° geistigen Welt. Das Gruppen-Ich des Minerals bewohnt das, was wir als eine höhere geistige° Welt° bezeichnen.

Wir wollen nun im Genaueren darauf eingehen, was das alles eigentlich in der Realität heißt. Bisher konnte ja eben nur gesagt werden, dass der okkulte Blick, der sich bis zu der ersten, uns am nächsten liegenden übersinnlichen Welt erhebt, nicht innerhalb der physischen Welt beim Tier das findet, was er beim Menschen noch in der physischen Welt findet, das Ich, sondern dass das, was wir beim Menschen das Ich nennen, für das Tier erst in der astralischen Welt° gefunden werden kann, in einer übersinnlichen Welt, und dort erst den Angriffspunkt seines Wirkens hat.

Wir sehen daraus, dass die okkulte Wissenschaft dem Tier das Ich nicht innerhalb der physischen Welt° zusprechen kann. Sie spricht dem Tier das Ich nicht ab, sagt aber, dass das, was als Ich beim Tier anzusprechen ist, erst in der astralischen Welt zu finden ist.

Es kann ja leicht der Einwand erhoben werden, dass damit den Tieren, auch den höheren Tieren, ein Ich in der physischen Welt° abgesprochen werde, während man doch sagen muss, dass die Tiere in Bezug auf viele ihrer Verrichtungen eine außerordentliche Intelligenz zeigen, einen ganz wunderbaren Verstand, sodass man manches von dem, was das Tier in der physischen Welt° tut, wohl mit dem vergleichen kann, was der Mensch in der physischen Welt° tut.

Nun muss gesagt werden, dass derjenige, der so spricht, das Grundprinzip dieser Sache eigentlich nicht erfasst hat. Niemandem, der in diese Dinge eindringt, wird es einfallen, das, was wir die menschlichen Seelenkräfte nennen, der Tierheit in der physischen Welt° abzusprechen. Darum handelt es sich gar nicht.

Hier auf diesem Gebiet liegt der Grund zu den allermannigfaltigsten Irrtümern und Missverständnissen. So finden wir gleich ein Missverständnis, wenn ein materialistischer Darwinist unserer Zeit etwa sagen wollte: «Ja, da seht ihr Geisteswissenschaftler° die Sache so an, als wenn der Mensch unbedingt auf einer höheren Stufe der Geistigkeit zu suchen sei als das Tier, während man doch beobachten kann, wie das Tier Intelligenz entwickelt. So viel Intelligenz, auch so viel von einer gewissen instinktiven Moral ist im Tierreich vorhanden, dass sich ganz gut das, was der Mensch in seinen Seelenkräften als eine Art höherer Stufe hat, von dem ergeben kann, was man schon im Tierreich antrifft.»

Da ist der Gesichtspunkt, um den es sich dabei handelt, ganz verschoben. Einer unbefangenen Betrachtung wird es gar nicht einfallen, dem Tierreich Verstand, selbst Vernunft abzusprechen.

Man braucht sich nur solche Tatsachen klarzumachen wie die eine, dass die Menschheit in ihrer Entwicklung aus ihrem Kulturprozess heraus verhältnismäßig spät zu der Erfindung des Papiers gekommen ist. Wie wird doch in unseren geschichtlichen Beschreibungen diese Erfindung des Papiers durch den menschlichen Verstand als eine große Errungenschaft hingestellt. Sie ist in einer gewissen Beziehung ja auch ein Zeichen für den menschlichen Fortschritt. Aber die Wespen haben Jahrmillionen vorher dieselbe Kunst schon gekannt, denn was die Wespe mit ihrem Nest macht, ist richtiges Papier.

Sodass wir sagen können: Das, was der menschliche Verstand als Verstand zuwege bringt, das haben wir schon im Tierreich da unten, bis weit, weit unten. Es fällt dem unbefangenen Betrachter gar nicht ein, die menschlichen Seelenkräfte als solche der Tierheit abzusprechen. Ja, wir sind sogar auf dem Gebiet des Okkultismus überzeugt, dass Verstand und Vernunft bei der Tierheit viel sicherer, viel präziser und irrtumsfreier wirken als im Menschen.

Das Wesentliche, um das es sich handelt, ist, dass beim Menschen alle diese Seelenkräfte in der physischen Welt auf ein Ich bezogen sind, das sich innerhalb dieser physischen Welt selbstständig entwickelt, das schon in der Erziehung eine selbstständige Entwicklung durchmacht. Wenn wir den Angehörigen irgendeiner tierischen Gruppe haben, so wissen wir, dass der Kreis seiner Entwicklung einfach durch die Spezies, durch die Art, zu welcher das Tier gehört, bedingt ist, also in ganz anderer Art, als das beim Menschen der Fall ist, der sich individuell entwickelt.

Richten wir nun einmal den Blick auf den Kreis des Tierreichs, so finden wir innerhalb der *tierischen* Welt die mannigfaltigsten *Formen,* die sehr voneinander verschieden sind, ganz anders als etwa die menschlichen Rassen.

Wir finden über den Erdball hin allerdings auch eine große Verschiedenheit der menschlichen Rassen. Aber vergleichen Sie damit die große Verschiedenheit der Tiere von den unvollkommeneren zu den vollkommeneren Arten herauf, dann werden Sie gleich merken, wie gewaltig die Differenzierung innerhalb des Tierreichs ist – ganz anders als beim Menschen. Woher rührt denn das?

Wir kommen einer Antwort darauf näher, wenn wir uns erst einmal fragen: Was bewirkt die verschiedenen Gruppen des Tierreichs, die verschiedenen Arten, die wir da über den Erdball hin charakteristisch ausgebreitet finden?

Da zeigt uns der okkulte Blick, dass dasjenige, was die Verschiedenheit der tierischen Arten bewirkt, nicht bloß von der Erde herrührt, dass vielmehr die tierischen Arten vom Himmelsraum herunter ihre Formen erhalten, und zwar so, dass die Kräfte, welche zu der einen Art führen, von einem anderen Ort des Himmelsraums sind als die Kräfte, welche zu der anderen Art führen. Die Kräfte, welche die verschiedenen tierischen Formen bilden, strömen auf unseren Erdplaneten von den anderen Planeten unseres Planetensystems her.

Wir können das ganze Tierreich in *sechs bis sieben* verschiedene *Hauptgruppen* einteilen, und diese Hauptgruppen haben die obersten Gruppen-Iche. Diese obersten Gruppen-Iche haben ihre Wirkungsimpulse innerhalb der sechs bis sieben zu unserem Planetensystem gehörigen Hauptplaneten, sodass geistig die Kräfte, welche die Hauptgruppen der Tiere bilden, *von den Planeten her* wirken.

Damit haben wir aber zugleich real angegeben, was es eigentlich heißt, bei den Tieren von Gruppen-Ichen zu sprechen. Es heißt, dass im Tier geistige Kräfte leben, deren Wesenheit wir gar nicht auf der Erde selber, sondern im Himmelsraum außerhalb der Erde zu suchen haben, und zwar zunächst in der planetarischen Welt.

Gleichsam die Regenten der Hauptformen der Gruppen der Tiere leben auf unseren Planeten, und sie mussten sich auf diese Planeten zurückziehen, um aus den richtigen Entfernungen, von der richtigen Seite her mit ihren Kräften auf die Erde zu wirken. Denn nur von diesen Seiten her kann in der richtigen Weise das bewirkt werden, was die tierischen Hauptformen ausmacht.

Nun, sehen Sie, wenn die Planeten nur solche Kräfte auf unsere Erde herniederströmen ließen, dann würden wir in der Tat nicht eine solche *Mannigfaltigkeit des Tierreichs* haben, wie wir sie jetzt haben, sondern wir würden nur sieben Hauptformen haben. Es gab auch einmal in einer sehr fernen Urzeit nur sieben Hauptformen des Tierreichs.

Aber diese sieben Hauptformen waren sehr beweglich, sehr bestimmbar, sodass sie in ihrer Bildung weich, plastisch waren und leicht umgebildet werden konnten: die eine Form zu einer speziellen Form, die andere zu einer anderen. Und das wurde in einer späteren Zeit auch zustande gebracht. Die sieben Hauptformen liegen weit, weit zurück, dann aber traten andere Kräfte hinzu, die unterstützend oder hemmend auf die Kräfte der Planeten wirkten. Die traten hinzu.

Nun werde ich zunächst davon zu sprechen haben, wie diese anderen Kräfte zustande kommen. Wenn man den gewöhnlichen Blick in die Himmelsweiten hinausrichtet, so glaubt man sehr leicht, dass draußen alles gleichförmig sei. So ist es aber nicht. Wenn man den Blick nach einer gewissen Richtung in den Raum hineinlenkt, dann ist für den okkulten Blick etwas ganz anderes wahrzunehmen, als wenn man nach einer anderen Richtung des Raumes den Blick lenkt.

Der Raum ist durchaus keine homogene Sache, ist nicht etwas, was nach allen Seiten hin gleich ist, sondern von den verschiedensten Richtungen des Raumes wirken aus dem Weltall wiederum verschiedene Kräfte herein. Der ganze Weltraum ist mit geistigen Wesenheiten der verschiedenen Hierarchien ausgefüllt, welche aus den verschiedenen Richtungen her auf die Erde verschieden wirken.

In denjenigen Zeiten, als die Menschen ein gewisses ursprüngliches, primitives Hellsehen hatten, da war es ihnen klar: Wenn ich zu einer bestimmten Tageszeit nach der einen Richtung den Blick gegen den Himmel richte, dann kommen mir gewisse Kräfte entgegen, und auf einer anderen Seite finde ich andere Kräfte.

Und die Menschen nahmen auch wahr, dass von gewissen Punkten aus besondere, bestimmte Kräfte aus dem Himmelsraum herkamen, die für die Erde ganz besonders wichtig waren. Die liegen alle am Himmelsraum in dem Sternenkreis angeordnet, den man seit alten Zeiten den *Tierkreis* genannt hat. Man hat wahrhaftig nicht umsonst in alten Zeiten von einem «Tierkreis» gesprochen, sondern man hat gewusst, warum man das tut.

In dem Himmelsraum verhält es sich so, dass die Kräfte, sagen wir, die vom Planeten Mars herunterwirken und in dem noch weichen Tierischen die eine der sieben Hauptformen für sich zustande brachten, dass diese Marskräfte verschieden wirken, wenn der Mars über dem einen oder über dem anderen Teil des Tierkreises steht. Man hat dann den Tierkreis nach zwölf Zeichen eingeteilt, die sich naturgemäß als Sternbilder ergeben.

Und je nachdem die Marskräfte, die für eine Tierform maßgebend sind, über dem Widder oder über dem Stier oder über einem anderen Sternbild stehen, je nachdem wirken sie anders. Danach spezifizieren sich die sieben Hauptformen. Daraus entsteht eine ganze Menge von Möglichkeiten für verschiedene Tierformen.

Und wenn Sie daran denken, wie noch dazukommt, dass zum Beispiel der Mars bestimmend wirken kann, indem er sich über den Löwen so stellt, dass er den Löweneinfluss in Bezug auf die Erde verdrängt oder dass er von der anderen Seite her sich bestimmend stellt, indem die Erde zwischen Sonne und Mars zu stehen kommt, so gibt es eine noch größere Anzahl von Möglichkeiten.

Das alles sind Kräfte, die zusammengewirkt haben, um die sieben Hauptgruppen des Tierreichs weiter zu differenzieren. So ist die ganze *Mannigfaltigkeit unserer Tierformen* auf der Erde dadurch entstanden, dass die Kräfte der Planeten eigentlich die Sitze der Gruppenseelen, der Gruppen-Iche der Tiere sind und dass diese Gruppen-Iche von diesen Sitzen aus ihre Aufgabe erfüllen, weil sie nur von dort aus diese Aufgabe erfüllen können.

Denn nur dadurch, dass sich das Gruppen-Ich jener Tierform, das vom Mars herunterwirken soll, gerade diesen Ort am Himmel ausgewählt hat, kann es die entsprechende Wirkung auf die Erde herunter ausüben. Hier liegen die Kräfte, welche die Mannigfaltigkeit unserer Tierformen gebildet haben.

Wenn wir den Ausdruck gebrauchen: «Das tierische Gruppen-Ich ist in der astralischen Welt° zu finden», so heißt das real: Wenn der okkulte Blick das Gruppen-Ich irgendeiner tierischen Form suchen will, so muss er nicht auf der Erde, sondern auf einem Planeten suchen. Was er beim Menschen auf der Erde findet, das findet der okkulte Blick für das Tier erst im Himmelsraum draußen bei den Planeten.

Und so wie der Mensch, der auf der Erde eine Arbeit auszuführen hat, die verschiedene Standpunkte notwendig macht, wie der sich eben zu diesen verschiedenen Standpunkten begeben muss, so muss das Gruppen-Ich, das auf einem Planeten sitzt, über dem Tierkreis den Himmelsraum durchlaufen, um von da aus seine Kräfte zu differenzieren.

Wenn wir diese Tatsache, die wir eben hingestellt haben, damit in Zusammenhang bringen, dass man heute so häufig die Impulse für die tierischen Formen in irgendwelchen Prinzipien der Erde selbst sucht – zum Beispiel im Kampf ums Dasein, in irgendeiner natürlichen Zuchtwahl und dergleichen –, dann erscheinen die Tatsachen, die durch solche Bestrebungen zustande gekommen sind, wie sie Darwin zum Beispiel angeführt hat, auf der einen Seite wahrhaftig großartig, insoweit Darwin bei den Tatsachen stehen geblieben ist. Denn unbewusst hat der Darwinismus geschildert, wie eine Beweglichkeit der tierischen Formen besteht, wie da in der Tat aus den Grundformen heraus geschaffen wird.

Aber nach der ganzen Anlage unserer Zeit hat man davon abgesehen, dass die Kräfte, welche diese Formen schaffen, aus dem Himmelsraum hereinwirken, dass also die Schöpfer der tierischen Formen in der Welt der Planeten zu suchen sind, die zwar zu unserem Planetensystem gehören, aber außerhalb unserer Erde sind.

Wenn wir uns nun fragen: Wie steht dieselbe Sache in Bezug auf den Menschen?, da bekommen wir erst dann eine Antwort, wenn wir uns vorher auch noch die andere Frage beantworten: Welcher Art sind diese Geister, die wir jetzt als Gruppenseelen der Tiere angesprochen haben und die ihren Wohnsitz auf den verschiedenen Planeten haben?

Da zeigt sich, dass diese Gruppen-Iche der Tiere Nachkommen jener Kategorie von geistigen Wesenheiten sind, die von mir im Laufe dieser Vorträge als die Geister der Bewegung angeführt worden sind. Also, wir müssen die Gruppen-Iche der Tiere als Nachkommen der Geister der Bewegung auffassen. (S. Übersicht S. 272).

Die Geister der Bewegung haben nämlich aus ihrer eigenen Substanz heraus während des alten Mondzustands dem Menschen seinen astralischen Leib gegeben. Wir können also, um die Sache zu ergänzen, sagen: Dieser Erde ist der Mondzustand vorausgegangen; da haben während dieses Mondzustands die Menschen von den Geistern der Bewegung ihren astralischen Leib bekommen.

Das heißt mit anderen Worten: Als die Erde Mond war – der alte Mond, nicht der jetzige; der jetzige ist ja nur ein abgelöstes Stück der Erde selber, während der alte Mond etwas wie eine vorhergehende Verkörperung unserer Erde war –, während die Erde in diesem alten Mondzustand war, da umschwebten die Geister der Bewegung diesen alten Mond und ließen ihre eigene Substanz einträufeln, einströmen in das, was der Mensch aus noch früheren Zuständen herüberbrachte. Sodass dasjenige, was der Mensch als astralischen Leib bekam, der für ihn neu war – denn er hatte damals nur einen physischen und einen ätherischen Leib –, von den Geistern der Bewegung herstammt.

Der alte Mond ist verschwunden, die Erde hat sich gebildet. Die Geister der Bewegung haben außer ihrer eigenen Fortentwicklung auch noch Nachkommen entwickelt. Diese Nachkommen der Geister der Bewegung, das sind diejenigen Wesenheiten, die wir als die Gruppen-Iche der Tiere bezeichnen und die nun ihre Wohnsitze nicht auf der Erde, sondern auf den anderen Planeten aufgeschlagen haben, um von da aus auf die Erde so zu wirken, dass sie die tierischen Formen in der geschilderten Art hervorbringen.

Das ist das Spezielle von dem, was ich gesagt habe: dass wir die Gruppen-Iche in einer gewissen Weise als Nachkommen der Wesenheiten der zweiten Hierarchie charakterisieren können. Auf die Tiere wirken also von den Planeten herunter diese Nachkommen der Geister der Bewegung.

Nun müssen wir die Frage stellen: Wirken ähnliche geistige Wesenheiten auch auf den Menschen, auf das Menschengeschlecht, das über die Erde hin ausgebreitet ist?

Das können wir nicht von denjenigen geistigen Wesenheiten behaupten, die wir als die normalen Glieder der einzelnen Hierarchien angeführt haben. Aber wir haben ja die besondere Kategorie angeführt, die wir die luziferischen Geister genannt haben, und wir haben charakterisiert, wie diese luziferischen Geister sich zu den normalen Geistern verhalten. Für jede Kategorie der verschiedenen Hierarchien gibt es in unserem Zeitzyklus auch die luziferischen Geister.

Während die Tiergruppenseelen Nachkommen der normalen, richtigen Geister der Bewegung sind, sind die *luziferischen Geister der Bewegung* solche, die sich gegen den normalen Weg der Geister der Bewegung aufgelehnt haben, die sich diesen normalen Geistern der Bewegung entgegengestellt haben.

Diese luziferischen Geister der Bewegung sind im Verhältnis zur Erde ebenso auf den verschiedenen Planeten gruppiert wie die richtigen Nachkommen der Geister der Bewegung. Sie haben ihre Rollen auch so verteilt, dass sie ihre Wohnsitze auf den verschiedenen Planeten aufgeschlagen haben. Wie die Gruppenseelen der Tiere auf den Planeten wohnen, so wohnen auch gewisse luziferische Geister der Bewegung auf den Planeten. Sie haben sich die Aufgabe gestellt, die schon einmal den Geistern der Bewegung entspricht: von den Planeten herein formend zu wirken, sodass Gruppen der entsprechenden Wesen auf der Erde entstehen.

So wie sieben Haupttiergruppen sich bildeten, die nur durch die geschilderten Verhältnisse spezifiziert worden sind, so wirkten die luziferischen Wesenheiten der Bewegung von den Planeten auf die Erde herein, indem sie das Menschengeschlecht, das eigentlich in einer gewissen Weise nach einem einzigen Plan gedacht ist, spezifizierten.

Während also der Mensch im ganzen Weltplan so gedacht war, dass *eine* Menschenform über die Erde hin hätte Platz greifen sollen, wirkten diese luziferischen Geister der Bewegung von den verschiedenen Planeten herein und spezifizierten die Menschenform so, dass die Formen für die einzelnen *menschlichen Hauptrassen* über die Erde hin entstehen konnten. Das Genauere ist in meinen Vorträgen zu finden, die ich in Oslo° über die besondere Art gehalten habe, wie diese luziferischen Geister der Bewegung rassenbildend wirken.[3] So haben wir Nachkommen der normalen und der luziferischen Geister der Bewegung zu unterscheiden.

Wir werden nun naturgemäß die Frage aufwerfen müssen: Wo sind die *normalen Geister der Bewegung,* die während der alten Mondzeit dem Menschen seinen astralischen Leib gegeben haben – also diejenigen, die in jener Zeit, die beim Übergang von der Mond- zur Erdbildung abgelaufen ist, das Ziel ihrer Entwicklung erreicht haben –, diese ganz reif gewordenen Geister der Bewegung, wo sind sie?

Auch diese Geister der Bewegung haben das Eigentümliche, dass sie ihren Wohnsitz oder besser gesagt, das An-

---

3 Siehe: Rudolf Steiner, *Volksengel,* Ein Grundkurs in spiritueller Ethnologie (Elf Vorträge, gehalten in Oslo vom 7. bis 17 Juni 1910 – vor allem die Vorträge vom 9. und 11. Juni).

griffsfeld ihres Wirkens auf den Planeten unseres Planetensystems haben. Sodass sie zum Beispiel als Geister der Bewegung nicht direkt von der Sonne her wirken, wo sie ihren Hauptversammlungsort haben, sondern ihre Strahlen erst nach den Planeten aussenden und von da aus auf die Erde zurückwirken. Insofern wir es mit den richtigen Geistern der Bewegung zu tun haben, kommt ihre unmittelbare Wirksamkeit von den Planeten unseres Planetensystems her.

Aber das alles, wie da von den Planeten her diese geistigen Wesenheiten wirken, gehört natürlich der übersinnlichen, unsichtbaren Welt als solcher an. Nur die Wirkungen selbst äußern sich auf der Erde, die Wirkungen kommen auf der Erde zustande.

Was tun denn für den Menschen diese Geister der Bewegung, die ihm einstmals auf dem alten Mond aus ihrer eigenen Substanz heraus seinen astralischen Leib gegeben haben? Dieser astralische Leib war als ein Keim im Erdensein enthalten und nachdem der alte Mond verschwunden und eine Zwischenzeit vergangen war, nachdem die Erde sich wieder neu gebildet hatte, da hatte auch dieser astralische Leib sich aus dem Keim wieder herausentwickelt.

Die Geister der Bewegung haben sich aber zu einer höheren Tätigkeit weiterentwickelt. Von ihren Nachkommen wissen wir, dass sie tierische Gruppenseelen geworden sind; von denjenigen, die sich gegen sie empört haben, wissen wir, dass sie an der Differenzierung der Menschenrassen mitbildend waren. Wo zeigen sich nun diese fortgeschrittenen, echten, normal entwickelten Geister der Bewegung? An einem Beispiel soll es anschaulich gemacht werden, wie sie sich zeigen.

- Wir wissen, dass der *einzelne Mensch* geführt wird von dem, was wir seinen Engel nennen;
- wir wissen, dass *Völker* von ihren Volksgeistern oder Erzengeln geistig geführt werden – Völker sind etwas anderes als Rassen;
- wir wissen, dass die aufeinanderfolgenden *Zeitkulturen* von den Geistern der Zeit, den Archai, geführt werden.

Wir wissen außerdem, dass über den Archai diejenige Kategorie der Hierarchien steht, die wir die Geister der Form nennen, und über ihnen die Geister der Bewegung. Wir wollen diese in jenem Zustand fassen, wie sie auf der Erde sind, wo schon hinter ihnen liegt, dass sie dem Menschen den astralischen Leib gegeben haben und dass sie selbst ihren richtigen Fortschritt genommen haben.

Es gibt nun in der menschlichen Evolution etwas, was über das Charakteristische der bloßen Zeitgeister hinausgeht, was bedeutungsvoller, gewaltiger für die gesamte Menschheit als die Sphäre der einzelnen Zeitgeister ist. Die Zeitgeister wirken auf der Erde durch eine bestimmte Zeit hindurch, aber es gibt geistige Strömungen° innerhalb der gesamten Menschheitsentwicklung, welche größere Sphären umfassen als die der bloßen Zeitgeister.

Solche größeren Menschheitsepochen, die über die Sphäre der bloßen Zeitgeister hinausgehen, die haben zu ihren Regenten die normal entwickelten Geister der Bewegung. Diese normal entwickelten Geister der Bewegung zeigen sich also in ihrer Wirkung im Menschwerdungsprozess so, dass sie die *großen Kulturimpulse* geben.

Und wenn wir nun die menschliche Geschichte, die menschliche Kulturgeschichte überblicken, dann sehen wir, dass die einzelnen Menschen geleitet werden von den Engeln, Völker von den Erzengeln, gewisse Zeiten hindurch Kulturen von Zeitgeistern geleitet werden und auch gewisse Sphären, wie wir noch sehen werden, von den Geistern der Form.

Dann aber haben wir den gesamten Kulturverlauf der Menschheitsentwicklung so, dass gewisse lange Zeiten hindurch, die viel länger sind als die, die ein Zeitgeist umspannt, in größeren Sphären inspirierend, das eine Mal sich der Geist der Bewegung betätigt, der von dem einen Planeten herunterwirkt, und das andere Mal der Geist der Bewegung, der von dem anderen Planeten herunterwirkt.

Und diese Geister der Bewegung, die eine normale Entwicklung haben, wirken so von den Planeten herunter, dass sie sich im Menschwerdungsprozess ablösen und sich in den großen, über die Sphären der Zeitgeister hinausgehenden Kulturimpulsen der Erdentwicklung zeigen.

So kam zum Beispiel der Kulturimpuls des Geistes der Bewegung, der von dem Planeten herunterwirkt, welchen die heutige Astronomie die Venus nennt und den die alte Astronomie Merkur genannt hat, dieser Kulturimpuls kam ursprünglich von jenem Geist der Bewegung, der sich in dem *Buddhismus* ausdrückte. Andere Kulturimpulse, die über die bloßen Zeitgeister hinauswirken, kamen von Geistern der Bewegung, die von anderen Planeten herrühren.

Während also von den Nachkommen der Geister der Bewegung die Gruppenseelen der Tiere und von den luziferischen Geistern der Bewegung die Rassenformen der Menschen kommen, so kommen von den Geistern der Bewegung, die ihre normale Entwicklung erreicht haben, diese großen Kulturimpulse. Es kommen noch mancherlei andere Impulse von dieser Seite her, aber es ist zunächst wichtig, auch von diesem Gesichtspunkt aus einmal die Kulturimpulse festzuhalten.

Sehen Sie, hier haben Sie jetzt zum Beispiel, ich möchte sagen, aus unserem ganzen Planetensystem heraus etwas entwickelt, was Sie unter den großen Wahrheiten angedeutet finden, die, wie jeder Kundige weiß, in der *Geheimlehre* von H. P. Blavatsky stehen. Kundige finden sie dort angedeutet, da steht auf einer Zeile: Buddha ist gleich Merkur.[4] Das heißt, die tonangebende Individualität für den Buddhismus wird im Okkultismus auf jenen Geist der Bewegung zurückgeführt, der von diesem Planeten herunterwirkt. Der ist der Inspirator, von ihm kommt jener Einfluss, der sich in dieser Kulturströmung zum Ausdruck bringt.

Es ist schon einmal so, dass gerade dieses merkwürdige Buch *Die Geheimlehre* der Blavatsky große Wahrheiten birgt, die man nur in der richtigen Weise erkennen muss. Man darf dieses Buch nicht einfach wie ein Dogmenbuch hinnehmen, sondern man muss allen einzelnen Dingen nachgehen, dann erst wird man die Größe dieses Buches

4 H. P. Blavatsky, *Die Geheimlehre, Anthropogenesis,* Band II, Ulm/Donau 1958, S.31: «Der ‹Herr der Weisheit› ist Merkur oder Budha.»

erkennen. Von all den großen Wahrheiten, die der wirkliche Okkultist lehrt, finden Sie zuweilen bedeutsame Andeutungen gerade in der Blavatsky'schen Geheimlehre.

Und als durch den Inspirator der Blavatsky'schen Geheimlehre dies niedergeschrieben worden ist: «Buddha ist gleich Merkur», da wirkte die große Wahrheit mit, dass der Inspirator der H. P. Blavatsky wusste: Jene Individualität, die im 29. Jahr ihres Lebens der Buddha wurde, die konnte zu dem Zeitpunkt, der uns symbolisch durch das Sitzen unter dem Bodhibaum angedeutet wird, anfangen, sich von jenem Geist der Bewegung inspirieren zu lassen, der auf dem Merkur thront.

Damit war diese Individualität aus einem Bodhisattva ein Buddha geworden, das heißt einer der Geister, welche das, was sie erfüllt, nicht aus der Erdsphäre hereininspiriert bekommen, sondern aus dem Weltraum, aus dem Kosmos heraus. Damit war er von der Erdsphäre nach «Nirwana» entrückt, das heißt in das, wo die Erdsphäre nicht mehr hineinspielt. H. P. Blavatsky wusste in ihrem gewöhnlichen Bewusstsein von vielen dieser Dinge nichts, aber ihr Inspirator wusste davon. Diese Dinge müssen eben aus den Tiefen des Okkultismus herausgeholt werden und es darf in diesen subtilen und auch großen Wahrheiten nicht etwa alles durcheinandergeworfen werden.

Nun ist nicht meine Behauptung – damit ich nicht missverstanden werde, sage ich das ausdrücklich –, dass in dem Augenblick, wo ein Bodhisattva zum Buddha erhoben wurde, dass da nur der Geist der Bewegung inspirierend wirkte, sondern: Die Wesenheiten der höheren Hierarchien wirkten durch ihn herein. Das Wesentliche ist, dass von jenem Zeitpunkt an die anderen Geister der unteren Hierarchien wegfielen, dass er unmittelbar zu jenen Wesenheiten hinkommen konnte, welche man als die normal entwickelten Geister der Bewegung bezeichnet.

Nun wollen wir, bevor wir den menschlichen Kulturprozess noch in Bezug auf einen anderen Punkt in Betracht ziehen, zu dem *Pflanzenreich* übergehen.

Bei dem Pflanzenreich sehen wir, dass schon der astralische Leib in der astralischen Welt° zu finden ist, dort, wo auch das tierische Gruppen-Ich zu finden ist. Das führt wiederum auf die reale Tatsache zurück, die sich dem okkulten Blick zeigt, dass für die Pflanzen nicht nur im Gruppen-Ich, sondern schon im astralischen Leib der Pflanze Kräfte wirken, welche auch von dem Planetensystem, von den Sternen her wirken.

Während beim Tier also erst in den Gruppenkräften, in den Kräften, die die Gruppenformen schaffen, die Geister der Bewegung wirken, wirkt schon auf den pflanzlichen astralischen Leib dasselbe, was zur Sphäre der Geister der Bewegung gehört. Auch solche sind Nachkommen der Geister der Bewegung, nur unterscheiden sie sich dadurch von den anderen Nachkommen, dass sie sich zu einer etwas anderen Zeit gebildet haben. Aber sie wirken ebenso als Nachkommen der Geister der Bewegung auf den astralischen Leib der Pflanzen, nicht bloß auf das Ich.

Wiederum können wir sagen, dass *von den Planeten* des Planetensystems her auf den astralischen Leib der

Pflanzen die Kräfte der Geister der Bewegung oder ihrer Nachkommen wirken. Der astralische Leib ist nämlich bei jedem Wesen dasjenige, was den Impuls zur Bewegung gibt. In der physischen Welt° haben wir von der Pflanze den physischen und den Ätherleib. Wenn auf die Pflanze irgendwelche Kräfte aus der Sphäre der Geister der Bewegung wirken, so werden diese Kräfte, weil der astralische Leib nicht in der Pflanze drinnen ist, sondern sie umspielt, die Pflanze in Bewegung bringen – aber jetzt nicht so, wie Menschen und Tiere sich bewegen, sondern so, dass sie die Pflanze, wie sie zuerst entsteht, von der Erde wegholen.

Wenn Sie sehen, wie sich an einer Pflanze die Kräfte wie in Spiralen von Blattansatz zu Blattansatz weiterentwickeln, dann haben Sie die Tätigkeit dieser Kräfte, welche von den Planeten hereinwirken. Und je nachdem von diesem oder jenem Planeten herein die Kräfte der Nachkommen der Geister der Bewegung wirken, wird diese eigentümliche Linie, welche die Blätter ansetzt, anders.

Es gibt ein gewisses Mittel, meine lieben° Freunde, die wirklichen Bahnen der einzelnen Planeten in ihrem Abbild zu studieren. Und wenn man einmal in der äußeren Wissenschaft diese Tatsache erkannt haben wird, dann wird man noch manches an den bisherigen astronomischen Systemen zu korrigieren haben.

Gewisse Pflanzen sind den Kräften der Geister der Bewegung zugeteilt, die auf dem Mars sind, andere denen, die auf der Venus, andere denen, die auf dem Merkur sind. Da wirken sie herein. Und je nachdem sie von dem einen oder dem anderen Planeten her wirken, erteilen sie der Pflanze die in ihrem spiralen Blättergewinde zum Ausdruck kommende Bewegung, dieselbe Bewegung, die der entsprechende Planet macht, die absolute Bewegung, die er im Himmelsraum macht.

Wenn Sie eine gewöhnliche Ackerwinde nehmen, wo noch dazu der Stängel selbst gedreht ist, da haben Sie sogar in den spiralen Bewegungen des Stängels planetarische Bewegungen nachgeahmt (Zeichnung A, a), die von den Geistern der Bewegung herrühren. Da, wo der Stängel feststeht, da haben Sie in den Blattansätzen Abbilder jener Kräfte, die von den Geistern der Bewegung aus den Planeten des Planetensystems herrühren.

Diese Kräfte wirken bei der Pflanze zusammen mit den eigentlichen *Gruppen-Ichen der Pflanzen* und diese Gruppen-Iche, die wirken alle so, dass wir die Richtung ihrer Kräfte finden können, wenn wir einfach die Sonne mit dem Mittelpunkt der Erde verbinden. (Zeichnung A, b). Das heißt, es wirken zusammen mit den Kräften, die aus den Geistern der Bewegung kommen, andere Kräfte, welche in der Richtung des Pflanzenstängels gehen, der ja immer nach dem Mittelpunkt der Erde hin wirkt.

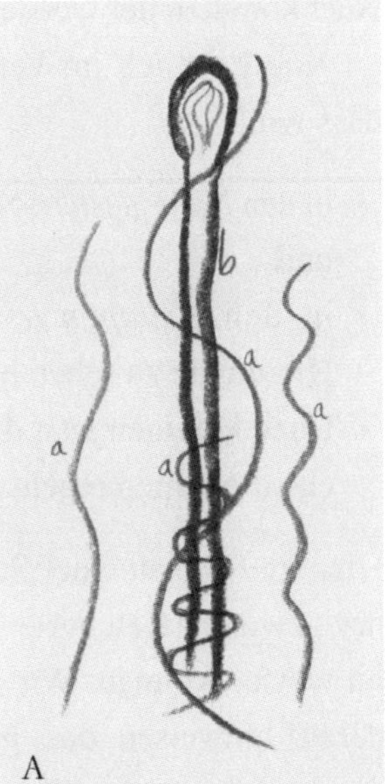

A

Wir haben also die gesamte Pflanze zusammenzusetzen aus

dem, was gegen die Sonne und gegen den Mittelpunkt der Erde hin wächst, und dem, was sich herumwindet und in den Blattansätzen die Bewegungen der Planeten nachbildet.

Dem entspricht aber die reale Tatsache, dass wir die unmittelbaren Wirkungsimpulse für die Gruppen-Iche der Pflanzen in der Richtung *von der Erde zur Sonne* hin (b) zu suchen haben. Das heißt, wenn wir den okkulten Blick jetzt nicht nach den Planeten, sondern nach der Sonne richten, da bekommen wir die einzelnen Gruppen-Iche für die Pflanzen.

Diese Gruppen-Iche der Pflanzen, die sind nun ebenso Nachkommen der Geister der Weisheit, wie die Gruppen-Iche der Tiere Nachkommen der Geister der Bewegung sind. Also wir haben in den Gruppen-Ichen der Pflanzen Nachkommen der Geister der Weisheit zu sehen.

Nun habe ich im Verlauf dieser Vorträge ausgeführt, dass wir

- in den *Naturgeistern* Nachkommen der dritten Hierarchie und
- in den *Gruppen-Ichen* Nachkommen der zweiten Hierarchie zu sehen haben.
- Dazu kommen jetzt die *Geister der Umlaufzeiten,* welche die Zeiten regeln.

Hier sind wir an einer Stelle, wo wir auf die Funktion einer gewissen Kategorie solcher Geister der Umlaufzeiten hinweisen können. Wir können an dieser Stelle nämlich darauf hinweisen, dass gewisse Geister der Umlaufzeiten für die Pflanze die Wirkungen der von den Planeten herkommenden Bewegungskräfte, die spiralig wirken, und der Kräfte, welche von der Sonne her kommen, miteinander verbinden.

Die werden zu einer bestimmten Zeit durch Geister der Umlaufzeiten verbunden, und zwar wenn der Zeitpunkt des Jahres eintritt, wo die Pflanze zu ihrer *Befruchtung* schreitet. Da verbindet sich das spiralige Bewegungsprinzip mit dem Prinzip, das im Stängel wächst. Daher haben wir ja auch in den Staubgefäßen das Prinzip, welches spiralig wirkt, und in dem Fruchtknoten in der Mitte der Pflanze das Prinzip, das die direkte Fortsetzung des Stängels ist. (Zeichnung B).

Wenn der Kreislauf der Pflanze abgelaufen ist, das heißt, wenn die Geister der Umlaufzeiten für die Pflanze die Tätigkeit der Planetengeister mit der Tätigkeit des Sonnengeistes verbinden, dann ordnen sich bei der Pflanze, die also vollständig ist, diejenigen Organe, die bis dahin spiralig den Planeten folgten, ringsherum wie die Staubgefäße hübsch in einem Kreis an, und der Stängel wächst und schließt sich im Fruchtknoten ab. Die beiden werden miteinander verbunden.

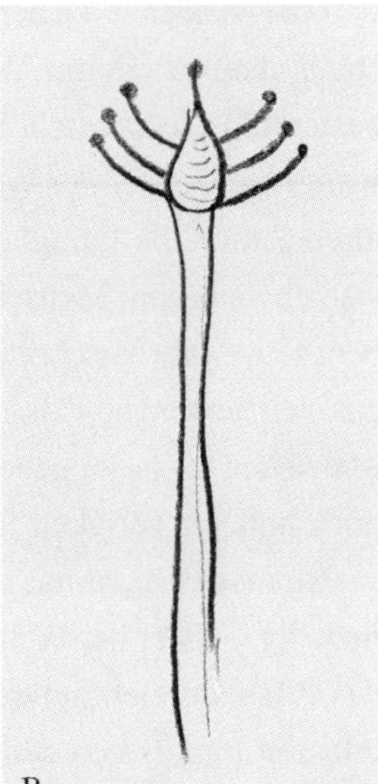
B

Es wird das Pflanzenwachstum abgeschlossen, indem zu den beiden geistigen Tätigkeiten der Geister der Bewegung und der Geister der Weisheit – beziehungsweise° ihrer Nachkommen – die Tätigkeit der Geister der Umlaufzeiten hinzutritt, welche die beiden geistigen Wesenheiten zu einer Art von Ehe verbinden. So haben wir im Pflanzenreich eine Gelegenheit, Nachkommen der Geister der Weisheit kennenzulernen.

Wir müssen wiederum voraussetzen, dass diese Nachkommen der Geister der Weisheit sich seit jener Zeit aus diesen Geistern der Weisheit gebildet haben, da die Geister der Weisheit selber aus ihrer eigenen Substanz heraus dem Menschen seinen ätherischen Leib gegeben haben. Das geschah, während die Erde im Zustand der alten Sonne war. Da wurde der menschliche Ätherleib aus den Geistern der Weisheit heraus entlehnt.

Nun ist aber seit jener Zeit die alte Sonne zum Mondzustand, dann wiederum der Mondzustand zu unserem Erdzustand fortgeschritten. Schon während des Mondzustands waren die Geister der Weisheit, die einstmals während der alten Sonne die Fähigkeit hatten, aus ihrer eigenen Substanz heraus dem Menschen seinen ätherischen Leib zu geben, so weit fortgeschritten, dass sie nicht mehr unmittelbar aus sich heraus die Fähigkeit zu entwickeln brauchten, dem Menschen etwas zu geben. Sie waren dann auf der Erde zu noch höherer Tätigkeit fortgeschritten.

Nun ist es nicht nur charakteristisch für die Nachkommen der Geister der Weisheit, die wir als Gruppen-Iche für das Pflanzenreich gefunden haben, dass sie ihren unmittelbaren Impuls von der Sonne her geben – sodass er also nicht nur von den Planeten zu kommen scheint, sondern von der Sonne her –, es ist den eigentlichen Geistern der Weisheit auch eigen, dass sie sich unmittelbar von der Sonne herkommend auf der Erde zeigen.

Wie zeigen sich nun die Impulse, welche von den Geistern der Weisheit herkommen, die ihre normale Entwicklung durchgemacht haben? Wir haben gesehen, dass in solchen Geistern wie dem den Buddha inspirierenden ein normal entwickelter Geist der Bewegung von einem Planeten her wirkt.

Nun kommen wir dazu, die *normalen Geister der Weisheit* aufzusuchen. Wir müssen sie nach dem ganzen Geist der bisherigen Betrachtungen auf der Sonne suchen. Wir müssen sie im selben Sinne auf der Sonne suchen, wie wir die normalen Geister der Bewegung von den Planeten her wirkend zu suchen haben, wenn sie auch ihren eigentlichen Wohnsitz auf der Sonne haben. Unmittelbar von der Sonne ausgehend haben wir die Impulse der normal entwickelten Geister der Weisheit zu suchen.

Nun tritt uns aber hier etwas Eigentümliches entgegen. Zwar können wir für die Pflanzen, weil wir es mit Nachkommen der Geister der Weisheit zu tun haben, wenn wir recht genau okkult vorgehen, Differenzierungen unterscheiden. Aber wenn wir die Pflanzen auf der Erde in ihrer Beziehung zu den Geistern der Weisheit auf der Sonne anschauen, dann erscheinen uns ihre Bewegungen alle mehr oder weniger in Vertikalverbindung von der Sonne mit dem Mittelpunkt der Erde. Wir können dasjenige unterscheiden, was in den Pflanzenformen von den Geistern herrührt, die auf den Planeten ihren Sitz haben, aber es fließt uns in die eine Vertikale zusammen dasjenige, was wir von den Geistern der Weisheit herrührend empfinden.

In einer ähnlichen Weise verhält es sich – und davon wird Ihnen jeder, der die okkulten Tatsachen auf diesem Gebiet kennt, genau denselben Bericht geben können –, dass wir auf dem Gebiet, das wir da betreten, wenn wir den Blick nach der Sonne richten, Differenzierungen nicht mehr unterscheiden können. Da empfinden wir *eine Einheit,* es fließt uns das, was von den normalen Geistern der Weisheit ausgeht, in eine Einheit zusammen.

Und wenn wir zu der Frage kommen: Wo zeigt sich diese Einheit der Geister der Weisheit, die auf der Sonne unmittelbar ihren Sitz haben, wo zeigt sich das in der Erdenwirksamkeit?, dann kommen wir zu einer noch weitergehenden Sphäre. Die Sphäre eines solchen Geistes, der den Buddha inspiriert hat, der also der Geist der Bewegung auf dem Merkur ist, sie ist eben noch klein im Verhältnis zu der weit umfassenderen Sphäre, die da im Menschwerdungsprozess von den als Einheit empfundenen geistigen Wesenheiten der Weisheit dirigiert wird, die auf der Sonne aufzusuchen sind.

Wenn wir in die Kultur des alten Indiens zurückgehen, da finden wir, dass die sieben heiligen Rishis von dem sprachen, was ein jeglicher aus seinen okkulten Gründen heraus der Menschheit zu geben hatte. Sie waren sich bewusst, dass sie das bewahrt hatten, was durch sieben lange atlantische Kulturzeiträume von den Geistern der Bewegung dirigiert war. Und wie wenn sieben *hintereinanderliegende*

Zeiträume in der Erdentwicklung dadurch auf einmal wirken sollten, dass sie große Individualitäten *nebeneinander* in ein Kollegium hineinstellten, so geschah es, dass diese sieben aufeinanderfolgenden Wirksamkeiten von den Geistern der Planeten in demjenigen zusammentraten, was die sieben heiligen Rishis, ein jeder von sich aus, der Menschheit zu sagen hatten.

Sie behaupteten damit nicht etwa, was sie zu geben hätten sei ein unmittelbarer Ausfluss eines Geistes der Bewegung, sondern sie sagten, dass es in eines jeden Seele wie eine Erinnerung an das sei, was früher die Geister der Bewegung gegeben hätten. Denn die hohen Weisheiten°, welche die heiligen Rishis der Erdenmenschheit gaben, waren die großen Erinnerungen an die altatlantischen Kulturen, nur neu gestaltet.

Aber diese sieben heiligen Rishis sagten zugleich: Über dem, was wir als Kulturen der aufeinanderfolgenden Zeiträume zu geben haben, liegt etwas anderes, was über unserer Sphäre lebt. *Vishvakarman* nannten die heiligen Rishis das, was über ihrer Sphäre lag. Sie wiesen also auf etwas hin, was über ihrer Sphäre liegt, was eine größere Erdsphäre umfasst als die der einzelnen Geister der Bewegung. Wie diese über den Sphären der Zeitgeister liegen, so wiesen die heiligen Rishis auf Kulturepochen hin, die über den Sphären der einzelnen Geister der Bewegung liegen.

Dann kam die Zarathustrakultur, und Zarathustra wies wiederum auf dasselbe hin, was die heiligen Rishis Vishvakarman genannt haben, nur wies er in seiner Art darauf hin. *Ahura Mazda* nannte er es. Sowohl die heiligen Rishis wie auch Zarathustra wussten, dass dasjenige, was mit Vishvakarman gemeint ist, den Geist der Weisheit darstellt, der umfassend auf die Erde strömt und größere Sphären als die Sphäre der einzelnen Geister der Bewegung hat. Auch Zarathustra meinte, dass Ahura Mazda größere Sphären als die Geister der Bewegung hat.

Und es kam die ägyptische Kultur und sah aus gewissen Gründen die Notwendigkeit ein, zu sagen: Die Gegenwart – das heißt die damalige ägyptische Gegenwart – ist nicht geeignet, den Blick zu jenem Sonnengeist der Weisheit hinaufzurichten, den der Zarathustra in seiner Art geahnt hat. Daher kleidete die ägyptische Kultur ihre Anschauung von dem Wesen dieses Geistes in die Legende, dass dieser Geist, als er sich der Erde mitteilen wollte, sogleich zerstückelt wurde. *Osiris,* der von seinem Bruder zerstückelt wird, ist ein Hinweis auf das, worauf schon die heiligen Rishis mit ihrem Vishvakarman hingewiesen hatten.

Und dann kam die vierte nachatlantische Kulturperiode und wies darauf hin, dass dasjenige, worauf jede Kulturepoche hingewiesen hatte, durch die besonderen Verhältnisse gerade für diese vierte nachatlantische Kulturperiode in unmittelbarer Anschauung zu erreichen sei. Das heißt, dass durch besondere Vorgänge der vierten nachatlantischen Kulturperiode die Möglichkeit gegeben sei, dass eine Wesenheit von ihr inspiriert werden konnte.

- Die *sieben Rishis* wiesen darauf hin, dass diese Wesenheit vorhanden ist;
- *Zarathustra* wies darauf hin, dass der okkulte Blick, der

auf die Sonne gerichtet ist, diese Wesenheit schaut;

- die *ägyptische Kultur* wies darauf hin, dass diese Wesenheit der Erde noch so fremd ist, dass der Mensch sie erst nach dem Tod antrifft;
- die *vierte Kulturperiode* durfte darauf hinweisen, dass innerhalb unserer Erdentwicklung die Bedingungen eingetreten sind, dass drei Jahre hindurch eine menschliche Wesenheit unmittelbar von diesem Geist der Weisheit inspiriert werden konnte.

Und es war dadurch möglich, zu erkennen, dass tatsächlich die Sphäre dieses *Sonnengeistes der Weisheit* umfassender ist als die Sphäre der Geister der Bewegung, weil sie den gesamten Kulturprozess der Erde umfasst.

Das heißt: Dasjenige, was man in der Sprache der heiligen Rishis als Vishvakarman bezeichnet, in der des Zarathustra als Ahura Mazda, in der der ägyptischen Kultur – wenn man wirklich versteht, was hinter dem Namen steckt – als Osiris, und was man in der Sprache des vierten Kulturzeitraums mit dem Wort «Christus» bezeichnete, das hat durch das Tor des Sonnengeistes der Weisheit hereingeleuchtet.

Ebenso wenig wie ich gesagt habe, dass es nur der Geist der Bewegung ist, der durch den Buddha hereingeleuchtet hat, so wenig sage ich, dass es nur der Sonnengeist der Weisheit ist, der durch den Christus hereingeleuchtet hat. Er war das Tor, um den okkulten Blick in unendliche Sphären hinauszurichten, worin die Geister der höheren Hierarchien vorhanden sind. Aber der Einlass war der Geist der Weisheit, der Sonnengeist der Weisheit.

Wie die Sonne sich zu den Planeten verhält, so verhält sich der Sonnengeist der Weisheit zu den Geistern der Bewegung, die ihrerseits in solchen Geistern wie dem zum Ausdruck kommen, der den Buddha inspiriert hat. So hat es in ihrer guten alten Theorie H. P. Blavatsky gemeint. Ihr ist es niemals eingefallen, den Christus mit irgendeinem der Planetengeister der Bewegung zu identifizieren.

Es wäre, meine lieben° Freunde, ein arger Abfall von dem ursprünglichen Geist der theosophischen Bewegung, in dem so viel Großes, Richtiges und Bedeutsames an tiefen okkulten Wahrheiten geherrscht hat, wenn man zu der Verwechselung dessen kommen sollte, was uns durch den Okkultismus über solche Geister gelehrt werden kann, die da gipfeln in einem Namen wie «Buddha», von dem H. P. Blavatsky in ihrer einfachen Anführung so deutlich gezeigt hat, dass er dem Merkurgeist entspricht.

Es wäre ein Bruch mit allen ursprünglichen Ausgangspunkten der theosophischen Verkündigung, mit dieser Lehre, die damals richtig verstanden worden ist und aus der heraus niemals der Buddhageist mit dem Christusgeist verwechselt worden wäre, wenn man heute diese einzelnen Wesenheiten durcheinanderwerfen würde, wenn man nicht aus den Grundelementen der okkulten Lehre heraus den Unterschied zu machen wüsste zwischen jenen Geistern, welche die Menschwerdung im Laufe aufeinanderfolgender Zeitsphären leiten – und die ihren Gipfel in Geistern wie dem Buddha haben –, und jenem Geist, auf den alle anderen, auch der Buddha selbst, hingewiesen haben, der der *Einheitsgeist der Erdenkultur* ist, so wie das Sonnenhafte der Einheitskörper für das Planetensystem ist. Und dieser Einheitsgeist wird im Sinne der vierten nachatlantischen Kulturperiode als der «Christus» bezeichnet.

Innerhalb des Sonnensystems kann man im gewöhnlichen Sinne nicht von zwei Sonnen sprechen und etwa sagen, das wäre eine Sonne, die das eine Mal den Widder bedeckt, und eine andere Sonne, die das andere Mal den Steinbock bedeckt. Man muss sich klar darüber sein, dass es dieselbe Sonne ist, die durch den ganzen Tierkreis geht, und dass es verschiedene Planeten sind, die durch die Tierkreisbilder gehen.

So muss man sich auch klar sein, wenn man von dem *Christus* spricht: Der geht durch die Kultursphären der ganzen Menschheitsentwicklung der Erde hindurch, wie zu allen Zeiten von allen Religionen anerkannt worden ist da, wo diese Religionen ihren Gipfel erreichten. Dann muss man diesen Christusgeist von den Geistern der einzelnen Sphären unterscheiden, die in ihren großen Individualitäten gipfeln, so wie der Buddhismus in seinem Buddha gipfelt. Das zeigt uns, wie in diesen Dingen erst das Objektive zu finden ist.

Es darf, wenn der abendländische Okkultist auf diese Tatsache hinweisen muss, ihm nicht etwa zum Vorwurf gemacht werden, dass er etwas vertreten wolle, was gegen andere Religionssysteme intolerant wäre, während die Theosophie die Aufgabe habe, jedes Religionssystem zu seinem Recht kommen zu lassen. Bei einem solchen Vorwurf darf man nicht vergessen, dass das, was da von dem abendländischen Okkultisten gefordert wird, schon geleistet ist.

Ist der Christusimpuls aus dem Abendland heraus geboren? Hat irgendein Volk des Abendlandes den Christusimpuls aus seinem Volkstum, aus seinem Rassentum heraus geboren? Nein, es hat den Christusimpuls als einen Impuls, der der ganzen Menschheit gilt, angenommen, obwohl dieser Christusimpuls in Bezug auf sein äußeres Auftreten den Völkern des Abendlandes fremd war.

Es hat die abendländische Kultur damit zuerst gezeigt, dass sie Verständnis für jene Entäußerung hat, welche in Bezug auf das Eigene notwendig ist. Indem das Abendland sich des Geistes der Bewegung auf dem Mars als unmittelbaren Inspirators entschlagen hat, damals, als es diesen Inspirator mit dem Christusgeist vertauschte, mit dem Inspirator, der dem Geist der Weisheit auf der Sonne entspricht, da hat das Abendland eine wichtige historische Tat geleistet.

Und es ist unangemessen, wenn etwa von anderer religiöser Seite gerade wegen dieser Sache dem Abendland Intoleranz vorgeworfen würde. Die großen Führer der anderen Religionen zeigen überall, dass sie über den Geistern der Bewegung den Geist der Weisheit anerkennen. Bloß diejenigen, die ihren eigenen Geist der Bewegung unter einem anderen Namen zu einer Art führendem Geist machen wollen, die selber den Schritt nicht unternehmen wollen, von ihrem Geist zu dem Sonnengeist aufzusteigen, die können davon sprechen, dass eine Intoleranz bei denjenigen vorliegt, die das Tolerante schon geleistet haben. Man leiste auf anderen Gebieten erst jene Toleranz, welche das Abendland geleistet hat, indem es seinen Geist der Bewegung mit dem Geist der Weisheit vertauscht hat!

So ist mit dieser Tat schon vor der Geisteswissenschaft° die geisteswissenschaftliche° Tat vollführt, den einzelnen Religionen zu ihrem Recht zu verhelfen, indem für den Christus kein einzelner, zu irgendeiner einzelnen Menschengruppe gehöriger Impuls beansprucht wird, sondern nur das, was auch die Geisteswissenschaft° beansprucht: jenen Impuls zu suchen, welcher im Unterschied zu den speziellen Religionen ein *Menschheitsimpuls* ist, wie es der Sonnenimpuls für alle Planeten ist.

Es geschieht, meine lieben° Freunde, aus den Tiefen des Okkultismus heraus, wenn diese Tatsache objektiv so dargestellt wird. Und es wäre, wenn jemals gesagt würde, dass diese Darstellung des Christusimpulses irgendeinem besonderen nationalen Volksinteresse oder abendländischen Interesse entspringt, es wäre das nur aus einem Nichtwissen der faktischen Verhältnisse heraus oder aus einem Entstellen derselben möglich.

Es kommt in allen Dingen darauf an, dass wir ungeschminkt und kühn den objektiven Tatsachen ins Auge schauen. Wir können dies nur, wenn wir in die Tiefen des Weltwerdens hineinschauen. Alle okkulten Wahrheiten zeigen uns zuletzt, wie das Weltwerden geschieht, aber wir müssen den Mut, wir müssen auch die Unbefangenheit haben, uns diesem Weltwerden gegenüberzustellen.

Was gehen uns Namen an, ob sie aus dem Osten° oder aus dem Westen° entlehnt sind, ob sie von diesem oder jenem besonderen Geist getragen werden? Die gehen uns nichts an! Das geht uns an, was in der Welt wirkt, das müssen wir bekennen. Und Geisteswissenschaft° führt uns dazu, das zu schauen, das zu sehen, was in der Welt wirkt.

Wir haben es ja im Grunde genommen auf dem geisteswissenschaftlichen° Feld leicht, ich möchte sagen, schon aus dem Instinkt heraus, das Richtige zu finden. Wir müssen nicht immer nach neuen Sensationen lechzen, sondern ein wenig zu verstehen suchen, was in den ersten Impulsen der geisteswissenschaftlichen° Bewegung liegt.

Indem H. P. Blavatsky den Buddha mit dem Merkur identifiziert hat, war eine große Wahrheit ausgesprochen, die umso besser erkannt wird, je mehr man auf okkultem Gebiet das Verhältnis des Buddha zum Christus erkennt – wie man die kosmischen Verhältnisse besser erkennt, wenn man das Verhältnis des Planeten Merkur zum Fixstern Sonne besser erkennt. Die Dinge lassen sich nicht durch Menschenvorurteile aus den Angeln heben. Sie bewirken nur das Richtige im Kulturprozess, wenn wir ihnen unbefangen ins Auge schauen.

Diese Betrachtung durfte gerade an dasjenige angefügt werden, was heute über die in den Planeten und in der Sonne wirksamen Geister gesagt wurde. Denn diese Geister erstrecken ihre Wirksamkeit auf die Erde, und von vielem, was in populären Vorträgen gelehrt werden muss, ahnt die Welt nicht, wie tief es in okkulten Gründen wurzelt.

Wie tief dieses Verhältnis begründet ist, wie sich das eine vom anderen unterscheidet – was von den aufeinanderfolgenden Kultursphären kommt, von denen die eine in dem «Buddha» kulminiert, und was von der anderen kommt, von der des «Christus» –, kann nur aus den Tiefen des Okkultismus heraus gelernt werden.

Der Okkultismus aber bezeugt uns auch, wie der Kosmos richtig angesehen überall Zeichen für das bietet, was tief in unsere Herzen sich einspricht. Sodass wir sagen können: Lernen wir die Schrift kennen, die im Kosmos, in den Sternen ausgebreitet ist, in ihrer Anordnung und Bewegung, so spricht überall aus dem Kosmos dasjenige, was unsere Herzen mit der Wahrheit durchdringt, mit der Liebe und mit jener Frömmigkeit, die die Menschheitsentwicklung von Epoche zu Epoche fortträgt.

HIERARCHIEN	IHRE «NACHKOMMEN» in den Naturreichen
Geister des Willens (Throne)	Gruppen-Iche der Mineralien (in der höheren geistigen Welt)
Geister der Weisheit	Gruppen-Iche der Pflanzen (in der niederen geistigen Welt)
Geister der Bewegung	Gruppen-Iche der Tiere (in der Astralwelt)
Luziferische G. d. Bewegung	Rassen der Menschen (in der niederen geistigen Welt)

Zehnter Vortrag

Die Metalle und das Gold:
das physische und das geistige Licht

Helsinki, 14. April 1912

Meine lieben° Freunde!

Aus der Darstellung, die gestern über das Zusammenwirken der verschiedenen Geister der einzelnen Hierarchien in den Naturreichen gegeben werden konnte, ist uns eine Betrachtung des mineralischen Reichs geblieben.

Wir erinnern uns daran, dass wir das *mineralische Reich* so charakterisieren konnten, dass in der physischen Welt von ihm nur der physische Leib vorhanden ist, dass wir dagegen dasjenige, was dem Mineral als ätherischer Leib entspricht, in der sogenannten astralischen Welt zu suchen haben, den astralischen Leib in der niederen und das eigentliche Gruppen-Ich des Mineralreichs in der höheren geistigen Welt°.

So bildet das mineralische Reich einen bedeutsamen° Gegensatz zum Menschen. Während wir sagen mussten, dass beim Menschen alle vier Glieder seiner Wesenheit in der physischen Welt° wirksam sind – der physische, der ätherische, der astralische Leib und das Ich –, so müssen wir dasjenige, was der Mensch in der einen Welt° hat, gleichsam auseinanderschälen und sagen: Beim Mineral haben wir

- in der astralischen Welt° das zu suchen, was dem *äthe-*

rischen Leib des Menschen entspricht,

- in der niederen° geistigen Welt° den *astralischen Leib* und
- in der höheren geistigen° Welt° das *Gruppen-Ich* des Mineralreichs.

So ist in Bezug auf seine Wirkungsweise für das Mineralreich auf verschiedene Welten das verteilt, was beim Menschen in der physischen Welt zusammengefasst ist.

Wenn wir mit dem okkulten Blick wiederum verfolgen, um was es sich dabei real handelt, so stellt sich Folgendes heraus. Wir müssen im Sinne des Okkultismus von dem Mineralreich nur dasjenige in der physischen Welt° suchen, was wirklich physisch wahrnehmbar ist, was also für die äußeren Sinne vom Mineralreich wahrnehmbar ist.

Wir müssen uns klar sein darüber, dass vom Mineralreich zunächst dasjenige wahrnehmbar ist, was wir die *Formen,* die Gestalten nennen. Wir wissen, das kann hier ja nur berührt werden, dass die mineralische Welt, teilweise wenigstens, uns in einer solchen Weise geformt, gestaltet entgegentritt, dass wir diese Gestaltung als etwas der mineralischen Natur Angemessenes empfinden. Wenn wir einen bestimmten Körper in Würfelform und einen anderen in einer anderen Form erblicken, so wissen wir, dass diese Formen nichts Zufälliges sind, sondern dass sie in einer gewissen Weise mit der Natur des Minerals zusammenhängen.

Es lehrt uns nun die okkulte Forschung, dass diese Formen im Mineralreich, die wir ja auch als Kristallformen bezeichnen, auf die Wirkungsweise der Geister der Form zurückzuführen sind. Eben weil der Okkultismus überall auf die Realität ausgeht und sucht, woher dieses oder jenes rührt, so wird auch die Namensgebung im Okkultismus so gemacht, dass der Name irgendwie auf etwas Charakteristisches hinweist.

Und der Name «Geist der Form» ist aus dem Grund gewählt worden, weil in dem Reich, das wir auf der Erde als das mineralische Reich ansprechen, sich die Geister der Form wirksam erweisen – und ferner vor allen Dingen die Nachkommen der Geister der Form in dem Sinne, wie wir im Laufe dieser Vorträge von Nachkommen der Geister höherer Hierarchien gesprochen haben.

Wir müssen, wenn wir die Natur des Minerals verstehen wollen, uns klar sein darüber, dass für das physische Wahrnehmen in der Hauptsache diese Formen des Minerals vorhanden sind, dann allerdings gewisse Kräfte, die sich im Mineralreich äußern, zum Beispiel Kräfte der Elektrizität, des Magnetismus, Kräfte, die da bewirken, dass die Mineralien uns in gewissen Farben erscheinen. Kurz, wir müssen uns klar sein darüber, dass in der Hauptsache von dem Mineralreich eigentlich in der physischen Welt° nur die Form zu beobachten ist.

Lassen wir zunächst die anderen Eigenschaften unberücksichtigt, betrachten wir die Form, die uns wenigstens bei einem großen Teil des Mineralreichs entgegentritt und seien wir uns klar, dass diese reine Form zunächst von der Wirkungsweise der Geister der Form oder von ihren Nachkommen herrührt.

Nun kommen wir zu dem, was wir als zweites Glied eines Wesens des Mineralreichs anzusprechen haben, zum sogenannten ätherischen Leib. Der okkulte Forscher findet das, was er als den *ätherischen Leib bei einem Mineral* anzusprechen hat, nicht in der physischen Welt. Er findet es in demselben Gebiet, in dem er suchen muss, wenn er zum Beispiel den astralischen Leib der Pflanze oder das Gruppen-Ich der Tiere ins Auge fasst.

Und wir haben gestern gesehen: Er braucht keine anderen Veranstaltungen mit seiner Seele zu machen als diejenigen, die notwendig sind, um die Gruppen-Iche der Tiere zu finden. Mit demselben Bewusstseinszustand, mit dem er die Gruppen-Iche der Tiere wahrnimmt, findet er auch die astralischen Wesenheiten der Pflanzen und das, was als Ätherisches dem Mineralreich zugrunde liegt.

Nun hat sich uns gezeigt, dass wir dazu mit unserer Beobachtung bis in die Region der Planeten eines Planetensystems gehen müssen, also bei unserem Planetensystem zu denjenigen Planeten, die außer der Erde noch vorhanden sind. Und wir haben gezeigt, wie unmittelbar von diesen Planetenorten her die entsprechenden Kräfte wirken, welche sich in den Gruppen-Ichen der Tiere und in den Astralleibern der Pflanzen äußern. Dahin müssen wir aber auch gehen, wenn wir suchen wollen, was ätherisch in die Mineralien hineinwirkt. Wie ein Mineral von Lebenskräften umspült wird, das zeigt sich uns erst, wenn wir bis zu jenem allgemeinen Leben gehen, welches von der Erde bis zu den übrigen Planeten unseres Planetensystems gleichartig ist.

So haben wir also das Prinzip, durch welches das Mineralische belebt wird, das *Leben des Minerals,* nicht in der physischen Welt zu suchen, nicht im Bereich dessen, was unsere Erde uns unmittelbar darbietet, sondern in den Lebensströmungen, die von den Planeten herunterströmen – allerdings von der Sonne angeregt, aber unmittelbar eben doch von den Planeten herunterströmend und unseren Erdplaneten lebendig durchdringend, um da drinnen mit ihren Nachkommen, den ätherischen Naturgeistern, von denen wir gesprochen haben, dasjenige zu durchdringen, was Form ist, sodass also dasjenige, was Form ist, Innerlichkeit hat.

Mit anderen Worten: Die *Form* des Minerals, die einzig und allein von der physischen Welt° herrührt, ist nicht durchdringlich, sondern setzt uns Widerstand entgegen. Würde im Mineral zunächst nichts wirksam sein als das, was in der physischen Welt° wirksam ist, dann würde das Mineral uns eben bloß die Form wahrnehmbar machen. Aber diese Form ist mit Innerlichkeit ausgefüllt, das Mineral hat auch noch Innerlichkeit, es hat die Innerlichkeit der verschiedenen Mineralsubstanzen. Es hat nicht nur Form, es hat *Materie,* es hat Substanz.

Wenn wir diese Substanz unmittelbar in der physischen Welt gewahr werden, so ist sie allerdings eine erstorbene, eine tote Substanz. Für den Weltraum ist sie nicht tot, für den Planetenraum wenigstens ist sie etwas, was zu seinem Leben gehört, was das Leben des Planetensystems ausscheidet.

So wie der menschliche oder tierische Organismus Härteprodukte ausscheidet, die Nägel zum Beispiel, so wird auch vom Planetensystem mineralische Substanz ausgeschieden. Aber die wirksamen Kräfte, durch welche diese ausgeschieden wird, sind nicht auf der Erde selber zu suchen, und daher erscheint uns die mineralische Substanz für die Erde tot. Es sind diese Lebensströmungen, diese Lebenskräfte, es ist dieses Ätherische als von den einzelnen Planeten herabströmend zu suchen.

Und so wie wir beim Betrachten der Gruppen-Iche der Tiere sagen konnten: Es werden durch die Gruppen-Iche der Tiere eigentlich nur allgemeine Formen geschaffen, die dann weiter ausgebaut werden, so müssen wir auch sagen: Die Lebensströmungen, welche von den einzelnen Planeten herunterströmen und die Erde allseitig durchdringen, sie schaffen für die Mineralien nicht die Formen, denn die werden durch die Geister der Form geschaffen, sondern durch diese Strömungen werden die Mineralien mit Innerlichkeit durchdrungen – aber zunächst so, dass diese Innerlichkeit gewisse Haupttypen, Hauptinnerlichkeiten, Hauptsubstanzen gibt.

Eine jede Substanz hängt mit irgendeiner Strömung zusammen, die von einem Planeten ausgeht. Nur werden von diesen Planeten aus beim mineralischen Reich, weil die Mineralien gleich feste Formen bekommen, durch diese planetarischen Strömungen nicht Typen geschaffen, die in Beweglichkeit sind, sondern gleich eindeutige Typen. Und es werden dann durch die verschiedenen Stellungen der Planeten, wie ich das gestern für die Gruppenseelen der Tiere geschildert habe, außer den Haupttypen, außer den Hauptsubstanzen, andere Typen, Nebensubstanzen geschaffen, die wiederum von der Konstellation der einzelnen

Planeten abhängen. Aber das, was die Planeten durch ihre ursprüngliche Eigenheit schaffen, das drückt sich in den Hauptsubstanzen des Erdorganismus aus.

Wir haben also gewisse *mineralische Hauptsubstanzen* des Erdorganismus, von denen wir sagen können: Hier ist eine Substanz, die ist dadurch so, wie sie ist, dass sie von einer ätherischen Strömung von dem einen Planeten durchzogen wird. Eine andere wird von einer Strömung von einem anderen Planeten her durchzogen. Sodass wir die Natur der mineralischen Substanzen auf Tätigkeiten innerhalb des Planetensystems zurückzuführen haben, auf Tätigkeiten, die sich als ätherische Strömungen innerhalb des Erdorganismus äußern.

Und deshalb, meine lieben° Freunde, haben die okkulten Schulen, die solche Sachen zu untersuchen hatten, wirklich auch die Hauptsubstanzen unseres Erdorganismus so auf die Planeten bezogen, dass sie diejenigen Substanzen, die ganz unmittelbar bewirkt sind – nicht erst durch die Konstellation, sondern durch die Haupttätigkeit des Planeten –, dass sie diese mit denselben oder ähnlichen Namen wie die Planeten bezeichnet haben, oder sie haben diese Substanzen wenigstens mit den entsprechenden Planeten in Zusammenhang gebracht, und zwar so, dass dabei wirklich die okkulte Beobachtung eingehalten worden ist.

Nehmen wir innerhalb unseres Planetensystems den Saturn, so hängt mit der Strömung, die unmittelbar von ihm als Lebensströmung die Erde durchzieht, die Substanz zusammen, die wir als Blei bezeichnen. Wir haben da also eine Grundsubstanz, die innerlich vom Saturn aus belebt ist. Vom Jupiter aus haben wir als Hauptsubstanz das Zinn, vom Mars das Eisen, von der Venus – also jetzt im okkulten Sinn gemeint – das Kupfer.

Bei dem Merkur hat man ja zu berücksichtigen, dass er später mit der Venus verwechselt worden ist. Was nun die Lebenstätigkeit des Merkur erschaffend substantiell bewirkt hat, indem sie in den Erdorganismus eindrang, das zeigte durch die größere Nähe noch mehr Ähnlichkeit mit dem Planeten selbst, denn der Merkur steht ja der Erde näher als die anderen Planeten. Darum hat man der Substanz denselben Namen gegeben wie dem Weltkörper selbst, nämlich Merkur oder Quecksilber.

Das sind die Hauptsubstanzen, die in ihrem Ätherleib mit den entsprechenden Planeten des Planetensystems zusammenhängen.

Und wenn wir uns erinnern, wie wir in Bezug auf die Gruppenseelen der Tiere und in Bezug auf die Astralleiber der Pflanzen von dem sprechen mussten, was von dem Planetensystem aus wirkt, so handelte es sich immer um Wesenheiten, die mit den Geistern der Bewegung im Zusammenhang stehen – entweder mit ihnen selbst oder mit ihren Nachkommen – und die von den Planeten des Planetensystems in ihrer Gesamtheit auf die Erde wirken. So müssen wir wiederum zur Sphäre der Geister der Bewegung dasjenige rechnen, was ätherisch die mineralischen Substanzen durchdringt.

Um eine Welt höher haben wir zu steigen, wenn wir in Betracht ziehen wollen, was als astralischer Leib zu dem mineralischen Reich gehört. Im ganzen Sinne der von uns gepflegten Betrachtung wird es Ihnen klar sein, dass wir so, wie wir von dem astralischen Leib zu dem Gruppen-Ich der Pflanzen von den Planeten zur Sonne aufsteigen mussten, zum Fixstern hin, so müssen wir beim mineralischen Reich, wenn wir von dem ätherischen Leib zum astralischen Leib gehen, wiederum zum Fixstern hin aufsteigen.

Das heißt, wir können verstehen, dass der okkulte Blick uns sagt: Das *Astralische des Minerals* wirkt in der Reihe der Wesenheiten der Hierarchien von dem aus, was unmittelbar von der Sonne her wahrnehmbar ist, von dem, was wir Geister der Weisheit nennen oder was mit der Sphäre dieser Geister der Weisheit zusammenhängt. Also es kommt auch alles in Betracht, was Nachkommen der Geister der Weisheit sind.

Das, was da im Mineral wirkt, zeigt sich für die okkulte Forschung allerdings abgesondert, außerhalb des Minerals. Aber es zeigt sich so, dass während das Leben, das jetzt eben als im Mineral sich befindend geschildert worden ist, als das Ätherische des Minerals, von außen hereingedrängt wird – während der astralische Leib bei Mensch und Tier das Ätherische von innen zusammenhält –, vom astralischen Leib, der außerhalb des Minerals ist, das Ätherische beim Mineral gleichsam zusammengeschoben wird, nicht wie bei Mensch und Tier von innen zusammengezogen.

Wenn wir das Verhältnis des astralischen Leibes des Menschen zu dem ätherischen Leib betrachten, so wird das, was als ätherischer Leib wirkt, durch anziehende Kräfte zusammengehalten. (Zeichnung A). Bei dem Mineral ist das so, dass das Ätherische durch Kräfte von außen zusammengeschoben wird (Zeichnung B), sodass also durch as-

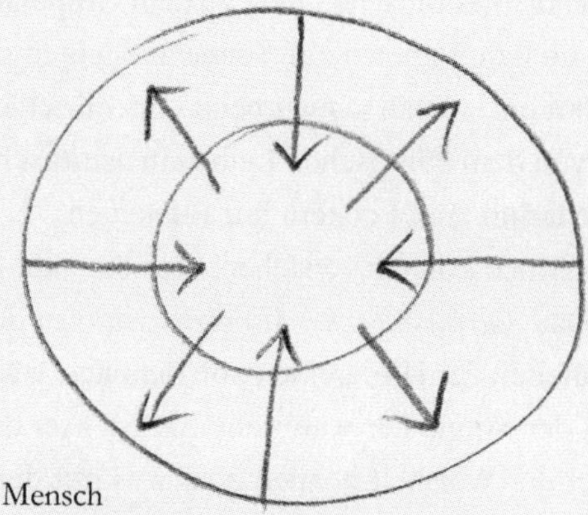

A - Mensch

tralische Wirkungskräfte der Inhalt, die Innerlichkeit in die Form des Minerals hineingeschoben wird, die sich in der ätherischen Strömung zum Ausdruck bringt.

Das Mineral wird astralisch von außen zusammengehalten, und zwar dadurch, dass dieses Mineral in Bezug auf dieses astralische Zusammendrängen durch die verschiedenen Stellungen bestimmt wird, die die Sonne zur Erde hat. Man könnte sagen: Von dem Punkt aus, von dem die Sonne auf die Erde scheint, wird die ätherische Substanz in das Mineral hineingeschoben. Während also dieses Ätherische von den Planeten selber dirigiert wird, wird es von der Sonne aus hineingeschoben und im Mineral oder Kristall von jenen Kräften aus zusammengehalten, die zur Sphäre der Geister der Weisheit gehören.

Nun zeigt sich da aber etwas sehr Merkwürdiges. Wenn wir diese Wirkung okkult durchforschen, die als astralische Kraft von der Sonne aus auf die Mineralien wirkt, so erkennen wir gerade an diesem Punkt am allerdeutlichsten eine außerordentlich wichtige Tatsache: Wir lernen nämlich hier kennen, dass während alle ätherischen Kräfte, die von den Planeten herrühren, auf die Mineralien wirken und ihre Grundsubstanzen bilden, auch von der Sonne aus solche ätherischen Strömungen auf die Erde heruntergehen.

Also, während im Allgemeinen für die normale Bildung der Mineralien das substanziell Ätherische von den Planeten her kommt und die ätherische Substanz von außen durch die Kräfte zusammengeschoben wird, die von der Sonne ausgehen, ist es doch wiederum nicht so, dass von der Sonne gar keine ätherischen Strömungen herunterkä-

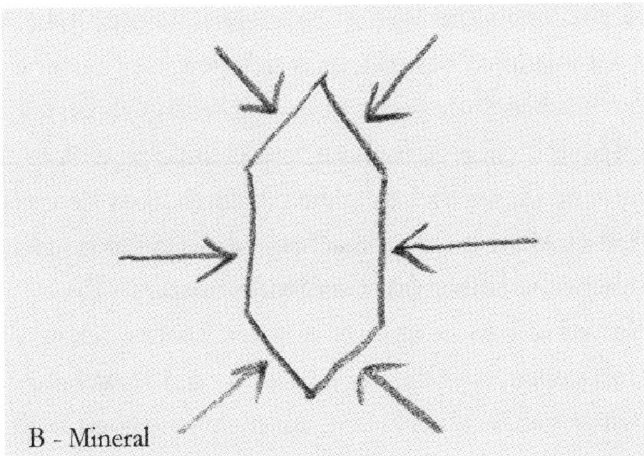
B - Mineral

men, sondern es kommt tatsächlich eine solche Strömung von ihr herunter.

Woher rührt das nun? Warum kommt da von der Sonne eine ätherische Strömung herunter, die das Mineral gleichsam innerlich beleben kann? Warum geschieht das? Das geschieht aus dem Grund, weil dahinein dasjenige wirkt, was ich als das *luziferische Prinzip* bezeichnet habe.

Diejenigen Geister, die aus der Reihe der höheren Hierarchien heraus astralisch auf die Mineralien wirken, sind die Geister der Weisheit, während die Geister der Bewegung ätherisch wirken. Es sind nun solche Geister der Weisheit von der Sonne aus wirksam, die einen normalen Entwicklungsprozess durchgemacht haben. Die wirken so, wie das eben beschrieben worden ist, sie wirken astralisch auf das Mineralische.

Es gibt aber auch Geister der Weisheit, die luziferisch geworden sind. Wir haben dieses Luziferisch-Werden von gewissen geistigen Wesenheiten einer Hierarchie wie eine Art Rebellentum im Weltall bezeichnet. Dieses Rebellentum wird dadurch bewirkt, dass sich gewisse Geister einer hierarchischen Stufe gegen ihresgleichen auflehnen und ihnen dadurch entgegenwirken, etwas anderes wirken. Erreicht wird dieses Sichauflehnen dadurch, dass sie einfach die Entwicklung nicht mitmachen, die die anderen machen. Sie bleiben auf einer früheren Stufe zurück.

So wie wir es in unserer eigenen Seele erleben, dass wir fortwollen, aber die Vorstellungen und Gewohnheiten, die wir uns angeeignet haben, uns nicht fortlassen, weil sie auch da sein wollen, so wie unsere Gewohnheiten oftmals die Rebellen gegen das sind, was wir uns Neues in einer Lebensepoche erwerben wollen, so sind die geistigen Wesenheiten, die auf einer früheren Stufe zurückbleiben, die Rebellen im Weltall.

Die luziferischen Geister, die Geister der Weisheit aus der zweiten Hierarchie, die die Entwicklung nicht mitgemacht haben, die strömen nun von der Sonne ätherische Ströme auf die Erde herunter, statt dass sie astralische Strömungen auf die Mineralien aussenden.

Dadurch aber geschah es, dass eine gewisse mineralische Grundsubstanz gebildet wurde, die direkt von der Sonne her ihre Innerlichkeit erhielt. Also nicht von den Planeten, sondern von der Sonne her hat diese Grundsubstanz ihre Innerlichkeit erhalten – und das ist *das Gold*. Der Okkultist hat deshalb das Gold direkt der Sonne zugeteilt. Das Gold ist jenes luziferische Mineral, welches ätherisch, in Bezug auf seine Innerlichkeit, nicht von den Planeten bewirkt wird, sondern von der Sonne aus. Dadurch ist gerade dieses Metall in einer gewissen Beziehung etwas anderes als die anderen Metalle.

Nun können Sie leicht begreifen, dass dadurch, dass ätherische Strömungen von der Sonne kommen und etwas in der Erde bewirken, was eigentlich innerhalb der Erde ein Rebellenprinzip ist, dass dadurch das Gleichgewicht der Erde gestört ist.

Das Gleichgewicht der Erde in Bezug auf das Mineralreich wäre dann vorhanden, wenn alle ätherischen Einflüsse auf die Mineralien von den Planeten kämen und von der Sonne nur die astralischen Einflüsse. So aber gibt es auch von der Sonne her direkte ätherische Einflüsse, die das Gleichgewicht stören. Dieses Gleichgewicht musste nun durch die weisen Weltenführer wiederum hergestellt werden; die Erde konnte nicht in solchem Zustand ihre Evolution durchführen. Das Zusammenwirken der Hierarchien musste so geschehen, dass wiederum Gleichgewicht bewirkt wurde.

Den stärkeren luziferischen Ätherkräften mussten Kräfte entgegengestellt werden, die diese Wirkung in einer gewissen Weise paralysieren, aufheben. Das konnte nur dadurch geschehen, dass der Ätherströmung, welche von der Sonne kam, eine andere entgegengestellt worden ist, die mit ihr in ein Wechselspiel tritt und ihre Wirkungen in einer gewissen Weise ausgleicht.

Während sich also Geister der Weisheit luziferisch erwiesen haben und Ätherströmungen von der Sonne in das Mineralreich der Erde schickten, haben andere Geister dafür gesorgt, dass diesen Strömungen andere Strömungen entgegengesetzt werden. Diese entgegengesetzten Ströme, die das Gleichgewicht wiederherstellen, sind nun dadurch geschaffen worden, dass aus der Erde ein Teil der Substanz mit gestörtem Gleichgewicht abgesondert wurde und als Mond die Erde umkreiste. So kommen den Ätherströmungen von der Sonne jene Ätherströme entgegen, die nun von dem Mond, von einer ganz anderen Seite her, auf die Erde fließen und das Gleichgewicht wiederherstellen.

Es mussten also, weil luziferische Geister der Weisheit auf der Sonne die Möglichkeit gewonnen hatten, Ätherströme auszusenden, andere Geister der Weisheit darauf verzichten, von der Sonne aus zu wirken und sich herbeilassen, ihre Kräfte dazu zu verwenden, um das Gleichgewicht herzustellen. Das heißt, eine Weltkolonie, eine Planetenkolonie wurde auf dem Mond begründet, von dem nun ätherische Strömungen nach der Erde hin ausströmten, sodass eine Substanz erzeugt wurde, die in der Erde sein musste, damit die direkte Goldkraft abgeschwächt würde.

Das geschah dadurch, dass der Mond von der Erde getrennt wurde. Und von den Geistern der Weisheit her, die den Mond abgetrennt haben und jetzt gewissermaßen die Gegner der luziferischen Geister der Weisheit von der Sonne geworden sind, durchströmen die Erde diejenigen Ätherkräfte, die zum *Silber* als Substanz geführt haben.

Sie sehen daraus, dass im Weltall, im Kosmos gewisse Dinge so wirken, dass man, ich möchte sagen, mit einem gewissen Schema zurechtkommen kann. Aber das Eigenartige ist, dass dieses Schema überall durchbrochen wird. Wenn jemand schematisch behaupten wollte, alle Ätherkräfte für die Mineralien kämen von den Planeten, so würde er sich irren. Denn in Wahrheit kommen zwei Ätherströme von anderen Seiten her: der eine von der Sonne, der andere vom Mond. Und dadurch werden auf andere Weise gerade zwei Grundsubstanzen gebildet.

Wenn wir uns einmal vergegenständlichen, versinnlichen wollen, wie sich das, was ich eben erzählt habe, äußerlich im Weltall zum Ausdruck bringt, so können wir dazu den folgenden Weg einschlagen. Wir müssen uns zuerst darüber klar werden, was es denn eigentlich ist, was wir sehen, wenn wir zur *Sonne* hinaufschauen.

Wir haben ja vor einigen Tagen gezeigt, wie von den höheren Hierarchien eine eigene Entwicklung auf dem Fixstern nur die Geister durchmachen, die bis zu den *Geistern der Weisheit* heruntergehen. Sodass wir sagen können:

Wenn wir den Blick auf einen Fixstern hinausrichten, so ist das, was da im Fixstern drinnen ist, eigentlich Inhaltssubstanz der Geister der Weisheit. Das ist der wahre Inhalt des Fixsterns.

Ja, der Mensch kann sich eigentlich zunächst von dem, was diese Substanz der Geister der Weisheit ist, nur dann eine Vorstellung bilden, wenn er das nimmt, was in ihm selbst wenigstens als Bild dieser Substanz vorhanden ist. Was ist in uns selbst, im Menschen, in der menschlichen Seele, ein Bild der Substanz der Geister der Weisheit? Unsere Gedanken! Aber unsere Gedanken sehen wir nicht mit physischen Augen.

Das ist das Wesentliche, dass auch die Fixsterne, insofern sie der Schauplatz der echten Geister der Weisheit sind, auch nicht mit physischen Augen zu sehen sind. Hier stehen wir an einem Punkt, wo wir wiederum auf das ungeheuer Bedeutungsvolle hinweisen können, das uns in den religiösen Urkunden entgegentritt, die auf Okkultismus gebaut sind.

Sie wissen ja, dass in der biblischen Urkunde, in der Genesis, die Menschen auf eine ganz eigenartige Weise geschaffen werden. Es wird uns gesagt, dass Luzifer (die Schlange) zu Eva trat und ihr sagte: Wenn sie das tut, was er will, werden ihr «die Augen aufgetan». Wer den ursprünglichen Text kennt, wird auch da nicht mit einer symbolischen Erklärung bei der Hand sein. Denn wie das Gute und Böse in der Bibel gemeint ist, ist es nicht auf das moralisch Gute und Böse bezogen, was einer ganz anderen Schicht der Kulturentwicklung angehört.

Was dort als gut und böse bezeichnet wird, ist das, was außen gesehen wird, was nicht geistig-seelisch geschaut wird, sondern mit Sinnesaugen: «Eure Augen werden aufgetan werden.» Vorher waren sie nicht aufgetan – das ist buchstäblich zu nehmen. Bevor Luzifer an den Menschen herangetreten ist, konnte der Mensch hinausschauen und er sah mit einem ursprünglichen, den Menschen zuteil gewordenen Hellsehen die Fixsterne. Aber er sah sie so, wie sie in ihrer Substanz als Substanz der Geister der Weisheit sind, er sah sie geistig.

Und er fing jetzt an, sie physisch zu schauen. Das heißt: Es strahlte ihm für seine physischen Augen wahrnehmbares Licht erst entgegen, als er selber, der Mensch, der luziferischen Versuchung unterlegen war. Das heißt, so wie die Fixsterne von den Geistern der Weisheit zunächst dirigiert werden, so sind sie nicht physisch sichtbar, so verbreiten sie nicht physisches Licht.

Physisches Licht kann nur verbreitet werden, wenn etwas zugrunde liegt, was dem Licht wie ein Träger unterliegt, wenn das Licht durch einen Träger gleichsam gefesselt wird. Dass ein Fixstern sichtbar werden kann, dazu ist noch etwas anderes notwendig, als dass bloß die geistigen Wesen der Weisheit in dem Fixstern wirken. Dazu ist notwendig, dass in diesem Fixstern luziferische Geister wirken, die sich gegen die bloße Substanz der Weisheit auflehnen, die diese bloße Substanz der Weisheit mit ihrem Prinzip durchsetzen.

Und so ist innerhalb des Fixsterns demjenigen, was nur geistig sichtbar ist, das vermischt, was sich als Luziferisches gegen diese bloß geistige Sichtbarkeit in den Fixsternen auflehnt, was das Licht bis zur physischen Erscheinung heraussträgt.

Der Fixstern wäre nicht sichtbar, wenn er nicht zu den Geistern der Weisheit, die normal fortgeschritten sind, in sich auch solche hätte, die ihr Ziel nicht erreicht haben, die auf untergeordneter Stufe stehen geblieben sind – entweder auf der Stufe der Geister der Bewegung oder der Geister der Form. Stehen gebliebene Geister der Weisheit, die ihr Ziel nicht erreicht haben, haben wir als die Träger des Lichtes in der lichtlosen Geistsubstanz der Fixsterne anzuerkennen.

Und wenn wir uns klar darüber sind, dass uns von den Fixsternen, somit auch von unserer Sonne, physisch Leuchtendes nur entgegendringt, weil sich den normalen Geistern der Weisheit die zurückgebliebenen beigesellen und zu Trägern des Lichtes, zu «Luzifer», zu «Phosphoros» werden, so werden wir uns jetzt auch darüber klar sein, dass derselbe Grund, der die Sonne sichtbar macht, der uns von dem Fixstern das Licht zusendet, auch der ist, der die ätherischen Lebensströme nach der Erde schickt und das Gold bewirkt.

Deshalb war es notwendig, dass vom Mond aus die anderen Kräfte entgegenwirken, die der okkulte Blick als Ätherströme wahrnimmt, und zum Silber führen. Wenn es nun aber wirklich Geister der Weisheit gibt, welche der Sonne den Mond entgegenstellen, um einen Ausgleich zu schaffen, so müssen wir sagen: Diese Geister der Weisheit auf dem Mond können nicht leuchten, denn Geister der Weisheit leuchten nicht.

Wenn daher der okkulte Blick die Geister auf dem Mond sucht, so findet er sie nicht leuchtend. Aber diese Geister der Weisheit, die auf dem Mond eine Kolonie begründeten, müssen die luziferischen Geister gerade vom Mond ausschließen, sonst würde ja keine Waage gehalten werden. Daher darf vom Mond kein Eigenlicht ausströmen, sondern nur das Licht, das als Sonnenlicht zurückgeworfen wird.

Auf dem Mond haben ganz normale Geister der Weisheit wie durch ein Opfer ihren Sitz aufgeschlagen, um von da aus die Erde mit den nötigen Strömen zu versorgen, die gegenüber den luziferischen Strömungen, die von der Sonne ausgehen, das Gleichgewicht halten. Daher ist vom Mond das Eigenlicht ausgeschlossen. Und es ist jetzt nicht schwer, in dem äußeren Tatbestand, der uns in der physischen Welt entgegentritt, ein Symbol für einen tiefen okkulten Zusammenhang zu sehen.

Von der Sonne erscheint uns Eigenlicht, von dem Mond nicht. Und das zurückgeworfene Licht, das uns vom Mond zustrahlt und wovon Luzifer der Träger ist – Luzifer-Phosphoros –, kündigt uns an, dass dieses Licht von dem Mond ausgeschlossen wird. Das, was Luzifer ist, kann nur dadurch in einem Bild, in einer Maja, vom Mond herein erscheinen, dass Sonnenlicht zurückgestrahlt wird. Wenn also zum Beispiel die Mondsichel Sonnenlicht zurückstrahlt, so ist zunächst auf dem Mond selber nichts von luziferischen Geistern der Weisheit, sondern es wird das als Licht zurückgeworfen, was von der Sonne von den luziferischen Geistern der Weisheit herströmt.

Richtet man den okkulten Blick nach dem Mond hinauf, dann verschwindet das, was der physische Blick sieht, dann verschwindet die leuchtende Mondsichel, denn die ist nur für physische Augen da. Aber an der Stelle, wo die Mondsichel ist, da zeigt sich dem okkulten Blick das reale Wesen, das dem Lichtschein im Kosmos zugrunde liegt, zeigt sich das Bild des Luzifer, allerdings wie ein Spiegelbild.

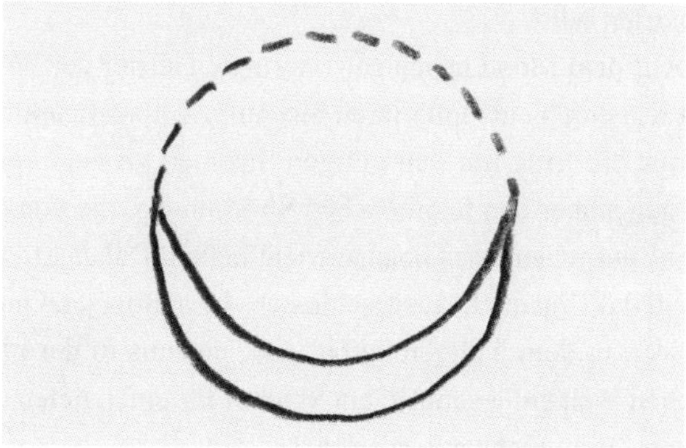

Denken Sie sich also für den okkulten Blick das Bild des Luzifer an die Stelle der Mondsichel gesetzt, dann müssen Sie sagen: Dieser Mond verdankt seine Entstehung dem Umstand, dass normale Geister der Weisheit auf ihren Wohnplatz auf der Sonne Verzicht geleistet haben, ihren Wohnplatz auf dieser Kolonie aufgeschlagen haben und dort bändigen, was von den luziferischen Geistern ausstrahlt. Daher zeigt sich für den okkulten Blick hier (Zeichnung) oberhalb der Mondsichel der Geist der Weisheit, bändigend das luziferische Prinzip.

Wie ein guter Geist der Weisheit, der da unter sich das luziferische Prinzip bändigt, so zeigt sich symbolisch vor der Imagination der okkulte Tatbestand. Die Okkultisten haben daher eine Gestalt hingestellt, die man gewöhnlich als einen Erzboten des höheren Geistes der Weisheit auffasst, der Luzifer bezähmt – und anstelle der Mondsichel ist der Luzifer hingestellt, der gefesselt, der gebändigt wird. Das ist ein okkultes Bild. Sie finden auch unter unseren okkulten Bildern eines, das darstellt, wie der Erzbote den Luzifer bändigt. Das weist auf tiefe okkulte Geheimnisse hin.

Das, was äußerlich in der Maja erscheint, ist in Wahrheit dem Zusammenwirken der Geister der Hierarchien zuzuschreiben. Wenn wir die Mondsichel mit physischen Augen sehen, silberglänzend, und darin oben wie einen Schatten noch das Finstere, das manchmal zu erblicken ist, so verwandelt sich vor dem okkulten Blick die Mondsichel in ein lebendiges Wesen mit dem bändigenden Geist darüber, der vom Mond aus das Gleichgewicht herstellt.

Sie sehen also, dass schon um eine solche Erscheinung hervorzubringen, wie unser Erdenmond ist, mancherlei Veranstaltungen im Kosmos nötig sind. Das Zusammenwirken der verschiedenen Hierarchien im Kosmos ist ein sehr kompliziertes, und man würde auch in einer längeren Reihe von Vorträgen immer nur Andeutungen geben können. Wir können nur das Prinzip klarmachen, wie diese geistigen Hierarchien zusammenwirken.

Halten Sie, meine lieben° Freunde, bitte diesen Gedanken fest, der jetzt in Anknüpfung an den astralischen Leib der Mineralien ausgeführt worden ist. Wir haben jetzt noch das *Gruppen-Ich der Mineralien* zu betrachten.

Wenn wir dieses Gruppen-Ich ins Auge fassen, so ist das in einer noch höheren übersinnlichen Welt zu suchen, das heißt in einer Welt, die wir nicht innerhalb der Gebiete finden, wo die Gruppen-Iche der Tiere oder die der Pflanzen sind. Wir können es deshalb auch nicht auf der Sonne finden. Wo zeigt sich nun dem okkulten Blick das Gruppen-Ich der Mineralien?

Ja, sehen Sie, das ist das Eigentümliche, dass wenn wir in den Weltraum hinausgehen, dieses Gruppen-Ich der Mineralien eigentlich nirgends so recht sein Ende hat, dass es im ganzen weiten Weltraum ist und von da hereinwirkt. Da kommen wir dazu, einzusehen: Wir müssen das Gruppen-Ich des Mineralreichs eigentlich außerhalb des Planetensystems suchen. Wir müssen es als etwas ansehen, das von außen her in das Planetenreich hereinwirkt. Das stimmt ja insofern auch mit dem überein, was Sie aus der Akasha-Chronik wissen, dass die nächsthöhere Klasse von Wesenheiten, nach den Geistern der Weisheit, die Geister des Willens oder die Throne sind.

Diese *Geister des Willens,* die der ersten Hierarchie angehören, oder ihre Nachkommen, geben dasjenige ab, was zum Gruppen-Ich der Mineralien führt und was im Grunde genommen von außen in das Planetensystem hereinwirkt.

Das stimmt ja auch damit überein, dass die Bildung des Planetensystems gleich mit der Ausgießung der Geister des Willens, mit dem alten Saturn beginnt, der von den Geistern des Willens bewirkt wird. So wie diese damals aus dem Weltall die erste Verkörperung unserer Erde aufgebaut haben, so wirken sie jetzt auch noch.

Sehen können wir diese Geister des Willens nur dadurch, dass wenn sie luziferisch werden, sie sich in einer gewissen Weise an jenen Erscheinungen zeigen, die wir als *Meteoriten* im Bereich der Erde finden und die wie aus dem Weltraum hereinkommen. Es zeigt sich uns der kosmische, der außerirdische Ursprung dessen, was da in Betracht kommt, dadurch, dass wenn diese luziferischen Geister des Willens hereinwirken, sie sich leicht das angliedern, was in das Planetensystem als kometarische und meteorische Wesenheiten, kometarisches oder meteorisches Leben hereinwirkt.

Wir haben ja gezeigt, was für einen Sinn dieses Leben innerhalb des Planetensystems hat. Andeutend möchte ich wenigstens bemerken, dass *der Komet* tatsächlich etwas ist, was von außen hereinkommt, was sich das Mineralische in gewisser Weise angliedert. Indem der Komet das Planetensystem durchfährt, gliedert er sich das an, was auch von den Geistern des Willens herstammt: das Mineralische.

Und die Folge kann sein, dass indem der Komet das Planetensystem durchsaust und sich Mineralisches angliedert, dieses dann von der Erde angezogen wird und herunterfällt. Das ist natürlich nicht der Komet, es verhält sich vielmehr so, dass er sich in irgendeiner Weise durch Meteorsteinauswürfe auf der Erde ankündigt. Die Dinge sind durchaus sachgemäß und wenn sich bei einer Betrachtung gewisse Widersprüche zu dem herausstellen, was früher dargestellt wurde, so darf man immer gewärtig sein, dass diese Widersprüche sich einfach lösen, wenn man alles, was in Betracht kommt, wirklich berücksichtigt.

Das war nur eine Andeutung, die zeigen sollte, dass wir es im Planetensystem wirklich mit Dingen zu tun haben, die aus dem Kosmos hereinwirken. Diese Gruppenseelen der Mineralien wirken strahlenförmig von außen nach innen. Und da uns der Raum von den verschiedenen Seiten her verschiedene Wirkungsweisen darbietet, da es nicht ein gleichartiger Raum ist, strahlen uns diese Gruppenseelen der Mineralien, die dem Bereich der Geister des Willens angehören, von den verschiedenen Seiten her in der verschiedensten Weise entgegen.

Durch das Zusammenwirken dessen, was für die Mineralien von den Planeten kommt, mit dem, was von der Sonne kommt und was aus dem Weltall von den verschiedensten Richtungen hereinströmt, durch alles das entsteht die Möglichkeit, dass nicht nur jene Grundtypen, die wir heute erwähnt haben, im Mineralreich vorhanden sind, sondern dass alle möglichen anderen Formen und alle möglichen anders modifizierten Substanzen des Mineralreichs sich bilden.

Welche Substanz ein Mineral aufweist, das hängt davon ab, in welcher Weise die Kräfte, die von den Planeten aus wirken, wiederum von anderen Kräften beeinflusst werden, die entweder astralisch von der Sonne her oder aber aus dem Weltraum herein in verschiedenen Richtungen auf die Erde zuströmen. Die ganze Mannigfaltigkeit des Mineralreichs kann also damit begriffen werden.

Wenn wir unseren heutigen *Saturn* betrachten, so stellt er sich für den okkulten Blick zunächst als der äußerste Planet unseres Planetensystems dar. Warum? Weil der Saturn als Planet geradeso wie der alte Saturn, welcher die erste für uns verfolgbare Verkörperung unseres Erdzustands ist, weil der von den äußeren Strömungen mitbewirkt wird, die aus dem Weltraum hereinkommen.

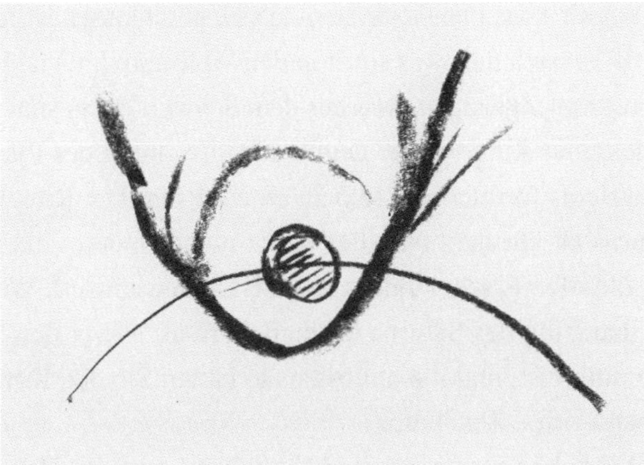

Und wenn wir in einem sehr frühen Zustand unserer Erdentwicklung den Saturn hätten beobachten können, so würden wir gesehen haben, dass er in seiner Bahn wie eine Art von Kern und eine Art von Kometenschweif hat, der in die Weltenweiten hinausgeht. Der Saturn würde sich für alte Zeiten durchaus so gezeigt haben, dass er einen Kern hat und einen richtigen Kometenschweif, der in die Weiten hinausgeht. Das heißt, der Saturn würde sich in Urzeiten unserer Erde als ein in der Saturnbahn fortgehender, den Schweif nach außen richtender Komet gezeigt haben.

So war er früher, so zeigen ihn die Tatsachen der Akasha-Chronik. Dieser Schweif des alten Saturn, der gab die verschiedensten Richtungen in den Raum hinaus an, welche den Strömungen entsprachen, die vom Weltraum hereinkamen, die die Gruppenseelen der Mineralien, dirigiert von den Geistern des Willens, sind.

In einer späteren Zeit, als durch die Geister der anderen Hierarchien das Planetensystem in sich geschlossen worden ist, da hat sich das, was sonst in den Weltraum hinausging, so zusammengezogen, dass aus dem Schweif ein in sich geschlossener Ring wurde. Durch die Anziehung des Planetensystems formierte es sich zu einem Ring. Der Ring des Saturns ist vor dem okkulten Blick nichts anderes als genau dieselbe Erscheinung wie ein Kometenschweif. Wenn Sie den Ring des Saturns nehmen würden, wie er den Saturn umkreist, und ihn auflösten, so hätten Sie den Kometenschweif (s. Zeichnung).

Wir haben also noch die Möglichkeit, auf das Hereinströmen der Gruppenseelen der Mineralien in unser planetarisches System zurückzusehen. Wiederum geben uns in der Hauptsache die Zeichen des Tierkreises die einzelnen Stationen an.

Zu bemerken ist noch, dass die beiden äußersten Planeten, die heute von der physischen Astronomie zu unserem System gezählt werden, Uranus und Neptun, ursprünglich nicht zu unserem Sonnensystem gehörten, sondern dass diese viel später zugeflogen und in den Anziehungsbereich unseres Systems gekommen sind. Dann wurden sie Genossen und blieben bei dem Sonnensystem. Also nicht in demselben Sinne können sie unserem System zugezählt werden wie die anderen Planeten vom Saturn an, die sozusagen von Anfang an zu unserem System gehörten.

So haben wir im Saturn, namentlich wenn wir ihn in seiner alten Gestalt betrachten, einen Planeten zu sehen, der, indem er seine eigene, von seiner Mitte ausgehende ätherische Strömung unserer Erde zuschickt, die Substanz des Bleies schafft. Wir sehen aber zugleich, wie die Gruppenseelen der Mineralien hereinströmen, wie diese Gruppenseelen ergriffen werden, indem von der Sonne, von der aus der astralische Leib des Minerals ausströmt, eine Anziehung auf sie ausgeübt wird.

- Von der Sonne strömt in den Raum hinaus der *astralische Leib des Minerals;*
- vom Weltraum strömt herein das *Ich des Minerals.*

Indem sie zusammenströmen, wird etwas bewirkt, was sich verändert° in einer Befruchtung des Gruppen-Ich mit dem astralischen Leib ausdrückt und wodurch erst das Mineral in seiner Vollständigkeit zustande kommt.

So haben wir aber, wenn wir noch einmal auf die Kometen zurückgehen, auch in den Kometen etwas zu sehen, was im Grunde genommen aus dem Weltraum herein mit einer ähnlichen Art von Wesenheit strömt wie die Gruppenseelen der Mineralien. Die Gruppenseelen der Mineralien gehören dem Bereich der Geister des Willens an. Über sie hinaus liegen nun die Wesenheiten, die dem Kometenleben wesenhaft zugrunde liegen.

Aber überall gibt es luziferische Wesenheiten, so auch in den Kometen drinnen, Wesenheiten, welche auf der Stufe der Throne und nicht der Seraphim oder Cherubim stehen. Dadurch bekommt der Komet eine mineralische Natur, erscheint also als ein mineralischer Einschlag im Planetensystem. Und wir haben in den Kometen Weltkörper zu sehen, die aus dem Kosmos hereinfliegen zu einer Zeit, als das Planetensystem schon gebildet ist, und die daher nicht so weit kommen wie die Körper innerhalb des Planetensystems selbst, sondern auf einer wesentlich früheren Stufe zurückbleiben.

Es würde nun allerdings reizvoll sein, die Stufen des Weltwerdens zu verfolgen, wie sie sich durch das Zusammenwirken der Geister der Hierarchien innerhalb eines Fixsternsystems bilden – wie diese Geister selbst uns erscheinen, wenn wir den Blick auf Weltnebel und auf ferne Fixsterne hinausrichten.

Wo immer wir den okkulten Blick auf einen Fixstern richten, überall begegnen wir zunächst normalen Geistern der Weisheit. Es würde der ganze Himmel für die physischen Augen unsichtbar bleiben, er wäre nur für ein hellsichtiges Bewusstsein sichtbar, wenn nur diese normalen Geister der Weisheit wirkten. Aber überall sind in die normalen Geister der Weisheit luziferische Geister hineingemischt, die physisches Eigenlicht in die Fixsternwelten hineinbringen.

Wenn uns der nächtliche Sternenhimmel entgegenleuchtet, wirkt eigentlich Phosphoros (der «Lichtträger») aus unzähligen Punkten her. Und überall im Weltall finden wir die Möglichkeit der Gestaltung nur durch das Zusammenwirken von Gegensätzen, durch das Zusammenwirken der normalen Geister der Hierarchien mit denen, die Rebellen geworden, das heißt, die zurückgeblieben sind.

Dem physischen Auge nicht leuchtend, aber dem geistigen Auge sichtbar, ist der Sternenhimmel durch die normalen Geister der Weisheit. Leuchtend wurde er dem physischen Auge, in Maja zeigt er sich durch Luzifer oder die luziferischen Geister, die überall tätig sind und sein müssen.

So haben wir, meine lieben° Freunde, auch im Mineralreich etwas Merkwürdiges gesehen. Wir haben heute den Mond sozusagen als einen Schauplatz abgefangen, von dem aus ein Weisheitsgeist wirkt, der Luzifer bändigt, weil ein Ort geschaffen werden musste, von dem aus durch den Gegensatz das Gleichgewicht gegenüber der luziferischen Wirksamkeit hergestellt werden konnte. Welche Bedeutung hat das nun für den Menschen?

Wir haben gesehen, wie beim Menschen alles in die physische Welt° zusammengedrängt ist, was für das Mineral über die Welten verteilt ist. Wir haben Gruppenseelen für die Mineralien, Pflanzen und Tiere gefunden. Gibt es auch für den Menschen eine Art Gruppenseele? Ja:

- Die *Gruppenseelen der Mineralien* finden wir im Reich der Throne,
- die *Gruppenseelen der Pflanzen* in der Sphäre der Geister der Weisheit,
- die *Gruppenseelen der Tiere* in der Sphäre der Geister der Bewegung.
- Der *Mensch* hat aber seine Gruppenseele so erhalten, dass mit dem Einflößen seines Ich ursprünglich *eine Gruppenseele* als der Ausfluss der Geister der Form gegeben war.

Und was diese Gruppenseele des Menschen, die eigentlich durch die Geister der Form dazu bestimmt war, eine einheitliche Seele in der ganzen Menschheit zu sein, was diese Gruppenseele in solche Verschiedenheiten differenziert, gegliedert hat, dass Rassen- und Stammesverschiedenheiten auftraten, das ist durch das Wirken der anderen Geister geschehen. Wir haben einiges davon gestern andeuten können.

Der Mensch ist über die Erde hin als eine Einheit geschaffen worden, durch die sich das gemeinsame *Ur-Ich der Menschen* wie eine Gruppenseele geltend machen sollte, die in allen Menschen lebt und die eben bis zur physischen Welt° heruntergestiegen ist. So wie für die Mineralien von den Geistern der Form nur die äußere Form zustande gebracht werden kann, so wird von denselben Geistern der Form für den Menschen das Gruppen-Ich geschaffen, das dann durch die anderen Wesenheiten der verschiedenen Hierarchien differenziert wird.

Was für das mineralische Reich durch die Bildung des Mondes an Gleichgewicht geschaffen worden ist, ist auch für den Menschen an Gleichgewicht geschaffen worden – und zwar so, dass während für das mineralische Reich im Mond der physische Ausgleich da ist, auch für den Menschen genau in derselben Weise ein *Mondprinzip* vorhanden ist, das dem luziferischen Einfluss auf die menschliche Natur ebenso entgegenwirkt, wie im Mineralreich das dunkle Mondprinzip dem luziferischen Prinzip.

Wie in der mineralischen Welt im Mond etwas wirksam ist, was dem von der Sonne ausströmenden luziferischen

Prinzip das Gleichgewicht hält, so wirkt vom Mond aus ein geistiges Mondprinzip der Versuchung des Luzifer entgegen, die im Verlauf der Erdentwicklung an den Menschen herangetreten ist. Und wie wir gesehen haben, dass alle Planeten, alle Himmelskörper mit Wesenheiten der höheren Hierarchien in Zusammenhang stehen, so auch der Mond.

Die Geister der Weisheit begründeten eine Kolonie auf dem Mond, um das Gleichgewicht zu retten. So wirken in der Richtung vom Mond her auch auf den Menschen ausgleichende Geister gegen Luzifer, der versuchend an den Menschen herantrat. Und wie er das Licht verbreitete, so senkte er auch seine geistigen Prinzipien in die Menschenseele hinein.

Sodass wir damit auf den Mond auch als den Träger des Gegners des Luzifer hinweisen können, als den Wohnsitz von normalen Geistern, die da sein müssen, damit den vorwärtsdrängenden Lichtträgern, die zugleich die versuchenden Geister der Menschheit sind, das Gleichgewicht gehalten werde.

Im hebräischen Altertum wurde zuerst das Geheimnis vom Mond und seinem geistigen Prinzip der Menschheit enthüllt. Und was wir physisch am Mond gefunden haben, ist in seinem geistigen Aspekt das, was das hebräische Altertum als das *Jahveprinzip* bezeichnet. Es ist damit der Mond als der Ausgangspunkt der Wirkungskräfte des Gegners des Luzifer auf den Menschen bezeichnet. Jahve oder Jehova ist der Gegner des Luzifer.

Die althebräische Geheimlehre schaut hin auf die Sonne und sagt sich:

In der Sonne wirken die unsichtbaren Geister der Weisheit, die nur für den geistigen Blick sichtbar sind, nicht aber für den physischen Blick. Für diesen strahlt herunter das Prinzip des Luzifer. Was äußerlich an dem Sonnenprinzip zu sehen ist, ist Luzifer. Darin wirkt aber geheimnisvoll, für den physischen Blick unsichtbar alles das, was durch die Geister der Weisheit erreichbar ist, die das Tor dazu bilden. Abgetrennt und geopfert hat sich einer dieser Geister der Weisheit (Jahve) und seinen Platz auf dem Mond aufgeschlagen, um von da aus so zu wirken, dass das Licht gebändigt wird, aber auch das Geistige des Luzifer getilgt wird.

Einen Abgesandten jener wahren, höheren geistigen Wesenheiten, zu denen sich der Blick durch die Geister der Weisheit eröffnet, wenn geistig auf die Sonne geschaut wird, sah das hebräische Altertum in Jahve oder Jehova.

So lange – das stellte sich mit Recht das althebräische Altertum vor –, so lange muss Jahve vom Mond her wirken, bis die Menschen reif geworden sind, innerlich zunächst wenigstens zu ahnen, zu empfinden, was nach und nach die Menschheit im weiteren Verlauf auch erkennend schauen wird: dass von der Sonne nicht nur das Physische des Luzifer herkommt, sondern von der Sonne auch die Verbreitung desjenigen geschieht, wozu das Tor die Geister der Weisheit sind.

So erschien dem hebräischen Altertum in Jahve das, was mit den Geistern der Weisheit der Sonne gleichartig ist.

Und wir können sagen: Wie im Raum das Sonnenlicht vom Mond zurückgeworfen wird, so war Jahve für die wirklichen Kenner des hebräischen Altertums die Zurückstrahlung jener geistigen Wesenheit, die einstmals, wenn die Menschen reif werden, von der Sonne herstrahlen wird, deren Erscheinen die Rishis, Zarathustra und die Osiris-Diener vorausgesagt hatten.

Wie im Raum vom Mond das Sonnenlicht zurückgestrahlt wird, so zeigte sich in Jahve oder Jehova wie in einer Reflexion das Prinzip des Sonnengeistes, den Sie mit einem Namen bezeichnen können wie Sie wollen – mit Vishvakarman, wie ihn die alten Inder, mit Ahura Mazda, wie ihn Zarathustra, mit Osiris, wie ihn die alten Ägypter, oder mit Christus, wie ihn die vierte nachatlantische Kulturperiode bezeichnet hat.

Das ist die esoterische Auffassung des Jahve: Er ist der vom Mondprinzip zurückgestrahlte und, weil in der Zeit zurückgestrahlte, angekündigte Christus. Daher tritt uns im Johannes-Evangelium (5,46) auch eine Stelle entgegen, die sonst niemals verstanden werden kann – da, wo darauf hingewiesen wird, dass bei Moses von dem Christus die Rede ist. Es ist in Wahrheit die Rede von Jahve, aber dieser ist der Christus, der vorher angekündigt wurde. Es wird auf eine solche Stelle hingewiesen, wo von Jahve die Rede ist, weil der Träger des Christus damit die Tatsache andeutet, dass Jahve nur der in der Vorzeit angekündigte Christus ist.

So sehen wir, wie diese Dinge zusammenstimmen und wie sich uns die heutige Betrachtung mit der gestrigen zusammenschließt, wie wir in dem, was wir äußeres Licht und seinen Träger nennen, etwas zu sehen haben, was im Kampf mit einem geistigen Prinzip liegt, das auf dem normalen Punkt seiner Entwicklung ist und das uns zunächst als der geistige Mittelpunkt unseres Planetensystems so erscheint, wie wir das gestern und heute dargestellt haben.

Auf Namen kommt es dabei nicht an, sondern darauf, dass wir die ganze Bedeutung dieses Prinzips erkennen. Wir müssen erkennen, dass wir auf geistigem Gebiet vom *Christus* sprechen, wie wir auf physischem Gebiet von der *Sonne* sprechen; dass wir auf geistigem Gebiet von den Planetengeistern und den Planeten sprechen, wie wir in der Entwicklung der Erdenkultur etwa von dem Prinzip des Buddha sprechen.

Hier haben Sie wiederum einen Punkt, wo Sie eine der bedeutenden Offenbarungen finden, die Ihnen bei H. P. Blavatsky entgegentreten. Was für große Offenbarungen in der *Geheimlehre* sind, ersehen Sie auch wiederum aus der Behandlung, die Blavatsky dem Jahvebegriff zuteil werden lässt. Wir brauchen uns nicht daran zu stoßen, dass sie den Dingen nicht gerecht wird, weil sie eine gewisse Antipathie gegen Christus und Jahve hat.

Aber das Wahre dringt doch durch: Die Charakteristik des Jahve als einer Mondgottheit und die Darstellung, dass Luzifer sein Gegner ist, das erweist sich bei H. P. Blavatsky wie der gebrochene Ausdruck eines Wahren. Und die Darstellung, die bei Blavatsky aus der Inspiration gegeben ist, erhält bei ihr nur eine subjektive Färbung, weil sie die Empfindung hatte, dass Luzifer eine gute Gottheit ist. Sie empfand ihn als eine gute Gottheit, sie zog ihn in gewisser

Beziehung dem Mondgott vor, weil Luzifer ein Sonnengott für sie war.

Das ist er auch, aber wir mussten den wahren Zusammenhang hinstellen, damit wir den Ausspruch, der früher kursierte°, begreifen können: «Christus verus Luciferus: Christus ist der wahre Luzifer». Heute klingt das nicht mehr gut für die Menschen. Damals hat es noch gut geklungen, als man aus den alten Geheimlehren wusste: In dem äußeren physischen Licht offenbart sich Luzifer, der Lichtträger. Aber wenn wir durch das physische Licht zu den Geistern der Weisheit, zum geistigen Licht durchdringen, dann gelangen wir zu dem Lichtträger des geistigen Lichtes: Christus verus Luciferus.

Ich denke, meine lieben° Freunde, dass trotz all der Unvollkommenheit, mit der dieses umfassende Thema hat ausgeführt werden können, dennoch vor Ihre Seelen getreten ist, was wir auf geisteswissenschaftlichem° Gebiet immer erreichen wollen: dass uns die Behandlung eines jeglichen Themas dahin bringt, aus dem Sinnlichen ins Geistige aufzuschauen.

Bei den Himmelskörpern, die uns als die Abdrücke der Weltwunder aus dem Raum hereinleuchten, wird das ja in vieler Beziehung ganz besonders schwer, weil wir in den Himmelskörpern ein kompliziertes Zusammenwirken der Wesenheiten der verschiedenen Hierarchien haben, und weil wir alles das, was im Weltraum geschieht, doch nur begreifen können, wenn wir auch hier hinter aller Materie, selbst hinter der Lichtmaterie, den Geist oder die Geister finden.

Hinter all diesem Geistigen liegt das gemeinsame, väterlich-göttliche Leben. Dieses eine allüberall und immer wirkende, allgöttliche Leben gliedert sich, bevor es im Physischen zum Ausdruck kommt, in zahlreiche Welten geistiger Hierarchien. Wir aber blicken zu diesen Welten auf und sehen in ihnen das, was den Wundern des Himmels zugrunde liegt und bis in unsere Naturreiche hinein herunterwirkt. Denn auch in unseren Naturreichen zeigen sich die Hierarchien selbst oder ihre Nachkommen.

Wenn wir so in den Himmelsraum hinausblicken, dann können wir durch eine solche Betrachtung doch auch einen moralischen Eindruck bekommen, einen moralischen Eindruck, der darin bestehen muss, dass wenn wir das gewaltige Wirken der Hierarchien im Himmelsraum ein wenig auf uns Einfluss gewinnen lassen, wir dann von den Leidenschaften abgezogen werden, von den Trieben, Begierden und Vorstellungen, die das physische Erdenleben hervorbringt°.

Diese Vorstellungen, diese Triebe, Begierden und Leidenschaften, die das physische Erdenleben hervorbringt°, sie sind es im Wesentlichen, welche über die Erdentwicklung das hinwerfen, was die Menschen in Gruppierungen° spaltet, was die Menschen über die Erde hin zu Gegnern und Anhängern der verschiedensten Richtungen macht.

Man kommt in einem höheren moralischen Sinn zu einer *Freiheit,* wenn man wenigstens für kurze Momente von der Betrachtung des Irdischen sich losreißt und die Welten der Geister im Weltraum betrachtet. Da werden wir frei von dem, was sonst in unsere egoistischen Triebe hereinspielt, die doch nur die Ursachen aller Erdenkämpfe und aller Erdenkleinigkeiten sind. Daher ist es wohl das sicherste Mittel, gerade um die hohen Ideale des geisteswissenschaftlichen° Lebens zu erreichen, wenn wir zuweilen den Blick zu den Sternenwelten und ihren geistigen Lenkern und Leitern, den Hierarchien, hinaufrichten.

Wenn wir da oben, so wie wir es gestern und heute versucht haben, die Bedeutung der inspirierenden Geister für die Religionen und Kulturen, der Weisheitsträger der Menschheit ergründen, dann wird es uns vergehen, wie Bekenner einzelner Systeme Streit zu führen auf der Erde. Wir werden uns nicht an Namen hängen, nicht an Bekenntnisse einzelner Gruppen von Menschen auf der Erde.

Wenn die Menschen dort ihre Erkenntnisse suchen werden, wohin die Blicke aller Menschen der Erde sich richten können und wo sie gemeinsame Erkenntnisse finden – Erkenntnisse, welche einen und nicht entzweien –, wenn die Menschen wirklich bis zu dem vordringen werden, was als Himmelssprache die Bedeutung der verschiedenen Religionsstifter und Inspiratoren der Menschheit ausspricht, dann wird das geisteswissenschaftliche° Ideal einer toleranten und unbefangenen Betrachtung aller Religionen und Weltanschauungen wirklich eintreten können.

Es werden sich die Menschen nicht mehr streiten, wenn sie nicht diesen oder jenen Träger religiöser oder sonstiger Kulturströmungen für eine Gruppe in Anspruch nehmen, sondern die Ursprünge dieser Träger draußen im Himmelsraum suchen. In diesem Sinne kann auch eine solche Betrachtung eine große moralische Bedeutung gewinnen, indem für mancherlei, was sonst auf der Erde Entzweiung, Disharmonie bringt, *Friede,* Harmonie gestiftet wird.

Nur müssen wir lernen, die gewaltige, in den Formen und Bewegungen der Himmelskörper gegebene Schrift zu lesen – lesen, wie wahrhaftig nicht verschiedene Geister, sondern dieselben Geister für alle Menschen auf der Erde wirken und allen Menschen angehören.

Man möchte mit einem physischen Bild diese Tatsache erklären: Solange wir auf der Erde bleiben, kann eine Gruppe von Menschen oben oder unten, im Westen oder im Osten wohnen. Dann aber schauen wir auf die Bewegungen der Erde, wie sie ihr Antlitz den Sternen zukehrt, indem sie ihre Stellung ändert, sei es in kurzen Zeiträumen oder im Laufe von Jahrmillionen – wie die südliche Hälfte nach der nördlichen gewendet und unseres nördlichen Sternenhimmels ansichtig wird und dann die nördliche Erdhälfte sich dem Süden zuwendet und des südlichen Sternenhimmels ansichtig wird.

Und so wie die Erde im Laufe der Zeiten ihr Antlitz allen Sternen, die uns aus dem Weltraum entgegenglänzen, hinwendet, so möge die Menschheit lernen, durch die Ideale der Geisteswissenschaft° unbefangen auf alles zu blicken, was geistig von dem Weltraum hereinspricht.

Durch ein solches positives Betrachten der Tatsachen wird am besten dieses geisteswissenschaftliche° Ideal erreicht werden, nicht durch ein sentimentales Betonen von Liebe und Frieden. In realer Weise werden wir Liebe, Frieden und innere Harmonie erlangen, wenn wir von den Angelegenheiten unserer Erde, die die Menschen in Rassen, Nationen und Religionen teilen, den Blick hinauf zu den Sternenwelten wenden, wo Geister zu uns sprechen, die für alle Menschenseelen, für jedes Menschenherz die gleiche Sprache sprechen durch alle Zeiten, ja durch alle Ewigkeiten, wenn wir sie nur richtig verstehen.

In diesem Sinne möchte ich, da wir jetzt am Schluss dieser Vorträge° stehen, auch auf den moralischen Effekt einer jeden geisteswissenschaftlichen° Betrachtung hingedeutet haben. Wenn wir uns bemühen, die Tatsachen des Okkultismus kennenzulernen, wenn wir sie im echten okkulten Sinn kennenlernen, strömen sie zuletzt in unser Herz so ein, dass das Gelernte Kraft des Lebens, Hoffnung des Lebens, dass es vor allen Dingen moralische Energie in uns wird und uns wirklich zu dem macht, was wir einen Bürger der Himmelswelten nennen können. Dann trägt der Mensch durch sein geistiges Leben den Himmel in die Angelegenheiten der Erde herein und bewirkt im Verlauf des Kulturprozesses das, was wir im höchsten Sinne als Harmonie, als Frieden bezeichnen können.

Und mehr und mehr wird es ihm dann auch zum Bewusstsein kommen, dass wirklich vom Ausgangspunkt bis zum Ende der Kulturentwicklung *ein Einheitsgeist* waltet, ein Geist der Form, der einheitlich durch die Menschheit hindurch wirkt und sie durch seine Brüder anregen lässt, durch die anderen Geister der Form, die ihm Dienst leisten, um ein einheitliches Wirken durch die ganze Menschheit hindurchzusenden. So wird durch die wahre Himmelswissenschaft etwas Einheitliches in alle Menschen gebracht und damit das intellektuelle und moralische Sichverstehen der Menschen auf der Erde gefördert.

So wollen wir nicht bloß Abstraktes, Theoretisches betrachten, sondern jede solche Betrachtung soll zugleich zu einer Kraftquelle, vor allen Dingen zu einer moralischen Kraftquelle in uns werden. Und dann werden auch alle Kapitel, auch diejenigen, die scheinbar sehr weit hergeholt sind, uns dazu dienen, die unmittelbaren Ziele und Ideale der Geisteswissenschaft° zu verfolgen.

Mit diesen Worten, die in einer Empfindungsnuance Geist und Gesinnung dieser Vorträge zusammenfassen sollten, möchte ich mich von Ihnen, meine lieben° Freunde, am Ende dieser Vorträge° verabschieden.

Aus einem Brief von Goethe an Jacobi

(Siehe *S. 11-12*)

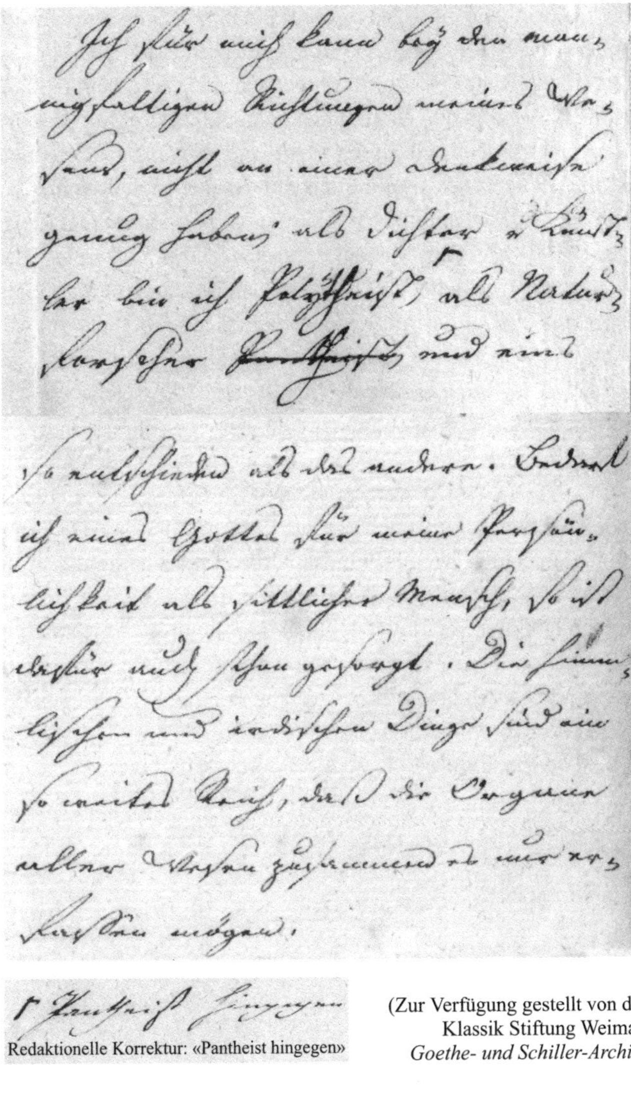
Ich für mich kann bey den man-
nigfaltigen Richtungen meines We-
sens, nicht an einer Denkweise
genug haben; als Dichter u. Künst-
ler bin ich Polytheist, als Natur-
forscher ~~Pantheist~~ und eins
so entschieden als das andere. Bedarf
ich eines Gottes für meine Persön-
lichkeit als sittlicher Mensch, so ist
dafür auch schon gesorgt. Die himm-
lischen und irdischen Dinge sind ein
so weites Reich, daß die Organe
aller Wesen zusammen es nur er-
fassen mögen.

Pantheist hingegen

Redaktionelle Korrektur: «Pantheist hingegen»

(Zur Verfügung gestellt von der Klassik Stiftung Weimar, *Goethe- und Schiller-Archiv*)

Zu dieser Ausgabe

Über die vorhandenen Unterlagen zu den hier gedruckten Vorträgen ist in der Rudolf Steiner Gesamtausgabe Nr. 136 (S. 241) – übereinstimmend mit Hans Schmidt *Das Vortragswerk Rudolf Steiners*, 1978, S. 184-5 – zu lesen: «*Textgrundlage:* Die Vorträge wurden von Rudolf Steiner frei gehalten und von einem namentlich nicht bekannten stenographiekundigen Zuhörer mitstenographiert. Sie wurden nach dessen Klartextübertragung 1912 erstmals als Manuskriptdruck (Zyklus 21) herausgegeben. Alle folgenden Auflagen beruhen auf diesem Erstdruck.» Im Impressum des gleichen Bandes wird der Manuskriptdruck Zyklus 21 von 1912 als «1. Auflage» bezeichnet. Dies deutet darauf hin, dass für weitere Ausgaben der GA die Klartextübertragungen nicht mehr zur Verfügung standen.

In *Buddha und Christus* (Archiati Verlag 2006) ist nachgewiesen worden, dass es Vorträge Rudolf Steiners gibt, die mit Füllwörtern «verschönert» wurden. In der hier vorliegenden Ausgabe sind behutsam Worte entfernt worden, die als solche nicht von Rudolf Steiner stammende Füllwörter erachtet wurden. Dies ist in den Fällen erfolgt, wo ein Wort inhaltlich nichts beigetragen, die Lektüre aber erschwert hat – oder sogar unpassend war.

Der Titel der Vortragsreihe hieß ursprünglich «Die geistigen Wesenheiten in den Himmelskörpern und Naturreichen». Titel und Inhaltsverzeichnis dieser Ausgabe stammen vom Redakteur. Wegen der Komplexität der Inhalte sind zu den tradierten Übersichten als Hilfe für den Leser zwei hinzugefügt worden (S. 140 und 272).

Für eine leichtere Lesbarkeit sind folgende **Wortersetzungen** vorgenommen worden (im Text durch ° gekennzeichnet):

	ersetzt
bedeutsamen°	merkwürdigen
beziehen°	reflektieren
besonders°	speziell
beziehungsweise°	respektive
Eindruck°	Impression
erscheint°	figuriert
Geisteswissenschaft°/-ler°/-lich°	Theosophie/-en/-isch
geisteswissenschaftlich strebenden°	theosophische
geistige°	devachanische
göttlichen° Wesen	Götter
Gruppierungen°	Parteiungen
hervorbringt°	zeitigt
Klammern°	Parenthese
kursierte°	figurierte
lieben°	lieben theosophischen
Leitung°	Direktion
niedere° geistige	devachanische
Oslo°	Christiania
Osten°	Orient
Strömungen°	Entwicklungen
tätig° zu sein	zu funktionieren
übrigen°	nichttheosophischen
ursprünglichen°	primitiven
verändert°	modifiziert
Veröffentlichung°	Publikation
Vorträgen°	Vortragszyklus
Weisheiten°	Weistümer
Welt°	Plan
Westen°	Okzident

Die Vorträge Rudolf Steiners

Rudolf Steiner hat einige Tausend Vorträge, zahlreiche von ihnen öffentlich, vor den unterschiedlichsten Menschengruppen gehalten. Sie waren nicht für den Druck bestimmt, aber viele Menschen wollten seine Vorträge auch lesen. Dazu schreibt er in *Mein Lebensgang* (Kap. XXXV): *«Es wird eben nur hingenommen werden müssen, daß in den von mir nicht nachgesehenen Vorlagen sich Fehlerhaftes findet.»*

In einer Zeit ohne Tonbandgeräte war der Weg vom gesprochenen Wort zum gedruckten Buchstaben nicht einfach. Verschiedene Zuhörer haben mit unterschiedlicher Geschicklichkeit stenografiert, dann das Stenogramm in Klartext übertragen und unter Umständen redigiert. So heißt es zum Beispiel in GA 137 (HDD2004, S. 233): *«Diese Ausgabe basierte auf der stenographischen Mitschrift von Franz Seiler, Berlin, welche im Auftrag Marie Steiner-von Sivers für den Druck korrigiert bzw. bearbeitet worden ist von Adolf Arenson.»* Eine solche Bearbeitung enthält zuweilen auch Erläuterungen oder Ergänzungen, die nicht von Steiner stammen.

Heute, ein Jahrhundert später, ist Rudolf Steiner zur historischen Figur geworden. Für viele Menschen ist nicht mehr wichtig oder maßgebend, was er in Bezug auf seine Vorträge während seines Lebens verfügt hat oder auch hinnehmen musste. Heute geht es darum, die «Quellenlage» zu erforschen und die vorhandenen Unterlagen interessierten Menschen zugänglich zu machen.

Alle redaktionellen Entscheidungen in dieser Ausgabe sind mit der Überzeugung getroffen worden, dass alle Menschen auf der Welt das Recht haben, alle Unterlagen zu prüfen, die dem Redakteur zur Verfügung standen. Es ist keineswegs zufällig, sondern es gehört vielleicht zum wichtigsten Karma der Menschheit, welche Nachschriften der Vorträge Rudolf Steiners erhalten geblieben sind. Nicht wenige Menschen sind heute daran interessiert, möglichst genau zu erfahren, was Rudolf Steiner gesagt hat.

Sie möchten daher wissen, welche von den vorhandenen Unterlagen dem von Rudolf Steiner gesprochenen Wort am nächsten stehen. Um dies zu ermitteln, sind eine gewissenhafte Prüfung der Unterlagen und eine Vertrautheit mit Steiners Denk- und Sprechweise erforderlich.

Der Archiati Verlag ist bestrebt, einerseits so nah wie möglich an das von Rudolf Steiner Gesprochene zu kommen und andererseits seine Geisteswissenschaft allen Menschen zugänglich zu machen, da es in ihrer Natur liegt, zum unmittelbaren Leben zu werden. Für das Erste sind die Original-Klartextübertragungen wichtig, für das Zweite sind unter anderem die Wahl der Texte und die Art der Redaktion, aber auch die Gestaltung und nicht zuletzt der Preis maßgebend.

Wie man wissenschaftliche Genauigkeit mit allgemeiner Zugänglichkeit verbinden kann, zeigt sich am Beispiel von Wörtern, die heute ungebräuchlich sind oder eine andere Bedeutung angenommen haben. Sie werden durch ein allgemein verständliches Wort ersetzt und mit einem hochgestellten kleinen Kreis (°) kenntlich gemacht – z.B. beziehungsweise° für respektive, Klammer° für Parenthese, Westen° für Okzident. Am Ende des Textes findet der Leser die Liste der ersetzten Worte. Fremd- oder schwer verständliche Wörter werden zuweilen auch in Klammern «übersetzt». Der gebildete, über die Verbreitung einer modernen Geisteswissenschaft sich freuende Leser wird es begrüßen, dass solche Texte auf diese Weise möglichst vielen Menschen zugänglich gemacht werden.

Als Rudolf Steiner die Theosophische Gesellschaft verlassen musste, gab er die Anweisung, dass in seinen Vorträgen «Theosophie» und «theosophisch» durch «Anthroposophie» und «anthroposophisch» ersetzt werden. Es könnte jemand die Meinung vertreten, dass das eine Fälschung sei. Für Rudolf Steiner ist aber Geisteswissenschaft vor allem *Leben,* und um dem Leben zu dienen muss man in Bezug auf die Terminologie beweglich bleiben. Immer wieder betonte er, dass die Terminologie reines Mittel zum Zweck ist.

Fachausdrücke der Geisteswissenschaft

Mensch- und Erdentwicklung

7 planetarische Verkörperungen der Erde	1. Saturn-, 2. Sonnen-, 3. Mond-Erde, 4. Erde (jetziger Planet), 5. Jupiter-, 6. Venus-, 7. Vulkan-Erde
7 geologische Epochen der jetzigen Erde	1. Polarische, 2. hyperboräische, 3. lemurische, 4. atlantische, 5. nachatlantische (die jetzige), 6., 7. Epoche
7 Kulturperioden der «nachatlantischen» Zeit (je 2160 Jahre)	1. Indische, 2. persische, 3. ägypt.-chaldäische, 4. griech.-römische Kultur (747 v.–1413 n.Chr.); 5. unsere Kulturzeit (1413–3573 n.Chr.), 6., 7. Epoche

Das Wesen des Menschen

3 Körper-Hüllen	1. Physischer Körper 2. Ätherischer Körper, Ätherleib, Bildekräfteleib 3. Astralischer Körper, Astralleib, Empfindungsleib
3 Seelen-Kräfte	1. Empfindungsseele 2. Gemüts- oder Verstandesseele 3. Bewusstseinsseele
3 Geistes-Glieder	1. Geistselbst (höheres Ich) 2. Lebensgeist 3. Geistesmensch
Aus 9 wird 7	1. Physischer Leib, 2. Ätherleib, 3. Astralleib, 4. Ich, 5. Geistselbst, 6. Lebensgeist, 7. Geistesmensch

Dreiheit in Mensch und Welt

Geistige Wesen:	Luzifer	Christus	Ahriman
Evangelium:	Diabolos	Streben nach Gleichgewicht	Satanas
Geistig:	Spiritualismus		Materialismus
Seelisch:	Schwärmerei		Pedanterie
Physisch:	Entzündung		Sklerose
Moralisch:	hemmend	fördernd	hemmend

Naturelemente

Ätherwelt:	Wärmeäther	Lichtäther	Ton-/Zahlenäther	Lebensäther
Phys. Welt:	Wärme	Luft	Wasser	Erde
Unternatur:	Schwerkraft	Elektrizität	Magnetismus	Atomkraft
Naturgeister:	Salamander	Sylphen	Undinen	Gnome

Stufen der Einweihung

1. Imagination	Bilder sehen – in der Akasha-Chronik (Ätherwelt)
2. Inspiration	Worte hören – in der Seelenwelt (Astralwelt)
3. Intuition	Wesen erkennen – in der geistigen Welt (Devachan)

Engel-Hierarchien

		Griechisch (Dionysios)	Lateinisch (Thomas v. Aq.)	Deutsch (Martin Luther)	Geisteswissenschaft (Rudolf Steiner)
1. Hierarchie	9.	Seraphim	Seraphim	Seraphim	Seraphim Geister der Liebe
	8.	Cherubim	Cherubim	Cherubim	Cherubim G. der Harmonien
	7.	Thronoi (θρονοι)	Throni	Throne	Throne G. des Willens
2. Hierarchie	6.	Kyriotetes (κυριοτητες)	Dominationes	Herrschaften	Geister der Weisheit
	5.	Dynamis (δυναμεις)	Virtutes	Mächte	G. der Bewegung
	4.	Exousiai (εξουσιαι)	Potestates	Gewalten	Geister der Form
3. Hierarchie	3.	Archai (αρχαι)	Principatus	Fürstentümer	Archai Zeitgeister G.d.Persönlichkeit
	2.	Archangeloi (αρχαγγελοι)	Archangeli	Erzengel	Erzengel Volksgeister Feuergeister
	1.	Angeloi (αγγελοι)	Angeli	Engel (Schutzengel)	Engel Schutzengel G. des Zwielichts Söhne des Lebens

Unterste Hierarchiestufe: Der Mensch

Rudolf Steiner (1861-1925) hat die moderne Naturwissenschaft durch eine umfassende Wissenschaft des Übersinnlich-Geistigen ergänzt. Seine Geisteswissenschaft oder «Anthroposophie» ist in der heutigen Kultur eine einzigartige Herausforderung zur Überwindung des Materialismus, dieser leidvollen Sackgasse der Menschheitsentwicklung.

Steiners Geisteswissenschaft ist keine bloße Theorie. Ihre Fruchtbarkeit zeigt sie vor allem in der Erneuerung der verschiedenen Bereiche des Lebens: der Erziehung, der Medizin, der Kunst, der Religion, der Landwirtschaft, bis hin zu einer gesunden Dreigliederung des ganzen sozialen Organismus, in der Kultur, Rechtsleben und Wirtschaft genügend unabhängig voneinander gestaltet werden und sich gerade dadurch gegenseitig fördern können.

Von der etablierten Kultur ist Rudolf Steiner bis heute im Wesentlichen unberücksichtigt geblieben. Dies vielleicht deshalb, weil seine Geisteswissenschaft jeden Menschen, der sie ernst nimmt, früher oder später vor die Wahl zwischen Macht und Menschlichkeit, zwischen Geld und Geist stellt. Gerade in dieser Wahl liegt aber jene innere Erfahrung der Freiheit, die jeder Mensch sucht und die der Grundaussage des Christentums zufolge seit zweitausend Jahren allen Menschen möglich ist.

Es liegt in der Natur dieser Geisteswissenschaft, dass sie weder ein Massenphänomen noch eine elitäre Erscheinung sein kann: Einerseits kann sie nur der einzelne Mensch in seiner Freiheit ergreifen, andererseits kann dieser Einzelne in allen Schichten der Gesellschaft und in allen Völkern und Religionen der Menschheit seine Wurzeln haben.